Selected Works Of
Chen Chuanxi

 2

陈传席 著

陈传席 文集

中国青年出版社

目 录 contents

●第二卷　古代艺术史研究

【宋辽时代】

陈传席文集

Selected Works Of Chen Chuanxi

第二卷　古代艺术史研究

 汉唐五代时代

一、佛教艺术最早传入中国的时间及其他

[提要] 佛像是佛教艺术的重要内容，佛教又称"像教"，因此，佛像传入中国才算佛教传入中国。几乎所有研究家都断定：佛像在印度出现不会早于公元七十八年。因此传入中国也必晚于此。证据是：贵霜王朝迦腻色迦王在公元78年前一直轻毁佛法，公元七十八年后才崇信佛，因此，在此之前不可能有佛像。本文首先推翻这一结论。因为研究家们都肯定了迦腻色迦王受当地希腊文化影响而造佛像，但希腊人在公元前二世纪初已统治印度的西北部，公元前二世纪中叶原居住在中国西部的大月氏族人又进攻并占领了印度的西北部，建立了贵霜王朝，并定都于犍陀罗。原来的统治者希腊人反成为被统治者。到了迦腻色迦王时，希腊文化已在此流传了二百多年。希腊文化中早于公元前四世纪就有成熟的神像雕刻，希腊人崇信佛，要雕刻佛像，在他们统治印度时便可雕刻，又何必在经过了一百多年后自己成为被统治者才开始雕刻呢？而贵霜王朝原不信佛，会毁掉他们的佛像也有可能。但贵霜王朝后来信佛，正是借鉴甚至利用希腊文化制造了佛像，正说明希腊人早就有了佛像。因此，说公元七十八年后迦腻色迦王朝时期提倡信佛才有佛像的结论是不能成立的。

中国史学家一向有严谨笃实的学风，因而各种史籍记载都值得重视。作者查阅大量史料，并一一分析，得出结论是：佛像传入中国至迟

在汉明帝永乐八年，即公元六十五年之前，在民间则更早。

佛像是佛教艺术的重要内容，佛像传入中国的时间和佛教传入中国的时间是相同的。若以因果对待来看，应该说首先是佛教艺术传入中国，才标志着佛教传入中国。佛教又称"像教"，是以艺术形象宣扬宗教作用的，所以，沈约在《枳园寺刹下石记》中说"佛教东流"①，又在《佛序记》中说"又像教云"②，昙影在《中论序》中说"像教之中，人根肤浅"③。佛教和像教是一回事，所以两个词也可以互用。像教又叫像法，即以形像宣传佛法。一般人相信佛教也都从崇拜佛像开始，佛教兴盛，也就是佛寺、石窟寺的兴盛，寺中最重要的内容便是佛像，从这个意义上说，研究佛教史离不开佛教艺术史，而且主要依靠佛教艺术史④。从历代佛教艺术中方可见到当时佛教的真实内容，从佛教艺术发展的状况中基本上可以看到佛教发展的状况。可惜我们现在所见到的一些佛教史著作大都是佛教思想史，甚至只是佛学思想史。崇拜佛学的人数远不及崇拜像教的人数的万分之一，甚至连佛教徒也不太通佛学。因而研究佛教史的学者必须进入佛教艺术史的领域。基于此，佛经传入中国只能算是佛学传入中国。只有佛教艺术（佛像）传入中国并发生作用时，才算得上佛教传入中国。所以严格地说，佛教艺术传入中国以后，佛教才传入中国。《法显传·陀历国》有云："众僧问法显：'佛法东过，其始可知耶？'显云：'访问彼土人……大教宣流，始自此像。'"玄奘《大唐西域记》卷三亦云："自有此像，法流东派。"可见，佛教徒们自古以来也是这样认识的。

所以，时下很多著作中说到："汉明帝遣使西行，在大月氏抄回佛经四十二章，藏在兰台石室中，佛教于是传入入汉地。"（所有佛教内

①见《广弘明集》卷十六。
②见《广弘明集》卷十五。
③见《全宋文》卷六十三。
④佛教艺术的研究比佛教的研究多了一层艺术风格的研究。但很多佛教艺术风格的研究也属于佛教研究的范畴。如犍陀罗和秣菟罗风格的影响也就是印度南北方佛教的影响。

容的书中都作如是说，故不必注明某一具体书名。）抄回佛经四十二章，只能说是佛学传入汉地，而不能说佛教传入汉地。

或曰：释迦在世时，亦没有佛像，更无崇拜之事，不就有佛教了吗？其实最早的"佛教"和后来的"像教"性质完全不同，释迦在世时，也曾度人为僧，佛学家们称之为"最初的僧团"，在原始佛教经典《阿含经》以及律藏当中也提到这些问题，但并无崇拜之事。释迦只是向他们宣传自己的学说，学说和宗教不同。释迦早期的所谓传教实际上都是宣传自己的学说。至释迦死后二百年间，佛教史上称之为"原始佛教时期"。"原始佛教时期"的人们也没有把释迦当作神去崇拜，因之，也和后来的佛教性质不同。当然，对释迦尊重性质的崇拜还是有的，例如供养他的遗骨（舍利），而这仍然是对"人"的崇拜。

释迦死后，他的大弟子摩诃迦叶、阿难等率五百弟子会集在王舍城，对释迦一生的说教进行回忆，修正补充，确定教典，史称第一次结集。这第一次结集，实际上并没有形成文字，只是师徒之间口头传承，而且内容也不过是教法、戒律等。释迦自己没有把自己视为神，他的传世弟子也没有把他视为神。我们现在所能见到的释迦说法等内容，乃是他死后二百余年，佛徒们假以记录整理为名，重新创造甚至是凭空捏造出来的内容。尤其是五百条"本生故事"，说释迦生前给弟子们讲自己前生作鹿、作熊、作獐、作兔、作鱼等等，还有"舍身饲虎""割肉贸鸽"等等，作无数代修菩萨行的转生，才成为佛。释迦是道德品质十分高尚的人，相信他不会讲这些话。所谓释迦说，实

东汉　佛坐像

四川乐山麻浩崖墓堂享堂门楣，红砂岩，高39cm，宽30cm。

佛教于两汉之际传入中国，此像是有明确纪年的东汉晚期作品。

际上都是后世崇拜者编造的。后世所相信的正是这些假的内容。从这个意义上说，佛教作为一种宗教，并非释迦牟尼所创，而是释迦的再传弟子和崇拜者（利用者）们所创。所以，释迦和孔子不同，释迦生前并没有留下任何著作，他说法的内容可以看作是他的学说，但只在当时和稍后有些影响，后来便被人改变了。尔后的佛经和释迦基本无关，至少佛经并非释迦的著作。孔子则生前便有文字留下来，《论语》一书也是他的弟子根据他的讲话真实内容所作的记录。孔子死后，其学说一直延续至今，从未中断。孔子的真实学说流传世界各地，供人学习，释迦却没有。但释迦的像却流传世界各地，供人崇拜，尤以中国的佛像最多，但这像也未必是释迦的真实形象。

就考古发现而论，连云港孔望山东汉佛像石刻、四川彭山东汉崖墓陶制摇钱树座下一佛二菩萨和乐山麻浩、柿子湾两窟东汉崖墓内的三身石刻佛像为至今发现最早的佛像，一般说来，这些佛像均在东汉末年。在有明确记年的佛像中，以湖北武昌莲溪寺的菩萨形造像为最早，在吴永安五年（262年）。当然，考古发现，只能证明它本身的时代，不能说明就是最早出现的时代。犹如从地下挖掘出来清乾隆年间的钱币，并不能证明钱币就起于清代。佛像在印度，至迟也在迦腻色迦王朝时代已大量存在，这是学术界公认的。但实际上却早于此（详下），而目前考古的发现却皆晚于此。所以无论在中国抑或是印度，都会有大量佛像实物，或者尚未被挖掘出来，或者早已毁坏。

但考古中发现东汉已有大量的佛像出现，且各地有各地的特色，长江下游多出现于丧葬、魂瓶之上，四川地区多出现于摇钱树上，连云港等地，佛又和道、神仙等相联合。这说明：一、东汉之前已有大量佛像传入中国；二、传入的道路非止一端；三、佛像的传入和当地的民俗相结合，人们只把佛当作神的一种，而且都是希望从佛身上得到钱和其他利益，这恰恰是违背佛教的初衷的；四、早期的佛像、佛教并非出自朝廷，至少不完全出自朝廷，而多是出自民间。因此，研究佛教的出现和流传就不能仅以官方文献为准则。

在研究佛像传入中国的最早时间之前，还要先弄清佛像在印度出现的最早时间。一般研究者都认为，佛像在印度的出现不会早于公元七十八年。证据是：贵霜王朝第二代国王阎膏珍还是个婆罗门，到第三代国王迦腻色迦才崇信佛教，兴建寺塔，允许民众礼拜佛；又因犍陀罗地区长期受希腊文化的影响，希腊人原有崇拜神像的传统，并根据希腊人崇拜神而雕塑或绘画佛像，从此才产生了佛像。结论是：佛像在迦腻色迦在位时即公元七十八年以后才首次出现，而且不包括色迦初登王位时期，因为那时色迦王"不信罪福，轻毁佛法"（见《大唐西域记》卷二48页）。所以在此之前是没有佛像的。

如果说在贵霜王朝中，官方准许拜佛像是在公元七十八年以后，这个推论是可以成立的。但如果说佛像最早也产生于此时，则绝对不能成立。

众所周知，印度的佛教艺术始兴于孔雀王朝的阿育王时期（公元前273~前232年）。但这时期却没有佛像，只有一些佛的足迹、佛发、法轮、伞盖、宝座或菩提树等雕刻品之类，供崇拜者礼拜。这个时期在民间是否有佛像，我尚不敢提出怀疑，但传说中已有（见《增一阿含经》卷28），大月氏人兴建寺塔，崇拜佛，正是效法阿育王的，而造佛像却是效法希腊人的。且说公元前四世纪（前327年），马其顿国王亚历山大大帝率领希腊军队入侵印度，在印度西北地区建立两个殖民地的省。当孔雀王朝建立后，开始驱逐希腊人，到了阿育王（前273~前232年）时，统一了全印度，阿育王是保护佛教的国王，但阿育王死后不久，印度又一次陷入分裂局面。公元前二世纪初，希腊人再次征服了西北印度，并建立大夏国统治这一地区。据史书和现存的碑文记载，在印度西北的希腊人都是崇信佛教的。公元前二世纪中叶，原居住在中国西部今甘肃省敦煌地区以及祁连山一带的大月氏人，又进攻并占领了印度西北部，建立了贵霜王朝，并定都犍陀罗，原来在这一地区的希腊人反而成为被统治者（整个大夏国和其他一些希腊式的城市都被大月氏人并吞并统治）。但到了迦腻色迦王（约公元78~120年）时代，希腊文化已在此地流行了两个多世纪。目前学术界公认的一个事实是：佛像的产生是希腊人根据希腊文化的创造，并不是贵霜王朝的大月氏人文化的传统，大月氏人只是受希腊文化传统的影响而已。这问题已经很清楚，如果说在贵霜王朝中（不包括被其统治的地区和人民）迦腻色迦初期之前无佛像，我是赞同的。如果说在这个王朝之外，以及在整个印度色迦王朝之前也没有佛像出现，则完全没有根据。犹如美国人在鸦片战争中入侵中国时方学会一些汉字，因而由此断定中国的汉字产生于鸦片战争之后，其荒唐程度不言而喻。我的结论恰恰相反：迦腻色迦王朝在准许拜佛时便借鉴甚至利用希腊文化制造出了佛像，正说明希腊人早有佛像存在。希腊人崇敬神，希望得到神的保佑，因而雕刻、绘画神像，到了印度又崇敬佛，希望得到佛保佑，在他们心中，没有佛像，便无法崇拜佛，便无法得到佛的保佑，这是希腊人的传统。希腊文化兴起于公元前八世纪前后，大盛于公元前四世纪。那时候就有十分成熟的神像雕刻。希腊人早在公元前二世纪就统治了印度的西北地区，难道说，这个时期他们就不会雕刻、绘画佛像，而要等到大月氏人来到之后，自己变成被统治者时才想起雕造绘画佛像？从另一方面考察，希腊人如果不是很早就造出佛像来，恐怕大月氏人还想不起来崇拜佛像。当然，不容否认的是，迦腻色迦时期，王朝的提倡，佛教势力更大，佛像更多，当是事实。但决不能说佛像起源于此时。从任何一方面考察，佛像始创于迦腻色迦时期都是不能成立的。中国人谈到自己的历史时，也常说秦始皇筑长城、蔡伦造纸等等，实际上，长城的主体是秦始皇以前很早就筑成的，秦始皇不过是连接而已，纸张在蔡伦之前就出现了，蔡伦只是发展而已。迦腻色迦造佛像类此。

我的推断，希腊人早期造佛像，根据荷马以来的"神人同形同性"说，造成了完全的希腊人形象。他们认为只有这样形象的佛才能保佑他们希腊人。但印度人却不承认这是印度的佛。而大月氏人的形象却基本上和印度人接近，他们要求佛的形象接近大月氏人（或当地人）。因而迦腻色迦时期佛像的形象出现了变化：其一是仍有一部分希腊艺术家的造像完全延续希腊式；其二是希腊和大月氏的混和式；其三是大月氏式；其四是印度式（形象类于秣菟罗式，但风格不同）。于是各种人都承认有自己的佛像存在。

我的推断是有根据的。早期佛像中，北路传至我国的云冈石窟佛像，方而直的鼻子从额直下，完全是希腊式，而不是印度式。相反，现藏印度和英国伦敦等地的犍陀罗式佛像（早于云冈石窟），希腊式特点却远不及云冈佛像典型。而有的犍陀罗佛像，就形象而论，基本上是大月氏式，有的兼有希腊和大月氏二式，有的形象和秣菟罗式并无区别（非指风格），所以，我们可以找出一些早期佛像中希腊式雕刻的典型。但把所有佛像都摆出来，并不都是典型的，还有其他各式各样的。

佛像的兴起，影响所至，连秣菟罗地区也由先前崇拜佛的脚印等改为崇拜佛像了，但都是在希腊人造佛像之后。以上我作了烦琐的说明还是有必要的，否则学术界便会以印度佛像的出现年代之不正确结论，来否认中国文献的记载。因为中国文献记载：佛像在公元七十八年前早已传入中国（汉地）。事实上，中外学者都认为：因为佛像在印度的出现是公元七十八年之后的事，所以在此之前传入中国的记载都是错误的。仅用这一句话便否认了中国所有的文献记载。我们破除了学术界的成见之后再来看中国文献，反而更能加强这一观点。

就记载而论，《魏略·西戎传》载："临儿国，《浮屠经》云其国王生浮屠。浮屠，太子也。父曰屑头邪，母云莫邪。浮屠身服色黄，发青如青丝，乳青毛，蛉赤如铜。始莫邪梦白象而孕，及生，从母左胁出，生而有结，堕地能行七步。此国在天竺城中，天竺又有神人名沙律。昔汉哀帝元寿元年，博士弟子景卢受大月氏王使伊存口授《浮屠经》曰复立者其人也。《浮屠》所载临蒲塞、桑门、伯闻、疏问、白疏问、比丘、晨门，皆弟子号也。《浮屠》所载与中国《老子经》相出入，盖以为老子西出关，过西域之天竺，教胡。浮屠属弟别号，合有二十九，不能详载，故略之如此。"[1]

---

[1] 转引自《三国志》卷三十《魏书》第859页。中华书局，1975年版。

这一段文字在《世说新语·文学》"殷中军见《佛经》条"中刘孝标注也有，《魏略·西戎传》曰："天竺城中有临儿国。"云云，其中博士弟子叫"景虑"，"复立"作"复豆"。这一段记载还有问题，比如大月氏人当时是否信佛，笔者尚缺乏研究。因为文中说的是"大月氏王使"而不是其他。有很多文献上记载，大月氏人一直崇信佛法，《大唐西域记》又说贵霜王朝第三代王初期还"轻毁佛法"。汉哀帝元寿元年是公元前二年，如按《大唐西域记》的说法，这时的贵霜王朝还是不信佛的。"大月氏王使"应该是代表贵霜王朝的，如果"大月氏王使"不是代表王朝，而代表大月氏族中一股信佛的势力，那么，这句话就没有问题了。

然即使"口授《浮屠经》"之类可信，也不过是中国人知佛经之始，未可言佛教传入中国也。《魏书·释老志》中也有同样一段记载，但加了一句"中土闻之，未之信也"，可见是无影响的。在此之前，也有佛像传入的记载，但皆不确切。《魏书·释老志》云："案汉武帝元狩中，遣霍去病讨匈奴，至皋兰，过居延，斩首大获。昆邪王杀休屠王，将其众五万来降，获其金人，帝以为神，列于甘泉宫。金人率长丈余，不祭祀，但烧香礼拜而已。"[1]元狩中在公元前122至前117年之间，从来降的匈奴人中得到金人，《魏书》的作者认为"此则佛教流通之渐也"[2]。但这只是偶然获得一像，且并不知是佛，更无影响。不过也说明佛在我国的西域已有流传。

正式记载佛、佛经、佛教艺术传入中国的文献是《后汉书》，其云："世传明帝梦见金人，长大，顶有光明，以问群臣，或曰：'西方有神，名曰佛，其形长丈六尺而黄金色。'帝于是遣使天竺问佛道法，遂于中国图画形像焉。楚王英始信其术，中国因此颇有奉其道者。后桓帝好神，数祀浮图、老子，百姓稍有奉者，后遂转盛。"[3]这一记载比较真切，佛像

---

① 见《魏书》卷一百一十四《释老志十》，第3025页，中华书局版。

② 同上。

③ 见《后汉书》卷八十八《西域传》，第2922页，中华书局排印。按《后汉书》这一记载来源于袁宏的《汉记》，参见该书卷四十二《楚王英传》注，同书第1429页。

的高度、颜色、光圈（顶有光明）都清清楚楚。而且传入后就在中国产生了影响，从明帝、楚王英到桓帝至百姓，信佛的人逐渐转盛。

《后汉书》的记载是有来源的，东汉时的《四十二章经序》云："昔汉孝明皇帝夜梦见神人，身体有金色，顶有日光，飞在殿前。意中欣然，甚悦之。明日问群臣，此为何神也？有通人傅毅曰：'臣闻天竺有得道者，号曰佛，轻举能飞，殆将其神也。'于是上悟，即遣使者张骞、羽林中郎将秦景、博士弟子王遵等十二人，至大月氏国，写取佛经四十二章，在十四石函中，登起立塔寺。于是道法流布，处处修立佛寺，远人伏化，愿为臣妾者不可胜数。"《牟子理惑论》也是东汉的著作，其说与之相似：

问曰：汉地始闻佛道其所从出耶？

牟子曰："昔孝明皇帝梦见神人，身有日光，飞在殿前，欣然悦之。明日，博问群臣，此为何人？有通人傅毅曰：'臣闻天竺有得道者，号之曰佛，飞行虚空，身有日光，殆将其神也。'于是上悟，遣使者张骞、羽林郎中秦景、博士弟子王遵等十二人于大月氏写佛经四十二章，藏在兰台石室第十四间。时于洛阳城西雍门外起佛寺，于其壁画千乘万骑，绕塔三匝，又于南宫清凉台及开阳城门上作佛像。明帝存时，预修寿陵曰显节，亦于其上作佛图像。时国丰民宁，远夷慕义，学者由此而滋。

东晋史学家袁宏（328～376年）在其所著的《后汉纪》卷十中又把此条附于"永平十三年（公元70年）"中：

初，帝梦见金人长大，顶有日月光，以问群臣，或曰："西方有神，其名曰佛，其形长大，陛下所梦得无是乎？"于是遣使天竺，而问其道术，遂于中国而图其形象焉。

《后汉书》中所说的"世传"就是据以上所记。不论所记所传的具体情节是否可靠，但汉明帝时佛像已传入中国，而且已由先前仅在西域流传而正式传进宫廷，是可信的，而且《后汉书·楚王英传》还记："晚节更喜黄老学，为浮屠斋戒祭祀。"由是可知，明帝只是请来佛像并加以传播，楚王刘英（？～71年）始为斋戒祭祀等形式，他还施舍黄绢白纨给佛寺，并"诏令天下死罪皆人缣赎"①。这大概也是施舍财富给沙门以赎己罪的形式之始，由是亦可见当时官方对佛教已不生疏了。

尔后，南齐王琰的《冥祥记》的同类记载中又增加了迦叶摩腾的名字：

汉明帝梦见神人，形垂二丈，身黄金色，顶佩日光，以问群臣。或对曰："西方有神，其号曰佛，形如陛下所梦，得无是乎？"于是发使天竺，写致经像，表之中夏。自天子王侯咸敬事之，闻人死精神不灭，莫不惧然自失。初使者蔡愔将西域沙门迦叶摩腾等，赍优填王画释迦倚像。帝重之，如梦所见也。乃遣画工图之数本于南宫清凉台及高阳门显节寿陵上供养。又于白马寺壁画千乘万骑，绕塔三匝之像如诸传备载（《法苑珠林》卷十三）。

《魏书·释老志》所记又将迦叶摩腾等改为摄摩腾、竺法兰二人，其云：

孝明帝夜梦金人，顶有日光，飞行殿庭，乃访群臣，傅毅始以佛对。帝遣郎中蔡愔、博士弟子秦景等使于天竺，写浮屠遗范，愔乃与沙门摄摩腾、竺法兰东还洛阳。中国有沙门及跪拜之法，自此始也。愔又得佛经四十二章及释迦立像。明帝令画工图佛像，置清凉台及显节陵上，经缄于兰台石室。愔之还也，以白马负经而至，汉因立白马寺于洛阳城雍门西。②

据《高僧传》记载，摄摩腾、竺法兰是中天竺人。关于明帝夜梦金人而后使人去天竺取经及佛像事，记载的文献颇多，历来统治者喜故弄玄虚，借以骗人，大约明帝听到了一些佛的消息，为了宣扬自己的神圣性，或认为佛可利用，便诈言梦云，于是派人去天竺取经，同时带来了释迦像，这样，佛经和佛教艺术便同时正式地由官方传入了中

---

①参见《后汉书》卷四十二《楚王英传》，中华书局排印本，第1428页。

②《魏书》卷一百一十四，第3025—3026页，中华书局排印本。

国，佛教也便传入了中国。蔡愔所得的"释迦立像"，据《历代名画记》卷五亦说是"瑱王画"，[①]至于优瑱王画佛像的问题，这里暂不讨论[②]。中国史学家作史一向都有严谨的学风，从众多的史书记载中，可以断论，佛教艺术至迟在汉明帝时期已传入中国，汉明帝治政年代在公元五十八～七十五年，又从《后汉书·楚王英传》知，楚王英于永平八年（公元六十五年）之前即"为浮屠斋戒祭祀"，可知佛教传入中国至迟在公元六十五年之前，此外，从汉明帝梦见金人"顶有日光"（即佛光）等看来，他必看到或听左右说到佛像，否则他不会编造得如此具体真切。由是观之，佛像传入中国，在民间则更早。

一九九零年于南京师范大学

① 见《历代名画记》卷五戴逵附传。
② 优瑱王时是否有佛像还需考察。后世画佛像的人多了，就要寻找一位时代较早而又有来头的人作创始者，于是找到了和释迦同时代的优瑱王（跋耆国王）。但也说明佛像很早就出现了。否则，即使是传说，也不会把时代很早的优瑱王拉出来作始作俑者。

二、中国早期的佛教美术和四次样式演变

（一）

关于中国早期佛教艺术的传入问题，我已另文探讨，其结论和文献记载基本上相符。文献记载："汉明帝时，得佛经四十二章及释迦立像，明帝令画工图佛像，置清凉台及显节陵上，佛经缄于兰台石室。倍之还之，以白马负经而至，汉因立白马寺于洛城雍门西。"①又记："自洛中构白马寺，盛饰佛图，画迹甚妙，为四方式。凡宫塔制度，犹依天竺旧状而重构之。"②明帝的使者蔡愔、秦景等自天竺回来时，以白马驮佛经及佛像，一至洛阳时，明帝就建白马寺，凡寺必有佛像，"为四方式"，可见四方各地佛画都师法白马寺中佛画，"盛饰佛图"，且"画迹甚妙"，指的当时不同于中国的传统画法。白马寺式的佛画又是天竺优填王画的风格，这画也和宫塔制度一样，"犹依天竺旧状而重构之"。

佛教艺术传入中国之初，人们以为神像如此，不敢改变，所以最

---

① 见《魏书·释老志》卷一百一十四。
② 同上。

公元前1世纪 印度亚克希尼

佛教自印度传来的同时，也带来了佛教艺术，中国早期佛教雕塑受了多少印度作品的影响，或许从这张图中可以得到些许启示。

早的佛教艺术都是天竺式的。天竺式的佛教艺术也有两种风格，其一是南部的秣陀罗式，其二是北部的犍陀罗式，犍陀罗艺术受有希腊艺术风格的影响，秣陀罗式艺术基本上出自天竺的传统风格。从各地遗存看来，两种风格的艺术都从不同道路传入中国。传入中国后，北路部分由北向南、由西向东传播发展；南路部分由南向北、由西向东发展。但北魏迁都洛阳后，南方对北方的影响就更大些。从记载和现存最早的一部分佛像看来，最早期传入中国的佛像艺术属于南部的秣陀罗风格。秣陀罗风格既没有犍陀罗式的方而直的鼻子，也没有波浪式的头发，而大多是罗圈形的头发，上有发髻，面型圆润而胖，有的上身裸露，有的衣服紧贴肌肉。早期传入中国的佛教艺术大体皆如此，各地考古发现的汉代佛像也基本可作证实。

我们可把早期佛教美术的风格分为四个阶段。第一阶段是自东汉明帝时至东晋中期。其佛像艺术特色全是天竺国秣陀罗式的，前面已作叙述。

记载中，中国第一个画佛像的大画家是曹不兴。据蜀僧仁显《广画新集》所言："昔竺乾有康僧会者，初入吴，设像行道，时曹不兴见西国佛画仪范写之，故天下盛传曹也。"① 康僧会是天竺人，吴赤乌十年（247年）从交趾来到建业，营立茅茨，设佛像行道，在吴地影响颇大。《高僧传·康僧会传》记其至建业后，孙权为之建塔寺，名建初寺，"由是江左大法遂兴"。曹不兴就是根据康僧会的"西国佛画仪范"绘画的，因而他的佛像也就是西国（天竺）的风格，这是无疑的。

据米芾《画史》所载，米芾家"收纸本曹不兴画如意轮一轴"。如意轮是佛教菩萨六观音之一，手持如意宝珠和轮宝，分别表示满足众生祈愿和转法轮。《观自在如意轮菩萨瑜伽》云："手持如意宝，六臂身金色。"可见如意轮像是六臂金色。

曹不兴画了许多佛像，影响很大。"卫协师于曹不兴。"② 卫协

北魏 （公元前450年前后）多宝如来释迦牟尼，高26cm，巴黎季美博物馆藏。

此雕像相当于陆探微的"秀骨清像"式的"容如刻削"，发端于顾恺之"清羸示病之容"。据《莲花经》记载，一日佛祖讲道，天空忽然显现一宝塔，宝塔内坐多宝如来。多宝如来是过去（远古时代）佛祖，早已进入涅槃境界，他曾许愿在佛祖弘法时现身，以证明佛的涅槃并非死灭。释迦牟尼见到多宝如来，立即飞入塔中，二佛并坐讲法。唐代颜真卿曾为多宝如来塔写过碑文。

---

① 转引《图画见闻志》卷一《论曹吴体法》。
② 见《历代名画记》卷二《论师资传授南北时代》。

当时号称"画圣"①，谢赫著《画品》把他列为第一品，称之："古画皆略，至协始精，六法之中，颇有兼善。虽不该备形似，颇得壮气。陵跨群雄，旷代绝笔。"卫协也是画佛像的大画家，他画的《七佛图》据顾恺之《论画》云"伟而有情势"②。《宣和画谱》称"卫协以画名于时，作道释人物冠绝当代"。

卫协的传人荀勖历魏至晋，是大书法家钟繇的从外孙，官至光禄大夫、尚书令，死后赠司徒，是个举足轻重的人物③，荀勖的画也被谢赫评为第一品，谓之："风范气候，极妙参神，但取精灵，遗其骨法。"（《古画品录》）荀勖既是卫协的传人，作佛像大抵似卫协，《历代名画记》未记其画佛像图，但《洛阳伽蓝记》载昭仪寺南掘"得金像一躯，可高三尺，并有二菩萨，趺上铭云：晋太始二年五月十五日侍中中书监荀勖造"④。

和卫协同称画圣的张墨亦善画佛画，《贞观公私画史》和《历代名画记》皆记其画《维摩诘像》。

荀勖、卫协的传人史道硕亦画佛像，《历代名画记》记其"《观音像》天男相、无髭、贴金"。还有"梵僧图"。《贞观公私画史》记晋龙宽寺、本纪寺都有史道硕的佛画。

六朝的大画家差不多皆善画佛像，连晋明帝司马绍也以善画佛像而著名，张彦远称其"有识鉴，最善画佛像"⑤，并录《蔡谟集》云："帝画佛于乐贤堂，经历寇乱，而堂独存。"⑥

以上画家作佛像大抵皆属曹不兴一系，也即是天竺国秣陀罗一系。

---

①《抱朴子》内篇卷十二《辨问》："卫协、张墨于今有画圣之名焉。"

② 见《历代名画记·顾恺之》。

③荀勖的情况见拙作《六朝画家史料》，文物出版社. 1990年本。

④ 见《洛阳伽蓝记》卷一《城内·昭仪寺》，或见拙作《六朝画家史料》"荀勖"条。

⑤见《历代名画记》卷五"明帝司马绍"条。

⑥ 同上。

（二）

戴逵（347年之前～396年）字安道，其子戴颙（378～441年）字仲若，谯郡铨（今安徽宿县）人。父子二人皆东晋至宋时著名画家、雕塑家、音乐家兼学者，又都是著名隐士，朝廷屡次征召，皆不就，惟以琴书自娱，戴逵传列《晋书·隐逸》，戴颙传列《宋书·隐逸》，故《历代名画记》谓其"一门隐遁，高风振于晋、宋"①。

在早期雕塑史上，戴氏父子是两位划时代的人物。张彦远曾作过认真的总结分析云：自汉明帝时蔡愔取天竺国优填王画《释迦倚像》以来，至晋明帝、卫协，"皆善画像（指佛像），未尽其妙。洎戴氏父子皆善丹青，又崇释氏，范金赋彩，动有楷模。至如安道潜思于帐内，仲若悬知其臂胛，何天机神巧也？其后北齐曹仲达，梁朝张僧繇，唐朝吴道玄、周昉各有损益。

东魏 （公元535年前后）观音像
此像原为洛阳白马寺中物，现藏美国波士顿博物馆。具有张僧繇"面短而艳"的特点，即面部丰满多肉。

---

①关于戴逵、戴颙的情况，详见拙作《六朝画家史料》。第二阶段以戴逵、戴颐及顾恺之为代表，是佛画的变革、创新和中国化阶段。

圣贤盻麷，有足动人；璎珞天衣，创意各异。至今刻画之家，列其模范，曰曹，曰张，曰吴，曰周，斯万古不易矣"。①

这一段话有几层意思。其一，汉至晋明帝凡画佛像者，皆未尽其妙。为什么"未尽其妙"呢？因为他们所画的佛像全是天竺画风和形象，这不合于中国人的欣赏习惯，而且，神的形象，在希腊人心目中是希腊人的形象，在印度人的心目中是印度人的形象，在中国人的心目中是中国人的形象，否则便会使人怀疑、好奇而不能使人生敬，《尚书故实》云："佛像本胡夷村陋，人不生敬。今之藻绘雕刻，自戴颐始也。颐尝刻一像，自隐帐中，听人臧否，随而改之，如是者积十年，厥功方就。"②实际上应是自戴逵始，所引的故事也是戴逵的故事。以前的佛像都是"胡夷村陋"，自戴逵始变。

其二，说戴氏父子善丹青，这是对的。但说他们"又崇释氏"，就错了，戴逵父子皆终生不信佛，并且激烈地反对佛教因果报应等说。当慧远在庐山宣扬佛法而拥有广大听众时，戴逵独作《释疑论》致慧远，对佛（释）说提出质疑，和慧远及其支持者展开大辩论。他列举了大量事实对佛说进行诘难③。如："尧、舜大圣，朱（丹朱）、均（舜子商均）是青；瞽瞍下愚，诞生有舜；颜回大贤，早夭绝嗣；商臣（楚穆公）极恶，令胤克昌……比干忠正，毙不旋踵；张汤酷吏，七世珥貂（子孙七世皆大官）。"（《广弘明集》卷一八《释疑论》）周续之见了他的《释疑论》后，写了《难释疑论》，慧远也写了《三报论》答辩，戴逵又针锋相对，写了《答周居士难释疑论》给予反驳④。戴逵不但不崇释，而且始终反释，他的《释疑论》等文章都写于他的晚年。正因为他不崇释，不把佛看作西方的神，而只把佛像的创作当作一种艺术去处理，所以他敢于"范金赋彩"大胆变化，一变过去画家只按外来粉

①见《历代名画记》卷五《戴逵至戴颙》条：

② 见拙作《六朝画家史料》。

③ 戴逵和慧远等辩论文章俱见《广弘明集》。

④ 戴逵和慧远等辩论文章见《广弘明集》。

本复制的习惯，创造出自己的"楷模"。他的"楷模"又是听取中国欣赏者的意见而创造的。《历代名画记》记戴逵"既巧思，又善铸佛像及雕刻，曾造无量寿木像，高丈六。并菩萨。逵以古制朴拙。至于开敬，不足动心。乃潜坐帷中，密听众论，所听褒贬，辄加详研，积思三年，刻像乃成"。这说明戴逵的佛像不但没有按照天竺国的粉本去做，而且在自己创作的基础上，又按照众人的意见加以修改而成。又据《宋书·戴颙传》所记："自汉世始有佛像，形制未工，逵特善其事，颙亦参焉。"自汉世以来的佛像"形制未工"者，皆照抄天竺秫陀罗之佛像也。"逵特善其事"者，始变革成为中国之样式也。"颙亦参焉"，说明这种变革的新形式之佛像，是戴逵和戴颙二人共同创造的。戴氏父子积思三年所创作的佛像至唐代尚保存在越州嘉祥寺①。

　　其三，六朝至唐代的美术主要是佛教美术，仅龙门石窟至今尚存佛像十万余躯，当时全国各地造像不知几百万躯也。这么多造像，都是依曹仲达、张僧繇、吴道玄、周昉的"模范"而制造的，曹、张、吴、周即美术史上著名的"四家样"，但这"四家样"又都是在戴氏父子造像基础上经过"损益"而形成的，各领风骚，风靡中国大地千百年。由是观之，可以说，戴逵父子是中国佛像雕塑的奠基人。米芾《画史》亦云："自汉始有佛，至逵始大备也。"谢赫《画品》评戴逵云："善图贤圣，百工所范。荀、卫以后，实为领袖。及乎子颙，能继其美。"古代大部分佛像的制作者都是工匠，他们造佛需要有一定的范本为楷模，戴逵的"贤圣"之像也包括佛像，为"百工所范"，而且在荀、卫以后成为领袖人物，可见其影响之大。

　　戴逵的佛像还有一个重要特点，即把佛像雕成现实中的人物，改变了秫陀罗式的把佛作为超越现实的神的形式②。《历代名画记》载："戴

---

① 见《历代名画记》卷五《戴逵》条。
①阮荣春《早期佛教造像的南传系统》中云："犍陀罗系统是以歌颂形式开始的，将释迦作为伟大人物……而秫陀罗系统……绝没有把佛陀作为现实世界的人来表现。…秫陀罗的佛传图，开始就将佛作为超越现实世界的人物加以表现的……佛陀始终是神话性轮回世界里的神。"（见《东南文化》1990年1-2期）

安道中年画行像甚精妙，庾道秀（季）看之，语戴云：'神犹太俗，盖卿世情未尽耳。'戴云：'惟务光当免卿此语耳。'"务光是夏代隐士，高雅而不俗，汤克桀后，以天下让于务光，务光听后，沉水自杀了，可见无世俗之情。庾道季说戴逵的画像神太俗，即世俗化，他认为这是戴的世俗之情未尽之故。戴的回答说只有务光不俗，也是承认其画像世俗化了的，而这种变化（世俗化）却正是一种进步。

戴逵之子颙还是早期佛雕塑的第一位大理论家。逵死后，颙便成为雕塑权威，大型雕塑出现了问题，便要向他请教。《历代名画记》载：宋太子在瓦棺寺铸丈六金像，像成，遗憾的是面部瘦，从事雕塑的几个人皆无可奈何。于是乃迎颙看之，观后曰："非面瘦，乃臂胛肥耳。"于是错减臂胛，瘦患即除，像乃相称，时人服其精思。作大型雕塑，即使比例完全合度，由于远近高下视觉上的关系，头部仍有瘦小的感觉。如果臂胛再肥，面就更显得瘦。戴颙这句话给后世雕塑家以特别有益的启示。但当时戴颙这一理论尚未能立即引起全国所有雕塑家的高度注意。我们从现存的早期雕塑如云冈石窟中的佛像来看，臂胛还是有一点肥大，特大型的雕塑，从下向上看，头部也有略小的感觉。不过，云冈等地雕塑因出于当时的高手，问题尚不显得十分严重。到了隋唐时代，这些毛病就完全被克服了。这就是戴颙理论发生的效用，从观者的视觉上调整了雕像的比例，使之不准而准。

戴逵手制的佛像五躯和顾恺之画的《维摩诘像》以及师子国（今斯里兰卡）献来的玉像一直被称为"三绝"[①]。

（三）

顾恺之对《维摩诘像》的变革和创新，对当时和后世也有同样大的

---

① 见《梁书》卷五十四《诸列传》，《历代名画记》卷五《顾恺之传》《高僧传》。

影响。晋后至梁的佛像创造基本上是戴式加顾式。

　　《历代名画记》卷二记："顾生首创《维摩诘像》，有清羸示病之容，隐凡忘言之状。"这就是说顾恺之画的《维摩诘像》是清瘦的，有一种病态之美，顾之前的佛像，如前所述，就考古发现，都是天竺秣陀罗的风格，人形是略圆而微胖的，但这不合于中国人的审美要求，中国人物画自周朝以来都是细腰清瘦的。魏晋时，士大夫多服药，加之社会动荡，杀伐频仍，人在恐惧和四处奔波中生存，大多是消瘦的，且当时也以瘦（羸）为美。这在当时的记载中颇多，以卫玠最突出。《世说新语·容止》注引《玠别传》云：玠在群伍之中，寔有异人之望。龆龀时，乘白羊车于洛阳，咸曰'谁家璧人？'于是家门川党号为'璧人'。"卫玠被人称为"璧人"，可见是极其美的，算得上第一美男子。他的美的特点是什么呢？原来是极瘦的，瘦成病态。《世说新语·容止》又记："王丞相见卫洗马（玠）曰：居然有羸形，虽复终日调畅，若不堪罗绮。"原注：《玠别传》曰："玠素抱羸病。"《西京赋》曰："始徐进而羸形。似不胜乎罗绮。"又云："卫玠从豫章至下都，人久闻其名，观者如堵墙。玠先有羸病，体不堪劳，遂成病而死。时人谓：看杀卫玠。"卫玠因为极瘦，也就极美，美得出名，所到之处观者如堵。可见当时人们以瘦如病态者为美。就连那位不为五斗米折腰的陶渊明也是"遂抱羸疾"的（见《晋书·陶潜传》）。而秣陀罗风格的佛像圆而胖的样式就不足为美了。这有待于顾恺之的改革。其实，顾恺之并不是第一个画《维摩诘像》的。张彦远还说："张墨、陆探微、张僧繇并画《维摩诘居士》，终不及顾之所创者也。"[1]张墨画《维摩诘像》和《维摩诘变相图》[2]比顾早，陆、张画的也比顾水平高[3]，但他们都不是独创，只有顾恺之的清瘦病态的形式是独创。陆探微的"秀骨清

---

① 见《历代名画记》卷五。

② 见《历代名画记》卷五和《贞观公私画史》。

③ 详见拙作《六朝画论研究》第一章《重评顾恺之及其画论》。

北齐　山东青州龙兴
寺窖藏出土佛像
　　"曹家样"即北齐曹
仲达的佛画风格，又被称
为"曹衣出水"，衣服好
像湿贴在身上一般，身体
的结构看得十分清楚。

像"①，就是在顾恺之"清羸示病之容"基础
上发展起来的。晋宋时期的佛教绘画和雕塑，
差不多都是这著名的"秀骨清像"式，这一代
特色便是顾恺之的变革创造加上陆探微的发展
完善而形成的。

　　顾恺之之所以敢于大胆改革佛像形式，就
在于他也不把佛作为神来看，而只当作一个普
通的人来看。顾恺之是道教徒②，而道教徒是
不信佛的，他画佛像只是当作一种艺术创造罢
了。顾又是当时的名士之一，他熟悉当时文人
的情调，他的改革也是按照当时文人的审美要
求而从事的。

　　《京师寺记》记顾恺之在瓦棺寺画《维摩
诘像》，引起众多人观看，震动颇大。大概也
和他画的《维摩诘像》与以前佛像不同，而更
合于当时人的欣赏要求有关（参见《历代名画
记》卷五《顾恺之》条）。

（四）

　　第三阶段是以张僧繇为代表，佛像由"秀
骨清像"一变而为"面短而艳"③。即面部丰
满多肉。张氏一生作画大部分都是佛画。《宣

---

　　①张怀瓘语，见《历代名画记》卷六《陆探微》条。
　　②据陈寅恪的研究，魏晋时代，凡父子兄弟之名皆有一个"之"字，便是道教徒，如
王羲之、王献之、王徽之等父子一二十人皆叫王×之。顾恺之父顾悦之，也皆属道教徒。
顾的《画云台山记》记的就有道教故事。
　　③米芾《画史》："天帝释像在苏泌家，皆张僧繇笔也，张笔天女宫女面短而艳。"

和画谱》卷一记"僧繇画，释氏为多，盖武帝时崇尚释氏，故僧繇之画，往往从一时之好"。宣和御府所藏张僧繇画十六幅，全部是佛像一类。

张僧繇为什么要改革佛画呢？其一是一种样式不能永远不变；其二是魏晋名士服药的时代已过，那种越瘦越美的观点也已改变；更重要的是其三：佛像自汉代传入，至汉末以前，天竺等国和汉来往频繁，但"魏、晋世，绝不复通"①（孙权时代吴和天竺等国还交往频繁。参见《高僧记》《梁书》等）。魏晋之世，两国不通，天竺的佛像传入也就少了。人们看不到天竺的佛像，这大概也是戴逵、戴颙、顾恺之改革佛像成功的因素之一。没了天竺的佛像样式，"百工"只好取顾、戴的"师范"。但到了梁武帝时，梁和天竺两国的交往又频繁起来，据《梁书·诸夷》记载：天监初，其王屈多遣长史竺罗达奉表，且表曰"愿二国信使往来不绝"云云②。梁武帝笃信佛

早期佛教雕像。

---

①见《梁书》卷五十四《诸夷》。
②见《梁书》卷五十四《诸夷》。

教，差一点把佛教定为国教，他自己三次舍身僧庙，到处刻经建寺，因而和天竺的佛教徒来往甚密，天竺的佛教艺术也就大量传入中国。在梁武帝心目中，这些天竺佛像才是真正的佛的形象。张僧繇是梁武帝的御用画家，时时听命于梁武帝[1]，他必须按照梁武帝的意思作画。而且，这些大量传入的天竺佛像也必然会引起张僧繇的兴趣。况且，人们心目的佛像如此，他不如此画也是不行的。于是佛画开始大变。

天竺的佛画历数百年也出现了一些大的变化，据陈玄奘《大唐西域记》记载可知，此时犍陀罗的艺术已基本毁绝，"犍陀罗美术的终结，大概在公元六世纪初时，《大唐西域记》卷四载：凶暴的白匈奴人（嚈哒族），背信弃义，既杀迦湿弥罗王，而夺其位，乘其战胜之威，西讨犍陀罗国，尽杀国人，毁率堵波，废僧伽兰，犍陀罗的艺术，即毁于此时"[2]。所以，传入中国的佛像美术不可能是犍陀罗式。况且，大量进入中国的天竺僧人皆属南天竺人，包括禅宗初祖达摩[3]，梁武帝时来中国的僧人也都是南天竺和中天竺人（参见《梁书》）。南、中天竺的佛像，就遗存看来，面部圆润丰满，如椭圆的卵形，头上没有发卷，顶上肉髻作螺旋形。现存的梁代之后的佛像正是如此，这正是"面短而艳"的特点。

张僧繇的佛像艺术至今虽不可具体指陈，但那个时代受张氏艺术影响的佛像至今仍有很多遗存。可以看出，其风格虽大异于晋宋时代的"秀骨清像"，但也不完全和天竺秣陀罗艺术相同，只有面部和体形丰满似之，而衣纹的变化并不太大，是天竺和晋宋时的混合体。姚最《续画品》记张僧繇"善图塔庙，超越群工。朝衣野服，今古不失。奇形异貌，殊方夷夏，实参其妙"[4]。看来当时的评论家就看出他的佛像是"殊方夷夏"，即参考了中外各种妙处而创作的。

---

①关于张僧繇，详见拙作《六朝画家史料》第四十条。
②参见常任侠《印度与东南亚美术发展史》，上海人民美术出版社，1980年版，21页。
③ 参见汤用彤《汉魏两晋南北朝佛教史》，780页。
④见拙作《六朝画论研究》，第二十章，台湾学生书局，1991年版，254页，277页。

（五）

　　和张僧繇样式并行的有北齐"曹家样"，即曹仲达的佛画风格。《图画见闻志》卷一《论曹吴体法》云："吴之笔，其势圆转，而衣服飘举；曹之笔，其体稠叠，而衣服紧窄，故后辈称之曰：'吴带当风，

西魏 敦煌第249窟壁画 说法图

曹衣出水。'"这种"曹衣出水"式却正来自天竺的秣陀罗风格。现存的秣陀罗艺术中佛像，衣服好像湿贴在身上一般[1]，身体的肌肉、结构都看得清清楚楚，甚至连男女生殖器都显露了出来。曹仲达这种风格，即完全是天竺的秣陀罗风格，和张僧繇"殊方夷夏"参用中外之法不同。《历代名画记》和《后画品》都说曹仲达"外国佛像，无竟于时"，可见他的佛像是完全的外国画风。据《历代名画记》卷八所记："曹仲达本曹国人。"据《北史》所载："曹国，都那密水南数里，旧是康居之地也。""西去何国百五十里，东去瓜州六千六百里。""何国都那密水南数里……东去曹国百五十里，西去小安国三百里，东去瓜州六千七百五十里。"[2]计算其地即今之乌兹别克撒马尔罕的北方和东北方一带。当时国无主，后归唐所管。曹国人来中国者多以曹为姓。这位曹仲达因是北方曹国人，接受中国的传统较少，所以，他接受天竺来的佛像样式时[3]，便没有吸收改革的思想，径直以秣陀罗式的湿衣贴身式为特点，形成了"曹衣出水"的风格。正因为如此，他的佛像新奇于一时，却不合于中国人的欣赏习惯。中国人自黄帝以来即垂衣裳而治，都穿着宽大的衣裳（上曰衣，下曰裳），似那种衣服紧贴在身上，连人体器官都看得出来的造像，中国人便不太欣赏。所以，"曹衣出水"式的佛像并不太多，至今完全属于"曹衣出水"式佛像几乎见不到。在北朝遗存中只能见到很少部分受"曹衣出水"影响的作品，其像"出水"式亦不明显。那些天王像赤裸部分的肌肉特点和"曹衣出水"无涉。而"曹家样"虽和"张家样"并行，但"曹家样"的影响极小，几乎无人继承，自梁至唐几乎都流传着张僧繇的样式，连北方的画家也都是继承张僧繇的。据《历代名画记》所载，郑法士、袁昂、孙尚子、李雅、田

---

①如《释迦如来立像》石雕，现藏新德里印度国立博物馆。图版参见《印度与东南亚美术发展史》140页图27，和141页图28。

②见《北史》卷九十七《西域》。

③据《洛阳伽蓝记》和《魏书·释老志》中记载可知，北方佛教徒一直和天竺佛教徒来往不绝。

僧亮、杨子华、杨契丹、董伯仁、展子虔、阎立德、阎立本、范长寿、何长寿、吴道子等等画家都是祖述张僧繇的，这些画家大多是北方的。可知"曹衣出水"式只在北齐流行一阵子，然后便都归向张僧繇的样式了。可见，完全套用外国的形式在古代也是行不通的。借鉴必须适当，必须合乎国情。张僧繇只取其丰满的面容和体形，衣服却不套用外国形式，而且张僧繇创没骨法、凸凹法，也为人们所赏。李嗣真说："独有僧繇，今之学者，望其尘躅如周、孔焉。"又说："天生圣人为后生则。"张僧繇成为画家心目中的圣人和楷模，其样式成为梁至唐二百年间的主流。

吴道子在"张家样"的基础上发展为"吴家样"，周昉又改而为"周家样"。吴周二家样已完全摆脱了天竺式的影响，完全形成了中国式的佛像风格，外来样式已完全被吸收消化了。中国这个古老的具有悠久历史文化的国家对待外来文化的态度历来都是如此。尤其是"吴家样"，发挥了中国服饰中宽袍长带的特点，衣带飘举，满壁风动，既生动而又有气势，且具有强大的力度感，显示出盛唐的气象。当然这里也有吸收外来影响而消化后的结果。

（原载《中国画研究》第七集）

三、论故宫所藏几幅宫苑图的创作背景、作者和在画史上的重大意义

　　故宫等处所藏时代较早的"宫苑图"甚多。旧称：这批画创作于唐初，作者是李思训画派。长期沿用此说，决非无因，也基本上是对的，但并不完全正确。实际上，李思训属于阎立本画派。这批画，创作于隋至唐初，作者应属阎立本画派，而且应属于阎立本画派的早期作品。

　　此类作品，现存于故宫博物院的就有《宫苑图》卷、《宫苑图》轴、《京畿密雪图》《九成宫图》，故宫运往台湾的类似之作有《曲江图》《上林密雪图》等三幅，此外，流落美国克利夫兰美术馆的有《宫苑图》团幅，上海博物馆还有《云山殿阁图》等。实际上，《九成宫图》《京畿密雪图》等也可以统称宫苑图，不过这些名称更具体一些而已。这些作品在内容和形式上，一个总的特点是："宫观""所附"山水。

　　现存而又著称于世的此类作品就有九幅，存世而尚不为人所知的可能还有不少。敦煌莫高窟中隋至唐初的壁画以及西安出土的唐前期墓室壁画中，皆有大量的"宫观""所附"山水图，当是受其影响所致。千余年后尚能见到如此众多的作品，当时此类作品甚多，不难想见。

　　凡是一种特殊的题材，同时被众多画家所注视，或者说，很多画家都愿意创作同一题材的作品，必有一定的特殊背景。比如南宋及金代的

画家喜爱创作"文姬归汉图",流传至今的就有十几幅(包括明人临摹之作),这反映了当时画家流离失所的身世,画文姬归汉是为了寄托思念故土、故国的情怀。又如西汉墓棺中多"升天图"帛画,东汉墓室中多画像砖,画中内容也大体相类似。这皆与当时特殊的社会背景有关。

大量的"宫观""所附"山水型的宫苑图出现,正是隋至唐初这个特殊的社会背景和绘画发展阶段的产物。此一问题,至今似乎尚未引起学者们的足够注意,我试于此表而出之。

一

先从画中的山水部分论起。

中国山水画萌芽于魏、西晋,正式形成于东晋、宋。晋宋之后,山水画因无容纳之处等原因,遂处于停滞阶段。至隋初,又开始有了起色,缘由首先在于隋至唐初的大兴土木即宫苑的大量建筑上。

自隋文帝开皇二年(582年)在汉长安城东南另筑大兴城开始,隋炀帝在洛阳大修宫殿,又从洛阳至扬州修离宫四十余所,在扬州建造迷楼,大兴土木之风至唐初而不衰。唐朝在隋都大兴城基础上建成规模宏大的都城长安。唐太宗将隋代著名的仁寿宫(皇帝避暑地)整建为九成宫,武则天在洛阳造明堂,唐玄宗在骊山造温泉宫。其他大大小小的工程,包括至今尚有遗迹可寻的,不计其数。这些工程建筑大都依山傍水,建造之前和建成之后都要绘出图样供皇帝审查、挑选。这就需要大量的工程建筑家和画家绘制出图样,其中山水的成分是不可少的。绘画发展的方向、题材、内容以及形式因此受到了深刻的影响。隋代至唐初的画坛出现了两种特殊的现象:其一是画家本是建筑家,其二是几乎所有的画家都在"宫苑""台阁""层楼""楼台""宫阙""台苑"等方面擅长。这是其他朝代所无的。《历代名画记》所载隋代第一名画家阎毗,《隋书》有传,其人在周朝官拜仪同三司,在隋官将作少监,负责掌管国家土木工程事务,曾设计、指挥营造临朔宫等大型建筑工程。

他不仅擅画，更擅工程设计。阎毗的两个儿子立本和立德，都是建筑工程家兼画家。阎毗之外，见于记载而为数不太多的隋代画家中，除了仅见姓名而无论述的几位以及两位外国画家外，多数擅"宫苑"之类。如：

展子虔，"尤善台阁"，有《杂宫苑南郊》等图传于代。

郑法士，"飞观层楼，间以乔林嘉树，碧潭素濑，糅以杂英芳草，必暖暖然有春台之思，此其绝伦也"。有《游春苑图》等传于代。

法士弟法轮，"比其兄为劣，及其辟'台苑'，恣'登临'……亦为绝尘也"。

董伯仁，窦蒙云，"楼台人物，旷绝今古……"李云："董有展之车马，展亡董之台阁。"有《台阁样》（当是工程设计图）传于代。

杨契丹，"引郑至朝堂，指宫阙……曰：此是吾画本也"。

又如刘乌"师于郑"，陈善见"准的于郑"等，也都间接说明他们擅"宫苑"。

唐 宫苑图 故宫博物院藏
大量"宫观"所附山水型的宫苑图出现，正是隋至唐初这一阶段社会大兴土木的结果，这些作品是中国最早的建筑效果图。在阎立德、阎立本二人的努力下，使得山水画独立起来。

　　隋至唐初大建宫苑，宫苑又大都建在有山有水之胜境，于是"宫观""所附"山水的绘画作品大量地产生了。然而这是其一。仅就这一原因，定现藏故宫的众多宫苑图是隋至唐初作品，理由就太单薄、太片面了。下面再看其二。

二

　　阎立本与其兄立德在山水画发展史上被并称为"二阎"。近、现代的学者都知道二阎是著名的人物画家，但往往忽视了二阎是著名的山水画家。其实，二阎在山水画史上的贡献更大。我在拙著《中国山水画史》一书中把二阎作为山水画发展史的转折点上两位重要画家来介绍。其实，唐代张彦远在总结魏晋至唐代的山水画时，首先提到的山水画家也就是二阎。且看这段著名的论述：

　　"魏晋以降，名迹在人间者，皆见之矣。其画山水，则群峰之势，若钿饰犀栉，或水不容泛，或人大于山。率皆附以树石，映带其地，列植之状，则若伸臂布指。详古人之意，专在显其所长，而不守于俗变也。国初二阎，擅美匠，学杨、展，精意宫观，渐变所附。尚犹状石则务于雕透，如冰澌斧刃；绘树则刷脉镂叶，多栖梧菀柳，功倍愈拙，不胜其色。"（《历代名画记》卷一《论画山水树石》）

　　唐　阎立本　历代帝王图·陈宣帝顼像（局部）绢本设色，美国波士顿博物馆藏。
　　阎立本(? ~ 673年)，雍州万折（今陕西西安一带）人。传为阎立本的人物画有多幅存世，最为著名的是《步辇图》和《历代帝王图》，这里选其一。

这一段中有一句话，以前注家一直是这样标点的："国初二阎，擅美匠学，杨展精意宫观……"张彦远决非无学的人，从魏晋到唐初，二阎之后当是吴道子、二李，岂能又是隋代的杨、展呢？我早曾指出这一标点错误[1]，惜未引起世人的充分注意。

且说二阎，继父之业，擅工程设计和绘画。《历代名画记》云："（立德）与其弟立本俱传家业。"他们于隋末投奔李世民。唐初，立德"为将作大匠，造翠微玉华宫，称旨。官至工部尚书"。有"《玉华宫图》传于代"（见《历代名画记》卷九）。这《玉华宫图》，也就是宫苑图，可以想象，属于他奉旨造翠微玉华宫的图样一类，背景必是翠微山，图的主要内容便是宫观台阁处于山水树石之中。立本在唐初也任掌管国家土木营造工程的"将作大匠"。"二阎，擅美匠"，指的就是他们任"将作大匠"以及从事建筑工程设计的工作。他们既要画宫观，又要画山水树石（这在今天的工程建筑设计中，也是免不了的。笔者就从事过这方面的工作）。"学杨、展"，即《历代名画记》卷二所记载的"二阎师于郑、张、杨、展"。杨是杨契丹，展是展子虔，二人皆擅画宫观楼台、山水树石。张彦远在《论画山水树石》中，只提到二阎"学杨、展"，去掉了"师于郑、张"，可以想见他们师郑、张是学人物画，学杨、展则是学宫观山水画，分而论之，则有别焉。裴孝源也说阎立本"人物、衣冠、车马、台阁，并得其妙"（见（《历代名画记》卷九）。但二阎不仅仅是"学杨、展，精意宫观"。他们比杨、展功劳更大的是"渐变所附"，即改变了以前山水附于"宫观"的状况，使山水画独立起来。可以说，山水画在六朝时多附于人物，并配以禽兽之类；在隋代多附属于"宫观"；到了二阎，方才真正独立起来。

或问：有人见过"二阎"的山水画吗？有。张彦远肯定见过，这是无可怀疑的。北宋大鉴赏家米芾也见过。下文将要谈到。

---

①参见拙作《"山水不变，始于吴，成于二李"——澄清唐代《山水画史上一个问题》，《新美术》1983年第3期。

　　但二阎虽然使山水画独立起来了，他们的山水画并不成熟，前引"尚犹状石则务于雕透，如冰澌斧刃；绘树则刷脉镂叶，多栖梧菀柳，功倍愈拙，不胜其色"，正是张彦远对二阎山水画的记载和评价，也正和现存宫苑图相符。"冰澌斧刃"，可以说是最简单的皴法。现存宫苑图正是以勾勒为主，略加一些结构线和石纹线，如"冰澌斧刃"，加上"刷脉镂叶"，最终给人以"不胜其色"之感。所以说，宫苑图是二阎画派的早期作品，其中山水依旧附于宫观，已经"渐变所附"，但还未完全成功。

　　阎对山水画的贡献也就是这个"渐变所附"。山水变法，到了李思训至李昭道手里才成功。而二李正是继承二阎的，这从他们的画风上可以明显看出。二阎早于二李，且皆厕身宫廷，又都为贵族，所以，二李能较多地接触到二阎的作品，认真继承、改造。大李将军成为中国画史上第一个专画山水的画家（见《宣和画谱》），他的名气更大。《唐朝名画录》谓其"国朝山水第一"。以至于后人看到二阎的山水画也误认为是李思训的画。米芾《画史》记云：苏氏《种瓜图》，绝画故事，蜀人多作此等画，工甚，非阎立本笔。立本画皆著色，而细销银作月色布地，今人收得，便谓之李将军思训，皆非也。

　　《种瓜图》可能是《摘瓜图》之误。苏东坡有记："唐李将军思训作《明皇摘瓜图》。嘉陵山川中，帝乘赤骠……与诸王及嫔御十数骑，出飞仙岭下……"（《东坡集》）此图今犹可见，类《明皇幸蜀图》和《春山行旅图》。米芾说"绝画故事"，亦与此图相符，图中有人摘瓜，有帝王、妃嫔作行旅状。但《宣和画谱》上又记李昭道《摘瓜图》，内容与此有别。不论指哪一种，都应是李派之画，然而却曾被人误为阎立本笔。可见画风有相似处。米芾是大鉴赏家，认为"非阎立本笔"，是可信的。而阎立本的画，北宋人收得"便谓之李将军思训"，李思训是专画山水的，因此，这立本的画当然是山水画。于此又可见李思训的画风同于阎立本的山水画风。当然是李学阎，而不可能是阎学李。所以，旧说宫苑图创作于唐初则可，说创作于李思训画派则不可。

又据《旧唐书》卷六十所载，李思训死于唐玄宗开元六年（718年），此时唐朝已经历整整一百年，论为唐前期则可，论为唐初则不可。从米芾所记来看，把阎立本画误题作李思训画，早在北宋前即有，其误亦由来已久矣。但我们细心考证，是可以纠正过来的。李思训的画和阎立本的画固有其一致性，也还各有代表性。李思训的画也没有存世，但从传为李思训所作的《春山行旅图》《明皇幸蜀图》（按明皇幸蜀时李已去世）来看，与唐人所记李思训的画"笔格遒劲，湍濑潺潺，云霞缥缈，时睹神仙之事，窅然岩岭之幽"（《历代名画记》）是相近的。从这些画中可以窥见李思训的画风。《春》《明》二图，画高山长岭、云霞缥缈等，已是完全独立的山水画，而决不是"宫观""所附"。盖阎立本死时，李思训已是二十五岁的青年，山水画因二阎之功"渐变所附"而独立，又经过几十年的发展，去"所附"状态自然更远。何况早期史集中，还未见到李思训画宫观之类的记载。二阎是把山水画由"所附"到"渐变"而独立过程中的关键画家，则他们画派的早期作品中必有"宫观""所附"山水现象。所以，宫苑图不可能是李思训画派的作品，而只能是阎立本画派的作品。

三

　　宫苑图在画史上的重大意义，尤其是在山水画史上的重大意义，前几节已经顺便论及，这里不妨再作补充和强调。中国山水画在魏晋时因受玄学的影响，迅速地发展[1]，刘宋时特盛。当时玄风大振，一切意识形态无不受玄学的滋熏，士人"以玄对山水"（孙绰《庾亮碑》），故山水诗、山水画并盛。六朝大画家戴逵、戴勃、顾恺之、宗炳、王微、陆探微、宗测、萧贲、张僧繇、梁元帝等等，差不多都画过山水。山水

---

　　① 详见拙作《玄学与山水画》，《美术研究》1983年第4期，并收入拙著《六朝画论研究》之中。

画论也特见成熟。玄学的影响，虽直至唐初尚未消失，然其风头时期却在魏晋。山水画的迅速发展在晋宋，晋宋之后则处于停滞阶段。停滞的原因大抵是：一、山水画初兴，一般只限于文人自画、自赏，宫廷、寺院等处一时尚未及容纳，传之不广（虽不尽然）。二、山水画的历史短，不若人物画成熟。从文献记载看来，顾恺之、宗炳、王微有有关山水的论述，但三人的画依然是人物画为主。所以，谢赫《画品》、姚最《续画品》皆未录及山水画。而当时画家为了"显其所长"，总是把山水附于人物，山水画本身的艺术价值不会太高，很难引起欣赏者的大兴趣。三、山水画技法刚一兴起，总要有一段探索阶段，这就需要更多的画家参与。而当时的画家多从事佛画的创作，少数文人学子游山玩水、吟诗论道之余，以作山水为乐，但真正解决山水画创作上的困难，力尚不足。文人作画的优点在善于发现、吸收、改造。而任何绘画的进步，必以写实为基础。所以，山水画的进步，需待大量的专业画家和民间画工共同努力，在解决山水画的构图（包括空间关系）、造型、设色、勾线等问题之后，再由文人画家出来收拾改造。进而变革，依然需要如此。但专业画家和民间画工的大量参与，必须因社会的需要而为他们提供一定的保障。六朝时期的社会还没有给专职画家和民间画工提供这个条件，给他们造成的只是绘制佛像（包括雕塑）的条件，所以，此时佛画大为发达。隋代结束了中国四百年的分裂局面，随即兴起了前面所述的大兴土木、大建宫苑之风。大建宫苑需要大批画家（宫苑中需要雕梁画栋，需要大批画工，尚不在此列，因为他们和山水画的发展关系并不密切）和建筑家，他们都必须画宫苑山水[①]。这样，"宫观""所附"山水的图画就有了广阔的容纳之处，同时也就解决了画家的生活问题。"天下熙熙，都为利来。"画宫观山水便有人给钱，甚至给官当，其结果可想而知。大批从事土木建筑的官员，大批画家、建筑家都要创作官

---

① 皖南歙县等地的泥瓦匠，至今都要能画几笔山水、花鸟乃至小人物。

苑山水图，要挑选优秀的图样呈给皇帝审查，这就产生了竞争，也就迫使很多人锻炼和提高技巧。所以，隋唐官苑山水图进步特快，由魏晋那种"钿饰犀栉"的稚拙状态，一下子提高到具有很强的空间感和相当成熟的线色应用的艺术水平。

但山水画如果只是附属于宫观，那是颇为遗憾的。这里还要重申二阎的功绩。二阎是大官僚，除了为皇家服务外，就是作画自娱。《历代名画记》记阎立本"性之所好，终不能舍"。官苑图之绘制，毕竟有一定功利性和任务性。他们自娱时，便可以在宫观部分之外，把优美而又可以自由表现的山水部分逐渐加强，以至使其独立起来。由"渐变所附"至于独立，这便是山水画史上一个特大的转折点。

实现这个转折，画家必须既有物质生活保障，又有一定的技法基础。阎立本具备了这些条件。继承阎立本专门从事山水画创作并且取得突出成就的最早一位画家李思训，也是作画自娱而不以之为生的人。中国的山水画虽然发生于魏晋，但到了阎立本才独立，再到李思训才形成与人物画对立的画科。

李画与阎画，都是以勾线填色为主，线条都是细匀无变化的。又有一个吴道子，以佛画为主，偶作山水，他把人物画中"离、披、点、画，时见缺落"的先进技法应用到山水画中，使山水画产生了变化。但吴的变化并未成功。到了李昭道，才结合李思训和吴道子二人之法，完成了山水画的变法[①]。中国有艺术情绪的山水画到了李昭道时才足称道。尔后，王维、张璪、杨仆射、朱审、王宰等人一齐努力，山水画大进。唐末出现了孙位、荆浩，山水画更加成熟。再后出现了关仝、李成、范宽三大家，南方又出现了董源、巨然等大家，山水画登上了成熟的高峰。从此，"山水居首"，一直居中国画的主流和首位。

值得注意的是，中国山水画的作者主要是文人，其中以隐士、官僚

---

① 参见拙作《"山水之变，始于吴，成于二李"——澄清唐代山水画史上一个问题》，《新美术》1983年第3期。

居多。李思训一度隐遁，又"不为富贵所埋没"，半官半隐。王维更是半官半隐，张璪、杨仆射、王宰等皆然。孙位由官而隐。荆、关、李、范皆隐士。正是这批人物，有物质生活的保证，以画自娱，不约而同地作起山水画来。与此相应，从宫苑图时代开始至清末，中国画论几乎全是山水画论，这不仅因为"山水居首"，也因为画论出于文人之手。

宫苑图引来了中国古代绘画主流的一个大转折，在中国绘画史上具有重大意义。

四

以上写于1982年，以下其实是"后记"。近见《文物》1983年第11期上发表了《论几幅传为李思训画派金碧山水的绘制时代》一文。作者主要用建筑物的一些形式出现年代来考证，用力甚勤，结论是："《宫苑图轴》的时代上限恐难超越南宋中期。"我对建筑史不甚熟悉，不敢妄断是否。从敦煌壁画第217窟初唐壁画《阅兵图》中，似乎可以看到屋顶也有用琉璃瓦，而且也有格扇等。这一问题暂且不论。因为我一直认为现存宫苑图是后人传移之作，而且确有走样的地方。

但这篇文章最后提出一些问题，有一部分似还可以商榷。例如以当时"文中没有提到画青绿或金碧设色山水"而论，就不宜绝对化。故官博物院所藏几幅宫苑图原作，我都认真看过，上面有金，并非太多，也不排除后人传移时另加。但这和"青绿"及"金碧山水"名词的出现关系不是太大。事物总是先存在，后有名称。而且名词是随时改变的，丹青、图画、图绘、儒画、国画，就是一例。"水墨画"这个名词出现也很晚。很多画论家往往还把"金碧山水"归入"青绿山水"之中，不再另提。

从现存实物来看，西安附近唐墓壁画中早已有用金的先例（虽然和宫苑图中用金方法有别），也是未见于任何记载。再从该文所举"米芾《画史》则明确指出'王诜学李成，皴法以金碌为之，似古今观音宝陀

山状，作小景亦墨作平远，皆李成法也'"一例看来，"皆李成法"指
"金碌为之"和"墨作平远"，那么五代时李成也已有了"金碌"，又
怎么能说"北宋后期王诜、赵令穰等人开始在画中用淡泥金渲染"呢？
该文又说，虽然王诜、赵令穰已用金碧法，"在《宣和画谱》中关于二
人的传记和画目中全然不提此事和此类画"，这也可以看作讨论问题的
一个反证。

　　《历代名画记》卷一称："上古之画，迹简意澹而雅正，顾、陆之
流也。中古之画，细密精致而臻丽，展、郑之流也。近代之画，焕烂
而求备。今人之画，错乱而无旨。"我认为，"臻丽"指的就是"青
绿"，"焕烂"应比"青绿"更加耀目。现存宫苑图正可谓"焕烂而求
备"，正是阎立本时代的特色。

　　又，该文论述"这类画的作者和用途"时，结论是：这类画很可能
是"临安以外地区或民间画家所绘的装饰画"。这句话表达上有欠妥处
姑且不论，且问这种装饰画哪里能容纳它？南宋的宫廷中蓄有一大群画
家，而且其画风与之迥异，自是无关。在民间，一般人家最需要的是肖
像画，其次是山水、花鸟等等。寺观中需要的是宗教画。哪里能容纳这
些宫观画？而且一时间出现那么多的宫观画，更是无法索解。

　　但我要认真声明的是：故宫所藏几幅宫苑图，确是后世复制品，这
从山石勾勒的线条风格中可以窥视。但不可能是南宋的复制品。因为金
人灭北宋时，不仅把皇帝、太上皇、皇后、皇妃全部掳走，更大肆进行
文化方面的掠夺，北宋宫廷中所藏全部艺术品统统被席卷北去，连民间
所藏的艺术品也被搜罗殆尽。赵构一人幸免在外，当他建立南宋王朝
时，除了随从几个官员外，是一无所有的[1]。南宋宫廷中没有一张古代绘
画，当然无法复制。金人将北宋宫廷和民间所藏大批绘画作品抢去后，
曾经组织王庭筠等人认真地品第（入品者五百五十卷）、整理，复制工
作可能即在此时。当然，这只是我的推测。

---

[1]详见拙作《李唐生卒年考》，《美术研究》1984年第4期。

　　判定一张绘画作品的年代，其绘画风格的时代属性乃是最主要的依据，其他皆是辅助的证据。古代宫廷中多有专门复制古画的画家。复制破旧的古画，使之继续流传，"既可希其真踪，又得留为证验"（《历代名画记·论画体、工用、拓写》）。这些复制品不可能和原作完全相同，如遇有破损地方，更要根据想象和有关资料补入。但画风的基本精神不能完全失去，否则便无甚意义。张彦远云："古时好拓画，十得七八，不失神采笔踪。"（同上）。所说可信。众多宫苑图的复制中，人物建筑可能有变动，但基本画风不会变，山石的大概画法更不会全变。线条的勾法，因习惯所致，可能略异。

　　中国山水画，至唐末五代时皴法已经完整，荆、关、李、范、董、巨的山水画尚存，不难参见。宫苑图中山石画法稚拙、简单，决非唐末以后之作，和南宋的画法更不相类。结合古代文献对山水画的记载，以及敦煌壁画中唐代几幅大场面的、有关建筑的画壁来看，正是隋至唐初之作。

（原载《文物》1986年10期）

四、六朝后期至中唐山水画发展概说

一、六朝后期至隋初这一阶段，是山水画发展的停滞阶段。

停滞阶段则没有多少内容可谈，也没有多少画家和作品可供介绍。停滞的原因大抵是：

1. 山水画初兴，一般只限于文人自画、自赏，宫廷、寺院等处一时尚未及容纳这些画，传之不广（虽不尽然）。

2. 山水画的历史短，不若人物画之成熟，从文献记载看来，仅顾恺之、宗炳、王微有关于山水的论述，但三人的画依然是人物画为主。所以谢赫《古画品录》、姚最的《续画品》等皆未录及山水画。而当时画家为了"显其所长"，总是把山水附于人物。不论怎么分析，当时的山水画艺术价值也不会太高，很难进一步引起欣赏者的兴趣。

3. 山水画的技法刚一兴起，总要有一段探索阶段，这就需要更多的画家参与绘画。而当时的画家多在从事佛像画的创作，少数文人学子游山玩水，吟诗论道之余，以作山水为乐，但真正解决山水画创作上的困难，力尚不足。文人作画的优点在擅于发现和擅于吸收、改造。而任何绘画的进步，必以写实为基础。所以山水画的进步，需待大量的专业画家和民间画工共同参与，在解决山水画的构图、造型、设色、勾线等问题之后，再

西魏 敦煌壁画狩猎图

唐代张彦远在《历代名画记》中云："魏晋以降……其画山水，则群峰之势，若钿饰犀栉，或水不容泛，或人大于山，率皆附以树石，映带其地，列植之状，则若伸臂布指。"此图中所绘山水正如张所说，偏差不大。

由文人画家出来收拾并进一步地改造。再要进步，依然需要民间和专业的画家们共同努力，螺旋式上升。但专业画家和民间画工大量地参与绘画，必然有一定的经济作基础，也可以说社会的需要将对他们产生重大的影响。六朝和北朝的社会都没有大量地给专业画家和民间画工造成这些条件，而给他们造成的是绘画佛像（包括雕塑佛像）的条件。所以，此时佛画大为发达（唐代社会的需要，佛画依然发达）。隋代，南北统一，结束了四百年的分裂局面，这给山水画的发展，带来了新的局面。

山水画的发展，首先表现在隋代和唐初的大兴土木即宫廷、台阁的大量建筑上，有很多画家本是建筑家，如阎毗父子三人。在设计建筑时，便要绘画大量的山水背景，直到唐初的阎立本和阎立德"渐变所附"，可以明白地知道，山水从附属于宫廷建筑图中脱离出来。《历代名画记》中所记载的二十一名画家，除记载太略者（如阎思光、解宗、程赞，以上三人并隋朝名手——其简如此）外，差不多的画家皆兼擅"台阁""层楼""楼台""宫阙"等等，隋末唐初的画家二阎也"擅美匠，学杨、展，精意宫观"，其原因，只好追究当时的社会了。

从当时的城市建筑、规划来看。隋文帝开皇二年（582年），令高颍、宇文恺等人在汉长安城东南设计另筑大城，最北面为宫城，宫城之南为皇城，并于东、南、西三面筑外城，外城共划106个坊，东西各设一市，作为隋代都城的大兴城，规模的浩大是空前的。

唐初长安城在隋大兴城基础上建成，南北长8510米，东西宽9721米。城东北是唐初兴建的大明宫，北郊是苑囿，东南隅是曲江风景区和南苑——芙蓉苑，乃我国古代最讲究的都城之一，也为以后一千多年都市的整体设计树立了典范。

北周 敦煌壁画428画 萨埵那太子本生故事
山水中分比西魏时稍有进步，山有前后感觉，但空间感不强。

唐代著名的九成宫（皇帝避暑地），就是隋代的仁寿宫。唐李商隐咏《九成宫》诗云："十二层城阆陕西，平时避暑拂红霓。"（《全唐诗》6162页）其讲究程度可想见也。

隋唐的宫殿，亦前所未有。隋炀帝除修洛阳宫殿之外，又从洛阳到扬州修离宫四十余所。初唐亦兴造未衰，直到明皇专在骊山造温泉宫，大多依山傍水，这就需要大量画家和民间画工绘制图样，其中山水成分是不可少的。这就是促成山水画进步的社会原因，也是其主要原因。

虽然唐初二阎"渐变所附"（指宫观所附之山水树石），把山水从宫观的附属中解脱出来，为李思训的山水画奠定了基础。但唐初的绘画，建筑图式的仍不少，现存的如《宫苑图轴》《宫苑图卷》《九成宫纨扇》①等，皆是隋唐大量绘制宫苑图的明证，二图前后皆有大量的山水树石。这些画曾传为李思训所画，实则可能早于李思训。敦煌壁画中及陕西出土的墓室绘画中大量的建筑多附以山水树石。

任何时代的绘画总不会水平一致的。晋宋已有独立的山水，也有附属人物的山水，有"钿饰犀栉"的山水，也有前后左右安排得当的山水。隋及唐初，有附属于宫观的山水画，也有纯粹的山水画。唐沙门彦悰的《后画录》②有隋江志"模山拟石，妙得其真"，隋展子虔"尤善楼阁，人马亦长，远近山川，咫尺千里"，可知山水画至隋开始有了进展。

隋至唐初，山水画进展很快。

文人一从事绘画，便闹分裂，绘画队伍分两派——民间画工和士大夫画家。实则士大夫画家有很多"创造"是从民间画工那里来的，民

---

①《宫苑图》等，现藏故宫博物院，此外，上海博物馆尚有《云山殿阁图》，台湾尚有《曲江图轴》《上林密雪图》《杜甫丽人行图》，美国克利夫兰美术馆有《宫苑图》团扇。内容形式大抵相同。请参阅拙作《论〈宫苑图〉的作者、时代及其在画史上的重大意义》，载《文物》1986年10期。

②《后画录》有"贞观九年春三月十有一日序"的序语。是知所录画家应为贞观九年春三月前之画家。该书最后一名画家李凑（天宝中人）的内容，恐为后世窜入。张彦远《历代名画记》卷九李凑条下，亦未引其语，是为证明。

间画工的创造往往是经士大夫画家的加工提高，又加以传播而方形成流派。例如1976年春，山东省嘉祥县英山脚下发现隋代开皇四年（584年）一座壁画墓，其中绘画《天象图》中残存的"月宫"画面上桂树纯用"落茄点"笔法画成，宋代米芾的"落茄点"酷似之。但民间画工已用六百年矣。民间画工的创造不受时人重视，虽在民间传用，终未形成画派，一但被文人看中，加工提高，以之为法，便在画坛上产生重大的影响，所以"落茄点"至米芾以后影响甚大。一般论者多以"落茄点"为米芾的创造，这样说是可以的，但不可忘记"落茄点"于民间出现得更早。英山脚下一座隋代墓绘画中画屏上有纯山水题材的画，乃是先以水墨画，然后敷彩设色的渲淡画法，也可以说是最早的水墨画法（以上《山东画报》1982年1期有载）。这在以文人画为中心的古代画史上没有产生巨大的影响。但其影响在民间画工中还是实际存在的。西安出土的初唐墓室绘画中，山石已有较成熟的水墨渲淡法了。而一般论者多以"水墨渲淡"法始于王维。不过，"水墨渲淡"法到底还是经过吴道子、王维等一批人努力才形成一股势力，变为"法"的。其实也是在民

唐　楼阙图　陕西乾县李重润壁画，286cm×299cm。

陕西乾县李重润墓中壁画为我们提供了唐代山水画的真实面貌。

间创造的基础上发展起来的。

隋代的山水画，宫廷的、士大夫的，还是传统的青绿金碧式，当然也有了一些发展，不仅空间关系较前有进步，在其他方面也有进步。敦煌莫高窟303号《伐木图》中的山水不仅层次清楚，观之空间远近关系等都较前大为舒适。

山水画的发展，到了唐初，二阎做出了重大贡献。二阎皆是建筑家兼画家。早期的山水画多附属于人物。隋代的山水画多附属于宫观。隋代画家杨契丹、展子虔皆"精意宫观"，宫观的背景当然要画山水，二阎试着把山水脱离出来①。《历代名画记》卷一《论画山水树石》有谓："国初（唐初）二阎，擅美匠，学杨、展，精意宫观，渐变所附。"但二阎画山水石树木皆不成熟，这有待于李思训的成功。

二、这部分我将详细解说"山水之变，始于吴，成于二李"问题。

这问题真的弄清楚了，唐代的山水画史基本上就有了一个大概轮廓。但是这问题张彦远记载得太简，历来又被人误会得太深。所以我不得不多花一些笔墨，有些地方也不惜重复②。唐张彦远《历代名画记·论画山水树石》中说："由是山水之变，始于吴，成于二李（原注：李将军、李中书）。"这是唐代山水画史上一个重大问题。可惜这个说法，一直是被后来论者所否定的。唐人记唐代重大之事，一般说来不应有误，何况张彦远又是一位杰出的绘画史论家呢？

否认"山水之变，始于吴，成于二李"之说的理由有二：其一是李思训先吴道子而亡，其二是李思训的山水画作风不同于吴。如果张彦远说"山水之变，始于吴，成于李思训"，上述理由还有可能立住脚，但

---

① 参见敦煌画217窟，可以猜想当时的山水画。

② 详细论述，参见拙作《"山水之变，始于吴，成于二李"——澄清唐代山水画史上一个问题》，载于《新美术》1983年第3期。

张彦远明明说的是"成于二李",大李创其始,小李竟其终,"成于"之时应落于"晚",而不应求于"早",落重点理应在小李。

李思训先吴道子而亡,李昭道却不然。"安史之乱",吴道子因年老不能和他的弟子一起跟随唐玄宗逃往四川时,李昭道就跟随入川,而且还画了反映逃难题材的画,只论李思训先亡于吴,而回避了二李中的重点人物李昭道,所以此论不力,也就不能完全成立。

张彦远为什么不说"成于小李",而说"成于二李"呢,且看他的论述。在《论画山水树石》中,他先论魏晋以降至唐前的山水画状况,然后谈到唐代山水画的发展:"国初二阎,擅美匠,学杨、展,精意宫观,渐变所附,尚犹状石则务于雕透,如冰澌斧刃,绘树则刷脉镂叶,多栖梧菀柳。功倍愈拙,不胜其色。吴道玄者,天付劲毫,幼抱神奥,往往于佛寺画壁,纵以怪石崩滩,若可扪酌。又于蜀道写貌山水,由是山水之变,始于吴,成于二李。"接着他又叙说韦鶠、张璪、王维等人,"皆一时之秀也"。

二阎皆画家兼为建筑家,即"擅美匠"。《历代名画记》卷九有阎立德"作大匠,造翠微玉华宫,称旨",卷二有"二阎师于郑、张、杨、展"。杨(契丹)、展(子虔)皆擅"台阁""山川""宫阙"。张在《论画山水树石》中提到二阎,说明二阎对山水画是有一定贡献的,此为一般论者所疏忽。但二阎只"渐变所附","尚犹状石则务于雕透,如冰澌斧刃",还谈不上一变,且二阎亦非山水画专门家。

山水画自魏晋以降,一步一步地发展,李思训的山水画也只是继承展子虔而有所发展而已,尚不能说是"一变"。到了小李才是一变,而小李一生中大半时间和大部分的画是继承大李的。《唐朝名画录》的作者所见小李之画,甚至有"笔力不及"大李者,但小李后来对大李的画法进行了变革。唐张彦远记载小李画风谓:"变父之势,妙又过之。"所谓"势",乃力之奋发者,李思训的山水画,目前尚能见到属于他一派的《明皇幸蜀图》等,所用线条,还是传统的"春蚕吐丝"式,细匀而无变化(但出现了方折),是缺乏一定的气势的。李昭道画乃家传,他也画了不少此类画。但他后来"变父之势"，落笔甚粗，秀劲有力，有气势。明人詹景凤《詹东图玄览编》卷三有一段记载可证张彦远之述不误："李昭道《桃源图》，大绢幅，青绿重着色，落笔甚粗，但秀劲。石与山都先以墨勾成，上加青绿，青上加靛花分皴，绿上则用苦绿分皴，皴乃劈斧。远山亦青绿加皴，却是披麻。泉水用粉衬外，复用重粉，粉上以靛花分水纹，泉下注为小坎，坎中亦用粉衬，用靛花分水纹，如泉水溪流，则不用粉。其于两崖下开泉口，则于石壁交处，中间为泉水道直下，两边皆用焦墨衬，意在墨暎白。即唐人亦未见有如此衬山者。山脚坡下，亦如常用赭石，赭石上用雨金分皴。勾勒树，落笔用笔亦粗，不甚细。墨上着色，色上亦加苦绿重勾，大抵高古不犯工巧，予见李昭道画轴与卷筴，则《桃源图》为最古，工而不巧，精而自然，色浓意朴，断非后人能伪作也。"

此外清人梁廷枏《藤花亭书屋跋》也有一段记载："小李将军《寒江独钓图》……纯用墨染……岁久墨深绢暗，徽庙（宋徽宗赵佶）题字在右角上，适当浓墨之间，依稀仅见。"

以上二处记载，皆可看出大小李画风有不同之处。小李画本同于大李，繁密精细，金碧辉煌。后来变成了"落笔甚粗"，即"变父之势"。据"始于吴，成于二李"的记载可知，这是受了吴道子的影响。山水画，魏晋以降至唐初，大抵都是用"春蚕吐丝"一类式的细匀而无变化的线条勾勒轮廓，填以重彩，吴道子第一个奋起变革，他只以"墨踪为之"，"气韵雄壮，几不容于缣素"，"笔迹磊落，遂恣意于壁墙"。朱景玄《唐朝名画录》也说："景玄每观吴生画……施笔绝纵，皆磊落逸势。"苏东坡赞吴道子："当其下手风雨快，笔所未到气已吞。"吴的气势打破了山水画中精工的青绿形式，也自然打破了"钿饰犀栉"的刻板之状。吴的变革首先在于线条的解放，他把人物画的线条移到山水画上去（人物画成熟得早），他的人物画现存西安碑林中尚有摹刻的《观音像》，用的是兰叶描兼蚯蚓描，变化多端，粗细随意，一变过去"笔迹周密""春蚕吐丝"式的细匀无变化的传统线描，正符于张彦远记其用笔"离、披、点、画，时见缺落"之实，只有这样的线条（包括点画），应用到山水画上才能启示画家继续变化发展，继而产生多样的勾、皴、擦、点，使山石的量块、质感充分地表现出来。细匀无变化的线条是无能为力的（"春蚕吐丝"线条格调高古，有一定优点，但勾勒所有山石、树木皆用之，便有缺憾）。唐李思训派的山水画仍有存世，可以看出，山石仅有外形，而缺乏质感，更多气势。如前所云大李画只是对前代的继承，吴道子之前，并无变革的山水画家。吴道子第一个冲击传统的细劲线条，大胆变革，他启导了后世画家笔墨变化的成功。吴道子之后的水墨山水画发展甚快，吴的变革创始之功特别巨大。张彦远谓"山水之变，始于吴"，最为翔实。

然吴道子并没有将这一变革进行到底，他的画只以"墨踪为之"，后人称其"有笔无墨"，他画"嘉陵江三百余里山水，一日而毕"，可见其过于简略，有形无质。但吴的山水画"纵以怪石崩滩，若可扪酌"，显然很有气势，不能不给当时的山水画家以鲜明的启示。

李思训的山水画在色彩和精意刻画等方面有相当长处（吴"一日之功"，李"累月才毕"，说明李之精工），李以金碧青绿入画，在精意表现山水的量块、阳阴向背及其形貌方面正好补吴之不足。

李昭道取二者之长，使山水之变得以成功，从上引李昭道"落笔甚粗，但秀劲，石与山都先以墨勾成，上加青绿"等看来，正是吴的墨骨加大李的色彩等的有机化合。吴画山水气势磅礴，但形貌不完；大李山水形貌完整，然艺术情趣不足。至小李，我们方有值得称为具有相当艺术情趣的山水画作品。山水之变，自吴始，至小李而成，昭然也。

张彦远说"始于吴，成于二李"，大李实不可排斥，大李是古代第一位专攻山水的画家，《宣和画谱》"山水门"把大李列为第一，不是无道理的。而小李的画也主要是继承大李的，他变革成功的山水画"秀劲"，"上加青绿"，其形质、色彩的表现即主要部分（或曰基础）仍是大李的。所以说"成于二李"，更合适一些。

"山水之变，始于吴，成于二李"，在此基础上，"树石之状，妙于韦鶠、穷于张通……又若王右丞之重深，杨仆射之奇赡，朱审之浓秀，王宰之巧密，刘商之取象，其余作者非一，皆不过之。"明王世贞《艺苑卮言》有云："山水至大小李一变也，荆、关、董、巨又一变也。""皆不过之"的画家，亦未被列为"一变"。"大小李一变"，其置重点也在小李，若无小李，也就谈不上一变。展子虔画为"唐画之祖"，李思训的金碧山水只是展画的发展，有了小李才可言"一变"。

论画山水，一般忽视了小李，或把小李附属于大李，以为大小李完全相同，然张彦远说："世上言山水者，称大李将军，小李将军。"可见在唐代，李"一家五人，并善丹青"（见《历代名画记》卷九），其余三人，未必成"家"，小李还是卓然一家的。又云："李林甫……山水小类李中舍也。"（同上）而不言类李思训，正说明大小李的风格不同。诚然，小李"变父之势，妙又过之"，也说明大小李曾经风格相同。

以上叙述，简言之，山水画，六朝以降的勾勒填色、金碧辉煌形式到了李思训，已发展到了一定的地步，但这仍属于发展阶段。吴道子大笔挥洒，以粗细变化多端的线条勾出山水大形轮廓，气势磅礴，一扫过去勾填的纤丽气氛，这是山水画突变的开始。李昭道取二者之长，使这一转变成功。

山水画由长期停滞，隋至唐初发展，至吴道子才产生大的变革，其中原因大抵是：

（一）王微提出的绘画不同于地图，"以判躯之状，写寸眸之明"的理论，为后世山水画去除地形、图经式，而重山水的气象精神打下了基础。

（二）山水画由重山水的气象精神和吴道子以精神写画，特以气势为主相结合（吴"好酒使气，每欲挥毫，必须酣饮""观其壮气，可助挥毫"——这在以前是不见的），为冲击山水画的纤丽形式，促成变革，准备了精神基础。

（三）由于社会上大量需要人物画，人物画长期的发展，其技法日益成熟，而产生丰富的、变化多端的线条，被移用到山水画上去，为山水画的变革准备了技巧基础（这一原因是关键的，倘无长期积累的技巧基础，前二原因终会落空）。

三、这一节我将着重论述水墨画的形成及其思想基础等问题。

山水画到了李昭道，已具有较高的艺术价值，既有气势，又有色彩。但其艳丽的气氛却依然如李思训。这对于生活在宫廷之中，具有贵族性格的人，是很习惯的。

水墨山水画的形成可以说是发端于吴道子。吴道子写山水不是以笔墨写，不是写山水的地理形势，而是以其豪放之气写，写的是胸中的山水，其胸中山水乃是客观山水和主观情怀熔化后的重新铸成的山水。不过吴道子仅以其胆魄为"山水之变"打开了关口。李昭道吸收其磊落气势之长，仍然未丢弃传统的青绿赋彩形式，虽然他在安史之乱中，思想受到离难的冲击，曾一度影响他的画风，也试以水墨渲染，但最后成功者仍为王维。张彦远"曾见破墨山水，笔迹劲爽"，这乃是今日所能见到之"破墨山水"的最早记载。而其记载又是张彦远所亲见之事，固不会错。从此，破墨二字大量出现。

唐末荆浩在其《笔法记》中有云："随类赋彩，自古有能，如水晕墨章，兴吾唐代。"又说："王右丞笔墨宛丽，气韵高清。巧写象成，亦动真思。"张璪比王维略晚，荆浩说他："气韵俱盛，笔墨积微，真思卓然，不贵五彩。"张彦远《历代名画记》中说张璪"中遗巧饰，外若浑成"，"中遗巧饰"即不用青绿五彩而用水墨，"外若浑成"正是水墨的效果。荆浩所说的"李将军（思训）……虽巧而华，大亏墨彩"，是说李思训的画虽然很华丽，但却没有水墨的朴素之美。水墨山水画的形成，是中唐的产物，它的形成具有多方面的因素。

艺术自身的发展固然是很重要的。任何新的形式皆不可凭空而现，必在传统的基础上变化。吴道子的"墨踪为之"，李昭道的渲染赋彩，皆是水墨画的基础。但水墨山水画的形成早期，道家思想的影响不可忽视。水墨山水画不会在李思训手中出现，也不会在和王维同时的李昭道手中出现（二人技巧皆不亚于王维），决非无故。绘画是精神产品，技巧亦受精神的限制，凡是成功的艺术之产生，皆系艺术家以自己的精神所创造。宋汪藻云："精神还仗精神觅。"（《浮丘集》卷三十）虞集云："江生精神作此山。"（《江贯道江山平远图》，见《道园学古录》卷二十八）水墨山水画的形成，王维的贡献只是当时的一个代表。王维思想受道家思想的影响甚重，而形成王维道家思想的根源和当时的社会关系甚大。

或曰：王维是崇佛的。诚然。其实佛与道本是相同的，这已为人所共知。道学是中国本土上的东西，佛学是外来之物，外来的佛学是在道家的市场上散布出去的，只是宣扬得更加过分而已。如道家主"无"，佛家主"空"；道家主"忘"，佛家则主"灭"；道家主"静知"，佛家则主"涅槃"；道家主"物我两忘"，佛家则主"四大皆空"。道、佛都讲斋戒，都讲解脱，都入山林，都求虚静。而道家的解脱乃是摆脱污浊的社会，求得精神上的安静和满足；佛家则干脆要求摆脱"腐臭"的躯体，早入净土，求得更彻底的解脱。再进一步探讨，佛家过火的说法，仍出于道家，佛的"空"，不就是道的"虚"和"无"吗？佛的"不动凡念"，不就是道的"无欲"和"不谴是非"吗？《老子》第十三章有云："吾所以有大患者，为吾有身。及吾无身，吾有何患？"不就是佛的"灭"吗？……

道和佛的区别只有一条：道学求生的快乐，而不问死后；佛家力主用生的痛苦，去换死后的"快乐"。

所以中国的士人自称参禅信佛，实则仍是为道学所牵制，只是其不自知而已。从王维"以禅诵为事""中年唯好道（佛道）"到董其昌以"画禅"名室，他们何尝一日遁佛之道而去自寻痛苦的生活，他们享尽了人间富贵，王维虽和陶渊明思想相通，但他却对陶"弃官后又行乞"大为不满，董其昌出门坐在轿子里仍嫌辛苦。他们最知生的快乐。说是佛徒，实则佛其表，道其内，甚至是道其实，佛其虚。所谓"富贵山林，两得其趣"也。

在艺术思想上，他们更是与道家思想相通的。道家的"忘"，只是忘却人世间庸俗的纠葛，并不曾否定宇宙，并且由"物化"而对宇宙万物加以拟人化、"艺术化"，且要求能"官天地，府万物"，"能胜物而不伤"。正因为如此，所以在虚静之心中，能"胸有丘壑"，能流入笔下而成为山水画。而佛的"灭""四大皆空"，禅的"无念为宗""本来无一物"，则不可能"胸有丘壑"，不准许产生艺术的意欲。佛学对于艺术是附属于道的（此当另论）。

道家崇尚自然，讲求"清静""无为""无欲""朴素"，反对五彩缤纷的豪华之美。老子"五色令人目盲"，庄子"五色乱目"（《庄子·天地》），主张"朴素"的美，"朴素而天下莫能与之争美"（《庄子·天地》），"故素也者，谓其无所与杂也"（《庄子·刻意》）。摒去五色，代之以墨，正和道家的美学观相通。黑色就是玄色，《老子》"玄之又玄，众妙之门"的"玄"，玄亦称天，黑色亦可谓之天色，乃颜色中之王色、自然色。"墨分五彩"，张彦远谓"运墨而五色具"，"墨色如兼五彩"，然亦只有处于天色、玄色地位的墨色可具五色、可兼五彩。张彦远对色的玄化最为神会，《历代名画记》"论画体"一章劈头一句："夫阴阳陶蒸，万象错布，玄化无言，神工独运。（《老子》第二章：'行不言之教，万物作焉。'）草木敷荣，不待丹绿之彩；云雪飘扬，不待铅粉而白。山不待空青而翠，凤不待五色而綷，是故运墨而五色具，谓之得意。意在五色，则物象乖矣，夫画物特忌形貌采章……而外露巧密。"墨色是道家所崇尚的"朴素"之色、"自然"之色，又可以代替五色。同时以道家"玄远"的眼光眺望山水远处之色，亦浑同玄色，所以以水墨代五彩山水，正是力主清静朴素、虚淡玄无的道家思想之体现。

王维之后的山水画家，为水墨山水画作出贡献者，如张彦远所记的韦鷗、张璪、杨仆射（公南）、朱审、王宰、刘商，以及和张同时的"侯莫陈厦""沙门道芬""天台项容处士"和"为职半年解去"的王默，都或多或少地具有道家的思想。

所以山水画在中唐是突变后的兴盛时期。考其时代，正是安史之乱中，唐代开始走下坡路的时代，乃是道家思想易于起作用的时代。而中国的文人在其得意时期，是喜谈儒家的"文以载道"之类的官腔，在其失意时期，又爱论道家"自适其乐"之类的高调。画山水的文人，往往不是以之博取功名，只是用以"娱悦情性"，王维"不能舍余习，偶被时人知"，"自适其乐"就不必迎合时俗的情趣，自己的情趣又在于清静雅淡，这无疑是契合于水墨画的情趣①。

《历代名画记》所载，王维之后的画家作山水者的比例大大超过前代。

王维之后，水墨山水画已为世所公认。这在诗人笔下亦屡见之，杜甫《奉先刘少府新画山水障歌》有云："元气淋漓障犹湿"。这自是水墨画的效果。方干②诗中更有：

《陈式水墨山水》一首

《观项信水墨》一首

《项洙处士画水墨钓台》一首

《水墨松石》一首

《送水墨项容处士归天台》一首

……在王维之前，水墨山水画一词尚不得见，所见只有陈子昂《山水粉图》、李白《当涂赵少府粉画山水歌》等粉画内容。而像形容山水画之"元气淋漓障犹湿"（杜）、"笔端狼籍见工夫"（方干）、"添来势逸阴崖黑，泼处痕轻灌木枯"（方干）、"泼处便连阴洞黑，添来先向朽枝乾"（方干）的词句亦不得见。

（1981年9月）

————————

① 李思训一度被贬，后来复入宫廷，仍"不为富贵所埋没"而作山水，但他的情趣却又在富贵繁华，所以虽作山水而金碧辉煌。

② 方干有《玄英先生集》行世。方干的年龄可由《全唐诗》所载方干小传，谓其"自咸通(860～871)得名，迄文德（888年），江之南，无有及者"推知其大概。

五、"山水之变，始于吴，成于二李"
——澄清唐代山水画史上一个问题

唐张彦远《历代名画记·论画山水树石》中论述唐代山水画的发展和变化时说："由是山水之变，始于吴，成于二李。"（原注：李将军、李中书）这是唐代山水画史上一个重要问题。可是近几十年来，对于这个说法，研究者们持有不同的意见，乃至否定这个说法。尤其是对李昭道绘画面貌的认识，更是片面的多。试举数例：

"张彦远在《历代名画记》中说'山水之变，始于吴，成于二李'，这里，说山水之变，始于吴，是值得商榷的。"（见《中国画家丛书·李思训》，上海人民美术出版社）这是对"山水之变，始于吴"的记载持不相信或否定态度的一派意见。

"……至吴道子乃始变前人细巧之积习，行笔纵放……仍非山水之正宗。至李思训出始将画法加以变化……"（俞剑华《中国绘画史》，1958年，商务印书馆）这是把李思训放在吴道子之后，在时间上误倒的一派，当然也不可能正确地理解原句。

虽然有人纠正了吴道子在前，李思训在后的错误，却对二李画风的问题认识不清，以为二李绘画完全相同，甚至对二李及吴的关系问题干脆避而不谈，这一派以金维诺先生为代表："李思训卒于开元六年，我

隋 展子虔 游春图 绢本设色. 43cm×80.5cm. 故宫博物院藏。

这实际上是一幅建筑效果图。隋代大兴土木，长安城乃当时世界上最大的城市，隋炀帝又从洛阳到扬州建离宫40座，宇文恺负责工程设计。宇深惧隋炀帝的残暴，于是小心翼翼，将离宫建在山和水的那个部位画出来（当然其中山水虽是附属于"宫观"的，但却是主要部分，这就是世界上最早的效果图），每次画很多图供皇帝挑选，然后再按1:100的比例画出建筑图。这也是世界上最早的建筑图。图中山水有勾无皴，但空间感已十分成熟。

们不能设想他在死后二十多年还在大同殿上与吴道子一块作画，因此这一故事至少在时间上是错误的（按此说出于朱景玄的《唐朝名画录》，张彦远《历代名画记》所不取）。至于有人更进一步把张彦远所说的'由是山水之变，始于吴，成于二李'理解为二李所代表的青绿金碧一派较吴道子的'疏体'为晚出……显然是不恰当的。"（《李思训父子》，载《文物》1961年第6期）

山水画之变，怎么始于吴，又怎么成于二李，其中关系，至今无人道破。

首先，"山水之变，始于吴，成于二李"是不错的。唐人记唐事，又是山水画史上重要之事，一般说来是不应有误的，何况张彦远又是一位杰出的绘画史论家呢。

否定"山水之变，始于吴，成于二李"说的理由有二：其一是李思训先吴道子而亡，其二是李思训的山水画作风不同于吴。二李为

唐 敦煌绢画

释迦削发图 英国伦敦大英博物馆
斯坦因藏。

此唐代山水，尚不成熟。背景中山
石部分坡石阴阳向背明显，表现力较前
代更强，虽尚无正式皴法但已出现皴法
的萌芽状态，从中可找到山水画发展的
痕迹。

"金碧"，吴为"疏体"，二者无
"始"与"成"的关系。如果张彦
远说"山水之变，始于吴，成于李
思训"，以上的理由还有可能站
住脚。但张明明说的是"成于二
李"，大李创其始，小李竟其终。
"成于"之时应落于"晚"，而不
应求于"早"，落重点理应在小
李，或者说"成于"主要体现在小
李身上。但又决不能排斥大李的作
用。譬如接力赛跑，某组胜利了，
这胜利"成于"主要体现在最后一
个运动员的冲线上，如果论者求于
"早"，只着眼于第一位运动员，
结果如何，当然是可以商榷的，而
且可以得出很多推想。如果把着眼
点放在最后一名运动员身上，那么
结果必定是明确的。结果明确了，
再分析其胜利原因，就不能全部着
眼于最后一个人了，同样有前几个
运动员的功劳。往往是在问题难于
说清的情况下才作比喻，所以比喻
总不会十分恰当。我们还是来分析
正题，看一看"成于二李"是如何
主要体现在小李身上的。

李思训先吴道子而亡，这是事
实，但李昭道却不然。"安史之
乱"，吴道子因年老不能和他的弟

子一起跟随唐玄宗逃往四川时，李昭道就跟随入川，而且还画了反映逃难题材的画。论者只论李思训先亡于吴，而回避了二李中的重点人物李昭道，所以此论不甚科学，也不能成立。那么张彦远为什么不说"成于小李"，而说"成于二李"呢？弄清这个问题是了解唐代"山水之变"的关键。且看张彦远的论述，在《论画山水树石》中，他先说魏晋以降至唐前的山水画状况，然后谈到唐代山水画的发展："国初二阎，擅美匠，学杨、展，精意宫观，渐变所附，尚犹状石则务于雕透……吴道玄者，天付劲毫，幼抱神奥，往往于佛寺画壁，纵以怪石崩滩，若可扪酌，又于蜀道写貌山水。由是山水之变，始于吴，成于二李。"接着他又叙说韦鷗、张璪、王维等人"皆一时之秀也"。二阎皆兼为建筑家，即"擅美匠"，《历代名画记》卷九有：阎立德"作大匠，造翠微玉华宫，称旨"；卷二有："二阎师于郑、张、杨、展"，杨（契丹）、展（子虔）皆擅"台阁""山川""宫

唐 李思训（传） 江帆楼阁图，101.9cm×54.7cm. 绢本设色，台北故宫博物院藏

此图当是宋人摹本，稿本当来于隋唐初，也应是宫观的效果图。李思训（652~716年)，字建，一作建景，乃唐宗室李教斌之子。

阙"。张在《论画山水树石》中提到二阎，说明二阎对山水画也是有一定贡献的，此为一般论者所疏忽①。但二阎只"渐变所附"，"尚犹状石则务于雕透"，还谈不上一变（二阎也不是山水画专门家）。

山水画自魏晋以降，一步步地发展，李思训的山水画也只是继承展子虔而有所发展，也不能说是一变。到了小李才是一变，而小李一生中大半时间和大部分的画法是继承大李的，《唐朝名画录》的作者所见小李之画，甚至有"笔力不及"大李者。但小李后来对大李的画法进行了变革。张彦远记载小李画风："变父之势，妙又过之。"所谓"势"，乃力之奋发者也。李思训的山水画，目前尚能见到的属于他一派的《明皇幸蜀图》等等，所用线条，还是传统的"春蚕吐丝"式，细匀而无变化，是缺乏一定的力感的。李昭道绘事乃家传，画了不少此类作品。但他后来"变父之势"，落笔甚粗，秀劲有力，有气势。明人詹景凤，《詹东图玄览编》卷三有一段记载可证张彦远之述不误。其云："李昭道《桃源图》，大绢幅，青绿重着色，落笔甚粗，但秀劲，石与山都先以墨勾成，上加青绿，青上加靛花分皴，绿上则用苦绿分皴，皴乃劈斧。远山亦青绿加皴，却是披麻。泉水用粉衬外，复用重粉，粉上以靛花分水纹，泉下注于小坎，坎中亦用粉衬，用靛花分水纹，如泉水溪流，则不用粉。其于两崖下开泉口，则于石壁交处，中间为泉水道直下，两边皆用焦墨衬，意在墨映白，即唐人亦未见有如此衬山者。山脚坡脚，亦如常用赭石，赭石上用雨金分皴。勾勒树，落笔用笔亦粗，不甚细。墨上着色，色上亦加苦绿重勾，大抵高古不犯工巧。予见李昭道画轴与卷笑，则《桃源图》为最古，工而不巧，精而自然，色浓意朴，断非后人能伪作也。"

此外清人梁廷枏《藤花亭书屋跋》也有一段记载："小李将军《寒江独钓图》……纯用墨染……岁久墨深绢暗，徽庙（宋徽宗赵佶）题字

---

① 米芾《画史》："立本画皆着色，而细销银作月色布地，今人收得，便谓之李将军思训，皆非也。"

唐 李昭道（传）　明皇幸蜀图　绢本设色　台北故宫博物院藏。

在右角上，适当浓墨之间，依稀仅见。"

以上二处记载，皆可看出大小李有不同之处。小李画本同于大李，繁密精细，金碧辉煌，后来变成了"落笔甚粗"，即"变父之势"。据张彦远"山水之变，始于吴，成于二李"的记载可知，这是受了吴道子的影响。山水画，魏晋以降至唐初，大抵都是用"春蚕吐丝"一类线条勾勒轮廓，填以重彩，一直未有重大变革。吴道子首先奋起，以"墨踪为之"，"气韵雄状，几不容于缣素"，这就打破了山水画中精工的青绿形式，也自然打破了魏晋以降"钿饰犀栉"的刻板情形。这就是"山水之变，始于吴"。

吴的变革首先在于线条的解放，他把人物画的线条移到山水画上去（人物画成熟较早），吴现存西安碑林的尚有摹刻《观音像》，用的是兰叶描兼蚯蚓描，变化多端，粗细随意，一变过去"笔迹周密""春蚕吐丝"式的细匀而无变化的传统线描，和张彦远记其用笔"离、披、点、画，时见缺落"相印证，正符其实。只有这样的线条（包括点画），应用到山水画上才能启示画家的艺术继续变化发展，继而产生多样的勾、皴、擦、点，使山石的量块、质感充分地表达出来。细匀无变化的"春蚕吐丝"式线条是无能为力的（这种线条格调高古，有一定优点，但勾勒所有山石、树木皆用之，便有缺憾）。唐李思训式的山水画仍有存世，可以看出，山石仅有外形，而缺乏质感，即是外形，亦极单调，虽填以重彩，很难有气势。吴道子之后的水墨山水画发展甚快，吴的变革创始之功特别巨大，他启导了后世画家笔墨变化的成功。张彦远谓"山水之变，始于吴"，乃为定评，无商榷余地。

吴之前山水画并无变革大家，杨、展、二阎只是对前代山水画的继承。大李专攻山水，仍是继续前代而略加充实，使其更加严谨而已。如前所述，大李一派的山水画尚有存世，仍以勾勒填彩法绘之。吴的线条"离、披、点、画"，苏东坡见其画云："道子实雄放，浩如海波翻。当其下手风雨快，笔所未到气已吞。"（《凤翔八观》）可见吴对传统的文弱、细匀无变化的线条变革得何等彻底。所以说"山水之变，始于

唐 李昭道（传） 明皇幸蜀图《局部》

　　李昭道，李思训之子，生卒年不可考，为玄宗宰相李林甫的从弟。《历代名画记》中云李昭道"变父之势，妙又过之"，但他的画仍旧没有抛离乃父青绿艳丽之气，这有待于后来的王维来变革了。

吴"，而不是始于"李"或其他人。然吴并没有将这一变革进行到底，他的山水画只以"墨踪为之"，后人称其"有笔无墨"，画山水多在笔上求一'气'，墨上求"韵"，有笔无墨，也可以说有气无韵。他画"嘉陵江三百里山水，一日而毕"，可见过于简略，有形无质。所以吴画山水"纵以怪石崩滩，若可扪酌"（见《历代名画记》），显然很有气势，不能不给当时的山水画家以启示。

而李思训的山水画虽然在色彩和精意刻画等方面有其长处（吴"一日之功"、李"累月才毕"，说明李之精工）。李思训以金碧青绿入画，在精意表现山水的量块、阴阳向背及其形貌方面正好补吴之不足。

李昭道取二者之长，使山水之变得以成功。从上引李昭道"落笔甚粗，但秀劲，石与山都先以墨勾成，卜加青绿"等语看来，正是吴的墨骨（势）加大李的色彩等（质）的有机化合。吴画山水气势磅礴，但形貌不完，有"气"无"韵"；大李山水形势完整，仙台楼阁，云霞缥缈，然缺乏艺术家的激情，画面上艺术情趣不足，有"韵"无"气"。李昭道变革成功的山水画，既有吴之气势和激情，又有大李之完貌和韵度，可谓"气韵生动是也"。至小李，我们方有值得称为具有相当艺术情趣的山水画作品。山水之变，自吴始，至小李而成，昭然也。所以我说"成于二李"，其着眼点应放在小李身上。

张彦远说"成于二李"，大李实不可排斥。大李是古代第一位专攻山水的画家。《宣和画谱》"山水门"把大李列为第一，不是无道理的。而小李的画也主要是继承大李的，他变革成功的山水画"秀劲"，"加上青绿"，其形质、色彩的表现即主要部分（或曰基础）仍是大李的。在一定程度上说，山水画变革之"成"，如上所言乃是大李和吴的有机化合，这是小李的功劳。所以说"始于吴，成于二李"，更合适一些。在此基础上，"树石之状，玄少于韦鷗，穷于张通……又若王右丞之重深，杨仆射之奇赡，朱审之浓秀，王宰之巧密，刘商之取象，其余作者非一，皆不过之"。明王世贞《艺苑卮言》有云："山水至大小李一变也，荆、关、董、巨又一变也；李成、范宽又一变也，大痴、黄鹤又一变也。""皆不过之"的画家，王亦未列为"一变"。"大小李一变"，其主要体现也在小李，若无小李，也就谈不上一变（吴道子是变革之"始"，非变革之"成"，亦不可言"一变"）。展子虔画为"唐画之祖"，李思训的金碧山水只是展画的发展，非"变"。有了小李方可言"一变"。

　　论山水画，一般忽视了小李，或把小李附属于大李，以为大、小李画风完全相同，然张彦远说："世上言山水者，称大李将军、小李将军。"（见《历代名画记》）可见在唐代，李"一家五人，并善丹青"（同上，《唐书》亦载），其余三人未必成家，小李还是卓然一"家"的。又云"李林甫……山水小类李中舍也"（同上），而不言类李思训，正说明大、小李的风格之不同。诚然，小李"变父之势，妙又过之"，也说明大、小李曾经风格相同。

1980年12月于南京师院

附记：

　　近见王伯敏先生所著《吴道子》一书（1981年10月上海人民出版社）第30页有云："成于二李，事实如此。"王先生对否定"始于吴，成于二李"之说也是持否定态度的。但王先生所言甚简，仅十余行，吾文可以补之。

　　《历代名画记》中的这一段论述，以前的标点是："国初二阎，擅美匠学。杨、展精意宫观，渐变所附……"（见人民美术出版社1963年版，上海人民出版社版，俞剑华注释本）这一严重标点错误，导致了研究者对画史认识的不足和混乱。

（1982年9月修改并记，原载《新美术》1983年第3期）

六、王维和水墨山水画研究

（一）王维的生平和思想评述

王维字摩诘，《旧唐书·本传》谓之"乾元二年七月卒"。然其集中有挽恭懿太子诗，恭懿太子死于上元元年六月，冬十一月庚寅葬于长安；又有《谢弟缙新授左散骑常侍状》，注明为上元二年五月四日（其间还写了一些诗）。王维岂能死后写挽诗和作状呢？故《旧唐书》所言不能成立。《新唐书》记其"上元初卒，年六十一"。明人顾起经《王维年谱》定其"卒年为上元二年七月，享年六十一"，清赵殿臣作《右丞年谱》因之，不复有异，遂为通说。但王维有弟王缙，《旧唐书·本传》记其卒于德宗建中二年(781年)十二月，享年八十二。依此，又早生于王维了。王缙在代宗时做过宰相，其生卒年估计不会记错，因之，王维的生年可能还要早一点。然无可考断，姑依通说。

王维祖父是个管音乐的官，父亲做过汾州司马，本籍山西祁（今山西祁县），后迁至蒲（今山西永济），王维便生在这里。他幼年即通音律，善诗文，且很成熟。二十一岁时进士及第，调大乐丞。据本传及《太平广记》所载，因为伶人舞黄狮子事坐去官，被贬到济州（今山东长清）做司库参军。其《被出济州》诗云："微官易得罪，谪去济川阴。"他自长安出发，经滑州、荥阳、郑州、清河等地到达济州，一路皆有诗纪行。虽微有怨意，然皆无甚大激情。到了济州，他倍感孤子寂寞，常游寺庙。

　　唐玄宗开元二十二年（734年）张九龄执政，王维上诗请求引荐，被任为右拾遗。累迁监察御史、吏部郎中、给事中等官。开元二十五年，奸党李林甫当政，监察御史周子谅进谏不合上意，被当场打死。这对王维震动甚大。接着，张九龄因曾荐周子谅也被贬为荆州刺史。同年，王维以监察御史身份，派赴凉州出使塞上。开元二十七年，王维自凉州回至长安，迁左补阙，以后便长期在京中供职，偶因职务关系，也去过四川、湖北等地，为时皆甚短。天宝元年，王维迁库部郎中，这是一个从五品的职务。自他的好友裴耀卿死后，朝中无人，久不升迁。王维思想本就消沉，于是他热衷于卜居辋川别业的建设。据《陕西通志》记载："辋川在蓝田县南峣山之口，去县八里，川口为两山之峡，……

唐王维（传）雪溪图

　　王维（701～761年，一作698～759年）字摩洁，太原祁（山西省祁县）人。现存古代山水画中，有一些传为王维之作，如此"王维雪溪图"尚是宋徽宗亲笔题字所定。虽不能断定这是王画，但在某些方面还保留了他的部分面貌。王维被明人董其昌列为"南宗画"之祖，在画史上地位极高。

五代 荆浩 匡庐图，185.8cm×
106.8cm，绢本设色，台北故宫博物
院藏。

荆浩，字浩然，自号洪谷子，沁
水（今属山西）人。生长于唐末，卒
于五代初梁。《清河书画舫》中记：
"河内荆浩，博雅好古。善画山水，
值五季多故。陷于太行，著山水廖行
世。"这幅《匡庐图》在宋代即被定
为真迹，至今图上仍有宋人题"荆浩
迹神品。"画名《匡庐图》乃后人所
定。实画太行山之景。从中看出皴法
成熟。

四顾山峦掩映，似若无路，环转而
南，凡十三里，其美愈奇，王摩诘别
业在焉。"

王维55岁时，碰上了安史之乱，
天宝十四年十二月东京洛阳被安禄山
攻陷。次年六月，哥舒翰兵败潼关，
长安保不住了，唐玄宗仓皇逃跑入
蜀。许多官员来不及逃出，王维时年
56岁，和郑虔、吴道子、张璪、杜
甫等人都被陷京中，杜甫后来逃跑出
去，但王维当时的名声太大，安禄山
早已听闻，他虽然服药取痢，伪称痦
病，仍然被迎置洛阳，拘于普施寺，
被迫做了"伪官"。

郭子仪率众收复两京后，肃宗和
李隆基（明皇）先后回到长安，下令
处治一批陷"贼官"的人，王维本
在受严厉处分之列，因为他写了一
首"百官何日再朝天"的诗，又因为
王维之弟王缙请求削自己刑部侍郎官
为他赎罪，因而获免，只下迁太子中
允，此后王维的消极思想更有发展，
"每退朝之后，焚香独坐，以禅诵为
事"。乾元中迁太子中庶、中书舍
人，复拜给事中，转尚书右丞。

实际上，他一直过着半官半隐的
生活。在风景优美的辋川别墅里"弹
琴赋诗，傲啸终日"。他的诗《辋

川集》和他的画《辋川图》皆在这里完成。他的生活很简单，妻亡不再娶，三十年孤居一斋，“斋中无所有，唯茶铛、药臼、经案绳床而已”（《旧唐书·本传》）。有时又“在京师日饭十数名僧，以玄谈为乐”（同上）。直至去世。

去世之前，王维给他的弟弟和平生亲故朋友分别作书，敦励他们奉佛修心。王维信佛是受了他的虔诚奉佛的母亲之影响。他名维字摩诘，来源于佛经中的《维摩诘所说经》，维摩诘又号金粟如来，以多智多才善辩而闻名，乃佛家的秀才，深得佛祖的尊重。时被称为维摩诘居士（佛教徒出家者称和尚，不出家者称居士），他享尽人间富贵，又善论佛法，义理深奥，“妙语”横生。这样的人物最为六朝隋唐的名士所向往，所谓“富贵山林，两得其趣”，于是便成为虔诚奉佛三十余年的王家理想中楷模。名维字摩诘，就是把维摩诘三字拆开，“维”其名，“摩诘”其字。王维人如其名其字，他早年虽有进取心，但消极思想已有萌发。当他看到周子谅仗义执言反被当场打死时，受到很大的刺激，使他领悟到宦途的险恶与可畏，其诗云：“方将与农圃，艺植老邱园。”他的靠山张九龄因之而被罢相，他的消极思想更加严重，所以，他“中岁颇好道（佛道），晚家南山陲”。他已由早年积极进取转向参禅信佛时期。“安史之乱”，也使他十分害怕，其诗云：“安得舍尘网，拂衣辞世喧。翛然策藜杖，归向桃花源。”尔后，陷贼官者，本议为全部斩首，后分别处理，达奚珣等18人被斩于长安，陈希烈等7人赐自杀于大理寺，余杖刑，独王维免罪，他惭愧无地，常引以为耻，“仰厕群臣，亦复何施其面，跼天内者，无地自容”（《谢除太子中允表》）。虽然杜甫写诗安慰他：“中允声名久，如今契阔深。共传收庾信，不比得陈琳。”把他比作庾信。但王维已经“身在百官之中，心超十地之上”了。王维越后越把佛教看作自己的归宿，越后越爱和佛教徒来往。佛家经典《神会禅师语录》多处记载王维与神会（六祖慧能徒弟）讨论佛道之语。王维之后成书的《五灯会元》中，有多处借王维之诗以论道，日本佛教如之。《全唐文》载有王维《六祖能禅师碑铭》，

五代　关仝　关山行旅图
144.4cm×16.8cm绢本设色，台北故宫博物院藏。

关仝，一名橦又名童、同，五代初画家，陕西长安人。后人把他和荆浩并称为"荆关"。

乃是应神会之请为其师南禅宗之祖慧能所撰写的碑文，还有他的《西方净土变画赞》《西方阿弥陀变赞》《绣如意轮像赞》以及为很多禅师所写的塔铭和碑铭。王维最终成为南宗禅的信徒。

我在很多文章中谈到佛和道的相通，只是佛比道更过分一点而已，比如道家主"无"，佛家主"空"；道家主"静"，佛家主"净"；道家主"忘"，佛家主"灭"；道家主"处下"，佛家主"涅槃"；道家主"物我两忘"，佛家主"四大皆空"；道、佛都讲斋戒，都讲解脱，都入山林，而道的解脱乃是摆脱污浊的社会，求得精神上的安静，佛则干脆要求摆脱"腐臭"的躯体，早入"净土"，求得更"彻底的解脱"。再进一步探讨，佛家过火的说法，仍出于道家，佛的"空"，不就是道的"虚"和"无"吗？佛的"不动凡念"，不就是道的"无欲"和"不谴是非"吗？《老子》第十三章有云："吾所以有大患者，为吾有身，及吾无身，吾有何患？"不就是佛的"灭"和"涅槃"吗？道和佛的区别只有一条：道家求生的快乐，而不问死后；佛家力主用生的痛苦去换死的"极乐"。由佛而禅，更加适合中国士大夫的口味，"禅宗是披天竺袈裟的魏晋玄学，释迦其表，老庄（主要是庄周的思想）其实"（范文澜《中国通史》）。南宗宗旨，不外净心、自悟，主张清净无为，不染尘劳，总之它和镂金错彩、金碧辉煌的审美意趣不相通，而和清淡朴素、纯正单一的（玄色）审美意趣相通。

王维的诗和画皆受禅宗思想影响极重，文学史上称王维为"诗佛"，与"诗仙"李白、"诗圣"杜甫并而为三。绘画上，明董其昌称王维是"南宗画"之祖，都是和佛、和禅联系起来了，不无道理。因而研究王维的诗和画的艺术风格之形成，必须了解禅宗思想对他的影响。

（二）王维的山水画

现存古代山水画中，有一些传为王维之作者，如《王维雪溪图》，尚是宋徽宗亲笔题字所定。这些画是不是王维手笔，还不能轻易下结论，尤其是流传在日本的一些画，大部分不是王维真迹，基本上可以断定。然有一些传为王维之作者，即使非出王维亲笔，但在某些方面也保留了王维画的一部分面貌（否则宋徽宗也不会轻易题字断为王维之作）。可以参考有关记载，加以分析。

王维的画有《雪溪图》和《江山霁雪图》二幅可作参考，虽然不可完全信以为真。王维的画迹本来很多，他开始学过"国朝第一"的李思训画法，不但青绿着色，且笔法精细有"刻画"之痕。董其昌云："大青绿全法王维。"谢幼澐说："李思训、王维之笔皆细入毫芒。"陈继儒说："王维之画笔法精细。"米芾说："王维之迹，殆如刻画。"米友仁说他的画"皆如刻画不足学"。大青绿、笔法精细、刻画乃是"古代"山水画的特色。

王维又学过吴道子，他曾把吴道子在大同殿上的壁画，在绢上画成一卷，称为"小簇"，《唐朝名画录》说："王维……其画山水松石，踪似吴生，而风致标格特出。"

张彦远距离王维时代不远，他亲眼见过王维的原作，所言特需注意。张在《历代名画记》卷十所记王维，有六段话最能概括王维山水画的特色。

其一是：总结王维的山水画成就"工画山水，体涉古今"。"体涉古今"的"古"即"殆如刻画"的青绿山水。"今"即水墨山水，荆浩《笔法记》有云："随类赋彩，自古有能；水晕墨章，兴吾唐代。"则"古"为赋彩，"今"为水墨甚明。这里说王维既能古，又能今。

但王维的突出成就乃是水墨山水，即："笔墨宛丽，气韵高清。"北宋郭若虚《图画见闻志》卷三说董源："善画山水，水墨类王维，著色如李思训。"这无容置疑地把"水墨画"作为王维画的特色，并以王维为水墨画的代表人物了。

其二是："原野簇成，远树过于朴拙。"这句话十分重要，且为历来学者所不解，"簇成"是用笔点簇而成，而不再用笔勾勒。王维之前是没有这种画法的。以前的山水画以及其他画科的画法，历来都是用线勾物抽象之外形，然后填色。王维始用"簇成"法，当然是水墨法的效果，我在日本和美国见到很多传为王维之作，其画法都是随意点簇，不费精思，而且易于表达情趣，后世水墨山水画大多采用此法，不知乃创始于王维也。

其三是："复务细巧，翻更失真。""细巧"当然是李思训的画法，即精勾填色。王维曾经学过此法。当他的精神为老、佛所左右时，喜用"簇成"法，"复务细巧"，反而失真了。所以，他虽也作过"细巧"法，而他的成就却不在此而在彼——"簇成"一类写意法了。

其四是："清原寺壁上画辋川，笔力雄壮。"（清源寺就是王维的蓝田别业，王维母死后，施庄为寺，《全唐文》中有王维《请施主为寺表》，其庄则改名为清源寺）这显然是学吴道子的，文献记载，王维学吴道子"踪似"之，"而风致标格特出"，吴道子"只以墨踪为之"。王维取其"笔力雄壮"，其画要比吴画充实一些。

五代 董源 潇湘图卷（局部一），50cm×141.4cm. 绢本墨笔，故宫博物院藏。

其五是："余曾见破墨山水。""破墨山水"即把墨加水，分破成浓淡不同的层次，用以渲染，代替青绿颜色，并能用水墨表现出山形的阴阳向背。沈括《图画歌》云"摩诘峰峦两面起"（《梦溪笔谈》卷十七《书画》），王维之前的画家用墨是不知调水的，仅用一种浓墨勾线而已，这是王维首创①。我将在下面阐述其画的意义。

其六是："笔迹劲爽。""笔迹劲爽"不同于李思训的"笔格遒劲"。但"劲爽""雅壮"到底是个什么样子？只好从现存近似于王维的画迹和其他记载中加以求证。

---

① 以水墨代五彩作画，在王维之前的殷仲容似有成功的先例，虽然殷仲容的影响不大。我的推测：因为殷是武则天时的得意官员，当李思训被迫逃走后，殷却任太仆秘书丞、工部郎中、申州刺史。李氏复位后，对遭武迫害至死的官员给予恢复名誉，重新厚葬，存活的给以厚禄高官。对武重用的官员有的杀死，其余可想而知。故因政治殃及其画。所以殷仲容的画竟无一张留传于后，更谈不上影响。

五代　董源　潇湘图卷（局部二）

董源（？～约962年），源，一作元，字叔达，原籍钟陵（即今江西进贤西北）人。

此图纯以水墨法，用柔润的线条和点子，表现南方土石结合、低矮山丘、平河浅渚之景，和北方山水大异其趣。

论古人画的风格，至少说从吴道子始，凡属最高的艺术品，必结合其人的胸次去了解。王维早期的画或学李思训，或学吴道子，这都不足以名家的。他"老来懒赋诗"，自认"前身应画师"，可知晚年的王维专一于画。是时，他因"安史之乱"的影响，思想日益消沉，耽老信佛，和他的诗一样，早年那样"一剑曾敌万人师"的刚猛之气完全不存，代之完全以清淡为宗的自然景咏，反映在他画笔下的线条是柔软而无刚性的。经过吴道子点、曳、斫、拂、离、披，点、画时见缺落的用笔方法的薰染，他的线条也不会是顾恺之式的"春蚕吐丝"，而且王维用水墨代青绿渲染，这对他的线条会发生直接影响。则他的线条既不是李思训的细匀如蚕丝的刚性，也不是吴道子式的颇有壮气，乃是一种曲折自然、变化随意、漫不经心式的，既不似飘风吹带，也不似钢丝直折，而是如自然披挂着的长麻皮。当然王维时代的皴法还不可能形成，

五代 董源 龙袖骄民图（局部）

　　"龙袖骄民"意为天子脚下的幸福之民，实写南唐的都城金陵临江之山。董源开创了江南画派，巨然是其亲授弟子。宋代米芾受董画"烟景"和点子皴影响，创造了"米点皴"。元代的赵孟頫、高克恭及"元四家"无不从董源那里变出。

　　但如李思训的线条易于启发产生斧劈皴一样，王维的线条易于启发披麻皴。披麻皴成熟于五代董源，《图画见闻法》说董源"水墨类王维"，郭若虚距王维、董源时代并不远，这话必须引起我们的注意。董源的画存世的尚不止一幅，从《潇湘图》《龙袖骄民图》中，可以看出其线条是"劲爽"的，其"劲爽"是寓寄于柔曲的外形里面的。但它是利爽的而不是含糊的。所以，我们应该从"水墨类王维"的董源画中窥察王维的画风。结合记载和王维的"胸次"，不难得出一个正确的结论。而现存的《江山霁雪图》传为王维之作，决非无因，即使不是王维的亲笔，我们也可以从中了解一些王维画的风格。

　　《雪溪图》也没有刚性线条的勾斫，而是用劲爽又有柔性的线条勾出轮廓，加以水墨渲淡，染出凸凹、高下、向背来的。《江山霁雪图》和王维的画风距离要远一些，画中山石似披麻皴，恐非王维时代所能有。之所以传为王维之作，乃因其画亦用劲爽而有柔性的线条勾勒，然后加以水墨渲染。摹本的作者虽不能准确地掌握王维的绘画面貌，但对王维勾线笔墨的理解还是不误的。

山水画的线条发展到李思训，虽然仍如人物画线条之细匀，但出现了方而折的刚性，改变了圆而转的柔性。至吴道子出现了离、披、点、画，气势雄壮的线条。至王维出现了既不细匀如李思训，又不阔大雄壮如吴道子，而是劲爽又有柔性、随意而自然的线条。后世山水画千变万化，皆不出这三种精神状态。

所以董其昌把王维列为"南宗画"之祖。说他"始用渲淡（即破墨），一变钩斫之法"。董其昌之说即使缺乏严密的论证，甚至他并没有看到王维的真迹，或者某些方面失之主观，但我们通过对画史的严密考察，对董其昌这一不幸而言中的说法，应予以追认。

再次，王维山水画是多平远构图，《唐国史补》有云："王维画品妙绝，于山水平远尤工。"《唐书·王维传》特别记载王维"山水平远，绝迹天机"。前人论诗谓杜甫写山水多"群山大壑"，王维写山水多"一丘一壑"。王维的画和他的诗一样，喜写山林小景，即使景物多，亦少群山大壑。《宣和画谱》记录当时御府收藏的王维画126幅，"山居""山庄""捕鱼""渡水"的形式居多，可以想象皆平远构图，王维的平远构图，既不是李思训的"云霞缥缈"，也不是如后世北宋山水画那样一山突兀而独尊于画面。平远构图，易于表达平和清疏的意趣。董其昌所列的"南宗画"中的作品，多属平远构图，《江山霁雪图》《雪溪图》亦属平远构图，所以它近于王维画风。

王维喜画雪景，也是他的绘画特色之一。

王维的山水画富有诗意。因无过多的画迹印证，只好相信苏东坡的评论："观摩诘之画，画中有诗。"王维是文学史上著名的山水田园诗人，中国的诗和画相通，本是意境上的相通。王维的诗如："明月松间照，清泉石上流"，"隔窗风惊竹，开门雪满山"，"嫩竹含新粉，红莲落故衣"；又如："楚塞三湘接，荆门九派通。江流天地外，山色有无中……"（《汉江临泛》）；"太乙近天都，连山到海隅，白云回望合，青霭入看无。分野中峰变，阴晴众壑殊……"（《终南山》）。皆具画意，境界优美。他的画富诗意，我以为很可信。苏轼知诗晓画，他又亲眼见过王维的画和诗，王维画中有诗，出于苏轼之口，尤可信。

最后要说明一点，今人多言王维喜画劳动人民题材的画，表现了他热爱劳动人民的感情。这乃是根据《宣和画谱》上列有《捕鱼图》《运粮图》之类而言，实出于误会。王维的人物画多作佛、禅内容，山水多雪景，至于他画《捕鱼图》《运粮图》乃是表现他的隐居趣味，犹如他的《终南山》诗中有"欲投人处宿，隔水问樵夫"，《终南别业》诗中的"偶然值林叟，谈笑无还期"等句，本自表现他的安闲自适的心境，用以点缀他闲居的气氛，并非出于热爱劳动人民。

中国古代山水画，真正有"成教化，助人伦"者不多，多出于文人雅士（尤其是隐居之士）"怡悦情性"之作，但它却可以反映时代的精神。

前所述，佛和道有其一致性，所以中国的士人自称参禅信佛，实则仍是为道学所牵制，在艺术思想上，更是与道家思想相通的，道家的"忘"，只是忘却人世间庸俗的纠葛，并不曾否定宇宙，并且由"物化"而对宇宙万物加以拟人化、"艺术化"，且要求能"官天地，府万物"，"能胜物而不伤"，正因为如此，所以在虚静之心中，能"胸有丘壑"，能流入笔下而成为山水画。而佛的"灭""四大皆空"，禅的"无念为宗""本来无一物"则不可能"胸有丘壑"，不准许产生艺术的意欲。佛学对于艺术是附属于道的[①]（此当另论）。

如前所说，道家崇尚自然，讲求"清静""无为""无欲""朴

———————————————

①道家的服饰清淡朴素（多为淡青色），且不加文绣。佛教徒中有的穿上赭红袍，且绣上金色图案，佛教的殿堂里五颜六色，佛像上更贴着金，灿烂辉煌，光闪灼灼。这不能导致画家的水墨情趣，但中国士人奉佛参禅更有自己的情趣，即以道为基础，王维"食不荤，衣不文绣"。（《新唐书·本传》）衣尚不文绣，画何能喜用五颜六色？

五代 巨然 秋山问道图

巨然是五代末宋初画家，他在南唐时随董源学画，攻山水，其皴法、苔点和董基本相似：宋沈括《梦溪笔谈》云："江南董源僧巨然，淡墨轻岚为一体。"可见其画之风格。

素"，反对五彩缤纷的豪华之美，老子"五色令人目盲"，庄子"五色乱目"（《庄子·天地》），主张"朴素"的美，"朴素而天下莫能与之争美"（《庄子·天地》），"故素也者，谓其无所与杂也"（《庄子·刻意》）。摒去五色，代之以墨，正和道家的美学观相通。墨色就是玄色，《老子》"玄之又玄，众妙之门"的"玄"，玄亦称天，墨色亦可谓之天色，乃颜色之中之王色、自然色，"墨分五彩"，张彦远谓"运墨而五色具"，"墨色，如兼五彩"，然亦只有处于天色、玄色地位的墨色可具五色、可兼五彩。张彦远对色的玄化最为神会，《历代名画记》"论画体"一章劈头一句："夫阴阳陶蒸，万象错布，玄化无言，神工独运（《老子》第二章：'行不言之教，万物作焉'）。草木敷荣，不待丹绿之彩，云雪飘扬，不待铅粉而白，山不待空青而翠，凤不待五色而粹。是故运墨而五色具，谓之得意。意在五色，则物象乖矣，夫画物特忌形貌采章……而外露巧密。"墨色是道家所崇尚的"朴素"之

色、"自然"之色，又可以代替
五色，同时以道家"玄远"的眼
光眺望山水远处之色，亦浑同玄
色，所以以水墨代五彩画山水，
正是力主清静朴素、虚淡玄无的
道家思想的体现。

　　王维之后的山水画家，为水
墨山水画作出贡献者，如张彦远
所记的韦鸥、张璪、杨仆射（公
南）、朱审、王宰、刘商，以及
和张同时的"侯莫陈厦"，"沙
门道芬"，"天台项容处士"和
"为职半年解去"的王默，都或
多或少具有道家的思想。

　　所以山水画在中唐是突变后
的兴盛时期。考其时代，正是安
史之乱，唐代开始走下坡路的时
代，乃是道家思想易于起作用的
时代，而中国的文人在其得意时
期，是喜谈儒家的"文以载道"
之类的官腔，在其失意时期，又
爱论道家"自适其乐"之类的高
调。画山水的文人，往往不是以
之博取功名，只是用以"娱悦情
性"。王维"不能舍余习，偶被
时人知"，"自适其乐"就不必
迎合时俗的情趣，自己的情趣又
在于清静雅淡，这无疑是契合于

五代　巨然　层崖丛树图

水墨画情趣的。

《历代名画记》所载，王维之后的画家作山水者的比例大大超过前代。

王维之后，水墨山水画已为世所公认，这在诗人笔下亦屡见之。杜甫《奉先刘少府新画山水障歌》有云"元气淋漓障犹湿"，这自是水墨画的效果。方干①诗中更有：《陈式水墨山水》《观项信水墨》《项洙处士画水墨钓台》《水墨松石》《送水墨项容处士归天台》等等。

在王维之前，水墨山水画一词尚不得见，所见只有陈子昂《山水粉图》、李白《当涂赵少府粉画山水歌》等粉画内容，而像形容山水画之"元气淋漓障犹湿""笔端狼藉见工夫"（方干）、"添来势逸阴崖黑，泼处痕轻灌木枯"（方干）、"泼处便连阴洞黑，添来先向朽枝乾"（方干）的词句亦不得见。

（三）王维在山水画史上的地位

王维的画，尤其是山水画，在唐代就具有很高的地位，《唐书》本传记其"书画特妙，笔踪措思，参于造化，而创意经图，即有所缺。如山水平远，绝迹天机，非绘者之所及也"。"非绘者之所及也"，这评价已不低，但在唐人心目中，王维的画还不算最高，因为一种新形式的画风出现，要随时间的推移才能考验出它的生命力，随着人们审美情趣的发展，才能了解它的影响。这正如陶渊明的诗，在整个六朝时代影响并不太大，唐以降，越来越为文人士夫所推崇，影响也越来越大。王维的画在唐人心目中低于吴道子和张璪。在唐末，荆浩《笔法记》所提到的几位画家中，"张僧繇所遗之图，甚亏其理"，"李将军……虽巧而华、（虽精巧而过于华），大亏墨彩"，"项容山人……用笔全无其

---

① 方干有《玄英先生集》行世。方干的年龄可由《全唐诗》所载方干小传谓其"自成通(860～871)得名，迄文德(888)，江之南，无有及者"推知其大概。

骨"，"吴道子笔胜于象……亦恨无墨"，"陈员外及僧道芬以下，粗升凡格，作用无奇"。深得荆浩推崇的两位画家即张璪和王维，其称"王右丞笔墨宛丽，气韵高清，巧写象成，亦动真思"。王维的地位已有提高。荆浩是把中国的山水画推向画坛首席的关键人物，王维对他的影响不会太小。

到了北宋，文人画兴起，王维在画坛上倍受推崇，其地位超过了被称为"画圣"的吴道子。苏轼在那首著名的《题王维、吴道子画》中云："吴生虽妙绝，尤以画工论，摩诘得之于象外，有如仙翮谢笼樊，吾观二子皆神俊，又于维也敛衽无间言。"以苏东坡在北宋文人中的崇高地位，以及他对书画的高超见解，而道出了王维更高于吴道子的话来，王维的影响是不言而喻的。

《宣和画谱》卷十对王维的推崇，实达到最高的地位。谓王维"至其卜筑辋川，亦在图画中，是其胸次所存，无适而不潇洒，移志之于画，过人宜矣……后来得其仿佛者，犹可以绝俗也。正如《唐史》论杜子美，谓'残膏剩馥，沾丐后人之意'，况乃真得维之用心处耶"。以伟大的诗圣杜甫的诗比之王维的画，"残膏剩馥，沾丐后人"，得王维画之"仿佛者，犹可以绝俗"。这对王维的画之评价已经是达到无法再高的地位了。

俞剑华等人认为："王维在画界的地位，在唐、宋、元以及明代中也都不甚高，并无成宗作祖的资格。到了董其昌，始尊为南宗文人画之祖。"（见俞剑华编著《中国山水画南北宗论》六九页）王维在北宋被尊在画圣之上，比之为诗圣杜子美，可以说是最高的地位，"在唐、宋、元……都不甚高"的话，断难成立。

沈括《梦溪笔谈》卷十七《书画》，其中专评画者十一条，又有三条专论王维。其一是："书画之妙当以神会，难以形器求也……子家所藏摩诘画《袁安卧雪图》，有雪中芭蕉，此乃得心应手，意到便成，故造理入神，迥得天意，此论不可与俗人论也。"其二是："王仲至阅吾家画，最爱王维画《黄梅出山图》。盖其所图黄梅（按乃禅家五祖宏忍）、曹溪（按乃禅家六祖慧能）二人，气韵神检，皆如其为人。读二人事迹，还观所画，可以想见其人。"其三是《图画歌》："画中最妙言山水，摩诘峰峦两面起。李成笔夺造化工，荆浩开图论千里。范宽石澜烟树深，枯木关全极难比。江南董源僧巨然，淡墨轻岚为一体……"王维的地位在沈括心目中是不难想见的。

苏辙《题王诜都尉画山水横卷三首》之一有："摩诘本词客，亦自名画师，平生出入辋川上，鸟飞鱼泳嫌人知……行吟坐咏皆目见，飘然不作世俗词。高情不尽落缣素，连峰绝涧开重帷。百年流落存一二，锦囊玉轴酬不訾。"（《栾城集》卷十六）

黄山谷《题文湖州山水后》云："吴君惠示文湖州晚霭横卷，观之叹息弥日。萧洒大似王摩诘。"（《豫章黄先生文集》卷二十）黄山谷钦佩文与可的画，言其"大似王摩诘"，可见他对王维的推崇。

文与可《捕鱼图记》："王摩诘有《捕鱼图》……用笔使墨，穷精极巧，无一事可指以为不当于是处，亦奇工也。噫，此传为者（摹本）尚如此，不知藏于宁州者其谲诡佳妙又何如尔……"（见《丹渊集》卷二十）

晁补之《鸡肋集》卷三十四《王维捕鱼图序》中亦可见其对王维推崇之情。

张璪在唐人心目中是高于王维的，但到了北宋，提到张璪的人已不多，北宋之后，几乎是无人再提了。《宣和画谱》所载，张璪之画收于御府者仅六幅，亦未必全是真迹，对张璪的评价是"为一时称赏"。而《宣和画谱》载之王维画"重可惜者，兵火之余，数百年间而流落无几……今御府所藏一百二十有六。"这一百二十六幅中当然也不全是真迹，大量的王维画赝品的出现，正证明王维在画坛地位的提高。

王维的画在北宋是必能见到真迹的，北宋人对王维的画的真面目也是必知的，御府收藏品，也决不会过分马虎，即使是赝品，也并不会和王维真迹相距太远。北宋人对王维的评价，既有作品为依据，又有时间考验，是可相信的。北宋以后论者对王维的评价多依据北宋和唐人之记载。

　　王维在画史上崇高地位的确立，如前所言，和北宋开始文入画的大兴是分不开的，这一点必须把握住。王维对后世山水画的影响，不但是"水墨渲淡"，更有他的劲爽而非刚性的线条，以及他的诗中有画、画中有诗和平远构图。说董源是王维的传承，虽有些牵强，亦绝非完全无故，而董源的画在五代宋初依然不是最高的地位，经北宋米芾的推崇，至元、明、清，形成一股浩大的势力。王维的水墨画风，几乎影响着中唐以后的中国山水画发展的全部历史，至少说，占据中国古代山水画主流的文人画，都接受了王维的影响，由苏东坡首先提出的，至董其昌而大成的文人画理论，把文人画的内涵，全部具体化于王维。

　　王维类的画风对后世的影响，不仅由于艺术，更是由于思想。后者是更加重要的。王维半官半隐，实则是隐士型思想，后世的文人画家大抵类之。他们或对国家和人民并不抱有责任感，或摒弃功名利禄，作画自娱。董其昌所列的以王维为首的"南宗"画家中，多数都有和王维差不多的思想。"南北宗论"很复杂，我已有专书予以讨论。这里简单谈一个问题：南宗画家中是以王维为首的，以米芾、倪瓒为骨干，上及董、巨，下及"元四家""我（明）朝文、沈"及董其昌自己。董源在行将就木的南唐任后苑副使，不会也无法有什么积极进取精神，巨然是道地的出家人，米芾是个玩世不恭、"见石下拜"的"疯癫"，"元四家"皆隐士，南宗画派中还有很多"不知何许人也"，则隐士甚明。"我朝文（徵明）、沈（石田）"亦隐士，董其昌本人"……游戏禅悦……高卧十八年"。共同的思想基础，规定了他们共同的审美情趣，也规定了他们的基本风格，而他们的代表人物则是王维。

　　　　（1987年6月自美、日游学归来后定稿于南京师大美术系，
　　　　　　　　　原刊《吕梁学刊》1988年第1期）

七、国色天香①
——牡丹考兼论花鸟画的起源

"国色天香"历来是人们对牡丹的美称，更有人说牡丹"竞夸天下无双艳，独占人间第一香"。"国色""无双艳"，牡丹花当之无愧，但说牡丹"天香""人间第一香"就不大符合实际了。"凡花色之娇媚者，多不甚香；瓣之千层者，多不结实。"牡丹花既娇媚，又瓣千层，因而既不甚香，也不结实，这是事实。说牡丹第一香，乃出于人的感情。"鸟语花香"，香是花的美德。牡丹既为国色，它的香也应为"天香"，"第一香"，这是推理而来的。其实，"全才"向来难得，桂花不美，香气清远，远胜于牡丹，一般而言，牡丹是不太香的，至少不能称为"人间第一香"。

牡丹不甚香而被称为花中之王，其根本在于她的本体美。"美肤

---

①本文写于1989年，原为我的《中国花鸟画史》中一节。前年，一家出版社出版了一本牡丹画集，其中文章由编者撰写，但出版社的社长请我修改该文，并约定修改后以我和编者二人合作名义发表，于是我便把我研究的成果和资料都用上，但后来只发了我的一篇序，那篇研究牡丹的文章并没有我的姓名。当然，我不是在此计较此事，但声明于此，以免读者会认为我是受了别人的影响。

腻体，万状皆绝。赤者如日，白者如月"，"倾百卉之光英""夺珠树之鲜辉"。牡丹的本体是美而艳的，而她的气质更不同凡卉，牡丹雍容华贵，俨然花君之相。所以，人们称牡丹"百花之王""百花之首""艳冠群芳"。

白居易诗云："绝代只西子，众芳惟牡丹。"徐夤牡丹诗云："万万花中第一流，残霞清染嫩银瓯。"牡丹花的美艳，加之层多花大，以及其雍容华贵之态，因此周敦颐说："牡丹，花之富贵者也。"据《广群芳谱》记载："花若盛开，主人必有大喜。""倾国姿容别，多开富贵家。"故又有"盛世牡丹"之说。牡丹花始盛于盛唐，也以盛唐时牡丹最盛。唐人都推崇牡丹，欣赏其富贵之态。宋人有观其色者，但对牡丹之富贵不但不欣赏，反取鄙视态度。唐盛宋弱，于此可见。为什么要鄙视富贵呢？《易经》是"群经之首"，其云："崇高莫大于富贵。"富不比穷好吗？贵不比

唐墓　壁画　牡丹花鸭图（局部一）

唐墓　壁画　牡丹花鸭图（局部二）

这是目前已知最为精美的唐代花鸟题材的壁画。中央画一株巨大的牡丹，两只凤蝶飞舞，花下左右各有一只姿态不变的花鸭，鸭身后各有秋葵、百合。整幅画使用勾勒填彩法。

贱好吗？唐朝的皇帝高高在上，周围的国家都向他称臣，外国人称中国为上邦，年年向中国进贡，给中国的皇帝下跪；宋朝的皇帝却跪在别人面前，向人家称臣，自称侄皇帝、儿皇帝，年年要向外邦进贡，把金银、粮帛、美女、名马源源不断地送向外邦，而且要低声下气地请求人家准许自己继续当儿皇帝。前者富而贵，后者贫而贱，恐怕和一代人的意识也有关。改变一个时代，要从各个方面去努力，社会心理的影响也是其中之一。向往富贵的人虽然未必都能得到富贵，但有可能通过努力得到富贵，而鄙视富贵、以贫贱为荣的人永远不会富贵，等待他的就只能是贫贱。什么叫"富"呢？物质丰富、钱财充足就叫富。一个人富了想上学就上学，上了学就有知识，有了知识就更强、更富足，想造火箭原子弹就造火箭原子弹，有了火箭原子弹国家就强大。"穷"了，想上学上不起，上不起学就无知识就更弱更穷，想造火箭和原子弹造不起，国家就更弱，当别人来侵略你时，你只好投降，当奴隶。什么叫"贵"呢？挺起胸脯做人，自尊自重而后人尊之。若跪在地上，仰视别人，或一见外国人就点头哈腰，或一见有权有势之人就低声下气，甚至为权贵和外国人服务、当西崽，以做三等公民为荣，就叫贱。

"牡丹，花之富贵者也。"我们需要富而贵，不需要贫而贱，我们也应该特别欣赏牡丹。"盛世牡丹"，一代人向往富贵，努力于富贵，心理上也就欣赏牡丹，所以牡丹盛，世也盛。也可以说，世盛则牡丹盛。宋代虽穷，但洛阳人特富，洛阳牡丹也特盛。

牡丹是中国的国花，它应是中国的象征。现在有人提出以梅花替代牡丹而为国花，这是不妥的。梅花固有铁骨之称，敢于抵抗严寒，但梅花太清高，又不合群，又缺少富贵心态，她是知识分子的花，但不可作为国花，否则，将导致一国人清高孤傲，甚至脱离世界这个大家庭，这对国家的发展是不利的。牡丹是合群的，她和百花同时开放，却十分出色，又具富贵心态，这正是中国最需要的精神。

牡丹本无名，最早被称为木芍药。为什么称为"牡丹"？大抵因为："丹"是出于丹州，牡丹出于丹州，如宣纸之出于宣城。虽然牡丹不完全出于丹州，也出于延州（延安），但最早的牡丹以丹州所出者为最佳，也主要出于丹州，如宣纸也不完全出于宣城一样。后来牡丹在长安、洛阳最佳，那是后来的事，而且也都从丹州移植而去。牡和牝相对，牡丹被称为木芍药时，其花即美于芍药，其枝干也壮于芍药，这可能是"牡"的来历。后来牡丹被称为"花王""花帝"，芍药被称为"花相""花后"，正因于此。

汉以前，牡丹无考。最早提到牡丹的是晋宋间著名诗人谢灵运，他说过："竹间水际多牡丹。"（见《事物纪原》卷十。一本作："永嘉水际竹间多牡丹。"）但这时牡丹还是野生植物。而且谢灵运这句话也没有得到考实。《尚书故实》上记："世言牡丹花近有，盖以国朝文士集中无牡丹诗歌，张公尝言杨子华有：'画牡丹处极分明。'子华北朝人，则知牡丹花亦已久矣。"《尚书故实》是唐人李绰所撰，宋人高承撰《事物纪原》时也录了这句话，但张公被改成了刘禹锡，"画牡丹"误为"书牡丹"。

有关书中说隋炀帝时牡丹进入宫廷，《海记》记载："隋帝辟地二百里为西苑，天下进花卉，易州进二十箱牡丹，有赪红、鞓红、飞来红、袁家红、醉颜红、云红、天外红、一拂黄、软条黄、延安黄、先春红、颤风娇等名。"（转引自《广群芳谱》）隋炀帝大兴土木，广置花园，把牡丹引入宫廷，是可信的。但除了《海记》这一记外，文人画家笔下见不到有关牡丹的题材，其他记载也鲜见，说明隋代时的牡丹并不盛。而且从后面所述可知，当时的牡丹仍没有唐代经专家培植改良后的牡丹那样名贵，她的观赏价值也不若唐代牡丹。

牡丹大盛于唐开元年间，凡持中论的作者也都如此说。《广群芳谱》卷三十二云："唐开元中，天下太平，牡丹始盛于长安。"牡丹盛和"天下太平"有无因果关系，这是值得研究的大课题，本文不作论述。但说牡丹于唐开元中始盛于长安，是正确的。各种记载、各类诗文也都在此前后出现。

"始盛"而不是"始有"。据《异人录》云："唐高宗宴群臣，赏双头牡丹，赋诗，上官昭容云：势如联璧友，心似臭兰人。"

唐高宗时即宴群臣赏牡丹，而且上官昭容还写了第一首牡丹诗。可见当时牡丹已受人重视。

《事物纪原》记有：

武后诏游后苑，百花俱开，牡丹独迟，遂贬于洛阳，故洛阳牡丹冠天下，是不特芳姿艳质，足压群葩，而劲骨刚心，尤高出万卉，安得以富贵一语概之。

按这段记录在今本《事物纪原》中已无后一段文字，这是从《广群芳谱》中转录的，所记近于神话，固不足信，而且，唐代只有长安牡丹盛，洛阳牡丹并不盛。到了宋代，洛阳的牡丹才冠天下，而且对富贵有微语也是宋人思想，不是唐人思想，唐人是希望富贵的。其实，武则天不但没有把长安牡丹贬到洛阳去，而且把她家乡所产之牡丹移植到她的宫苑中。舒元舆《牡丹赋》记云：

天后之乡西河也，有众香精舍，下有牡丹，其花特异。天后叹上苑之有缺，因命移植焉。

武则天时，牡丹从西河移植到宫苑，接着传遍宫廷内外，长安城到处是牡丹，这是唐代牡丹在长安第一次盛焉。但这时的牡丹从品质到种类都不如后来唐玄宗时代之盛。

达尔文在《物种起源》一书中，曾援引中国牡丹的许多优良品种都是由人工培植的例子，以此来说明他的自然选择和人工选择的学说。武则天时代，长安城内牡丹虽盛，只是数量多，牡丹的品质并没有质的改变。但正因为京城人爱牡丹，大量需要牡丹，所以引起一些有知识人的注意，他们研究种植艺术，尝试改变牡丹的品种。到了唐玄宗时代，洛阳有一位文人宋单父，使牡丹培植跃上了一个质变的阶段，据《龙城

《录》记载：

> 洛人宋单父字仲孺（一本作仲儒），善吟诗，亦能种艺术，凡牡丹变易千种，红白斗色，人不能知其术。上皇召至骊山，植花万本，色样各不同。赐金千余两，内人皆呼为花师，亦幻世之绝艺也。

"艺术"本指种植，古代文字的"艺"字，就是植树的象形。宋单父不是一般的花匠，他是真正的艺术家，他善吟诗，说明他颇有文化，因而，培植牡丹能以研究的态度改进技术，"人不能知其术"，说明并非一般技术，而是"幻世之绝艺"，他能使牡丹"变易千种"，而且"红白斗色"，在牡丹史上是一个极重大的突破，牡丹从此产生一个质变，他的牡丹品质大大优良于前，所以，唐明皇把他召到骊山，种植万本，从此，新的牡丹品种开始传播了。文献所记颇多。

《杨妃外传》："开元中，禁中初重木芍药，即今之牡丹也。得数本红紫浅红通白者，上因移植于兴庆池东沉香亭前，会花方繁开，上乘照夜白，召太真妃以步辇从，召特选梨园弟子中尤者，得十六色，李龟年以歌擅一时之名，手捧檀板押众乐，将欲歌，上曰：'赏名花，对妃子，焉用旧乐辞为？'遂命李龟年持金花笺，宣赐翰林学士李白进清平调辞三章。白欣承诏旨，犹若宿醒未解，援笔赋云：

> 云想衣裳花想容，春风拂槛露华浓。
> 若非群玉山头见，会向瑶台月下逢。
>
> 一枝红艳露凝香，云雨巫山枉断肠。
> 借问汉宫谁得似，可怜飞燕倚新妆。
>
> 名花倾国两相欢，长得君王带笑看。
> 解释春风无限恨，沉香亭北倚阑干。

　　"龟年捧词进，上命梨园弟子约略词调，抚丝竹，遂促龟年以歌，妃（一本作太真妃）持颇黎七宝杯，酌西凉州葡萄酒，笑领歌，意甚浓。"

　　这一段记载颇有名，唐玄宗把牡丹、杨贵妃、李白的诗并列，可见他心目中牡丹的地位。

　　《开元天宝遗事》记：

　　明皇与贵妃幸华清宫，因宿酒初醒，凭妃子肩，同看木芍药，上亲折一枝与妃子，递嗅其艳，曰：不惟萱草忘忧，此花香艳，尤能醒酒。

又记：

　　上赐杨国忠木芍药数本，植于家，国忠以百宝装饰栏楯，虽帝宫之内，不能及也。

　　皇帝特爱牡丹，并折牡丹给爱妃、赐给大臣，可见其对牡丹之重视。杨国忠在家中植牡丹，又饰以百宝栏檐，又可见牡丹花之珍贵。

　　《酉阳杂俎》记云："开元末，裴士淹为郎官，奉使幽翼，回至汾州众香寺，得白牡丹一窠，植于长安私第，天宝中为都下奇赏，至德中，马仆射又得红紫二色者，移于城中。"

　　开元年间，宋单父培植高品质的牡丹成功后，先在骊山植万本，同时植于宫廷，再至皇亲国戚之宅院，继之寺宇道观、大臣私第，牡丹已遍地开花，而且使观赏者"遨游之士如狂"。唐文宗时宰相舒元舆《牡丹赋并序》记武则天引牡丹至长安后："由此京国牡丹，日月浸盛，今则自禁闼洎官置，外延士庶之家，弥漫如四渎之流。不知其止息之地，每暮春之月，遨游之士如狂焉。亦上国繁华之一事也。"

开元盛世，牡丹系之。牡丹正当继续向民间浸盛之时，遇到了"安史之乱"，乱世，牡丹是不盛的，牡丹的"浸盛"也稍减。到了唐宪宗时代，唐朝出现了"元和中兴"，唐王朝又一次盛起来，牡丹花也出现了第二个盛世，连佛宇道观都种满了牡丹，并一致称之为"国色"，诗人歌之，画家图之，举国游尚牡丹如狂潮，弄到不耽玩者为耻的地步。

《剧谭录》记：

京国花卉之辰，尤以牡丹为上，至于佛宇道观，游览者罕不经历。慈恩浴堂院有花两丛，每开及五六百朵，繁艳芬馥，近少伦比……牡丹之盛，盖亦奇矣……

据《酉阳杂俎》记，韩愈之侄不愿做官，却有一手种植变易牡丹的技术，他能使牡丹变色，并把韩愈诗"云横秦岭家何在，雪拥蓝关马不前"十四字影印在十四朵牡丹花上，致使韩愈"大奇之"。

《杜阳杂编》记：

穆宗皇帝殿前种千叶牡丹，花始开，香气袭人，一朵千叶，大而且红，上每睹芳盛，叹曰：人间未有。

《国史补》记：

长安贵游尚牡丹，三十余年，每春暮车马若狂，以不就观为耻。

观牡丹"车马若狂"，"不就观为耻"，问题竟严重到这个地步，可见当时牡丹盛到什么程度了。诗人咏牡丹诗骤然多起来，几乎没有一个诗人不咏牡丹，且称之为"国色"。刘禹锡《赏牡丹二首》之一云：

庭前芍药妖无格，池上芙蕖净少情。

唯有牡丹真国色，花开时节动京城。

后来罗隐《牡丹》诗云：

当庭始觉春风贵，带雨方知国色寒。

宰相李德裕《牡丹赋》云：

……尔乃独含芳意，幽怨残春，将独立而倾国。

白居易写了十几首牡丹诗。其《西明寺牡丹花时忆元九》诗云：

去年题名处，今日看花来。一作芸香吏，三见牡丹开
……

《买花》诗云：

帝城春欲暮，喧喧车马度。共道牡丹时，相随买花去。贵贱无常
价，酬值看花数……家家习为俗，人人迷不悟。有一田舍翁，偶来买
花处。低头独长叹，此叹无人喻。一丛深色花，十户中人赋。

人人爱花买花，花价就贵，一丛牡丹花，竟抵上十户人家的赋税，
可见牡丹之贵。白居易的《牡丹芳》诗又记当时人游览牡丹如狂之状：

牡丹芳，牡丹芳……遂使王公与卿士，游花冠盖日相望。庳车软
辇贵公主，香衫细马豪家郎。卫公宅静闭东院，西明寺深开北廊。戏
蝶双舞看人久，残莺一声春日长。共愁日照芳难住，仍张帷幕垂阴
凉。花开花落二十日，一城之人皆若狂。

这位白居易，爱牡丹也如狂，据《云溪友议》记：“白乐天初为杭州刺史，令访牡丹履会花。”但当他看到一城人赏花“皆若狂”时，他又忧虑了：

三代以还文胜质，人心重华不务实。重华直至牡丹芳，其来有渐非今日。元和天子忧农桑，恤下动天天降祥。去年嘉禾生九穗，田中寂寞无人至。今年瑞麦分两岐，君心独喜无人知。无人知，可叹息，我愿暂求造化力，减却牡丹妖艳色，少回卿士爱花心，同似吾君忧稼穑。

因为人心爱花，乃至无人去过问农田，所以白居易想减却牡丹妖艳色，希望卿士们以爱花之心去忧农桑。从白诗中也可反观当时人对牡丹的迷恋程度。乃至于有人不见牡丹死不瞑目，《独异志》记：

裴晋公度寝疾永乐里，暮春之月，忽过游南园，令家仆童舁至药栏，语曰：“我不见此花而死，可悲也。”怅然而返。明晨报牡丹一丛先发，公视之三日乃薨。

裴度是元和中兴的著名贤相，关心国家兴亡和民众疾苦，但死时是看着牡丹而死的。可见当时人对牡丹的爱之入髓程度。《摭异记》中还记有一则故实：

太和开成中，有程修己者，以善画得进谒。修己始以孝廉召入籍，故上不甚以画者流视之。会暮春，内殿赏牡丹花，上颇好诗，问修己曰：“今京邑传唱牡丹花诗谁为首？”修己对曰：“臣尝闻公卿间多吟赏中书舍人李正封诗，曰：‘天香夜染衣，国色朝酣酒。’上闻之，嗟赏移时。

李正封诗中最早把牡丹称为"天香国色"，延续至今。牡丹花如此之盛，如此之美，如此为人所迷，从皇帝、后妃到亲王、宰相、将军，无不时时关心，并以诗歌咏之。诗人更不用说，画家画牡丹也就必然地出现了。

唐代高宗和则天皇帝之前，绝无一个画家画过牡丹，唐玄宗之后才有画牡丹的画家。见于记载的第一个画牡丹的画家就是边鸾，也是长安人。《历代名画记》中记他"花鸟冠于代"。而且张彦远还在宝应寺中见到边鸾画的牡丹。至宋代，边鸾的画还有三幅牡丹藏于御府（见《宣和画谱》）。唐人画牡丹屡见记载，但画迹已不可见了。可是唐墓出土的牡丹画，包括中宗时期墓室石刻中的牡丹至今仍可见，其牡丹花和叶都画得十分精确、生动。中唐之前的出土文物中，也绝无牡丹画。

唐代经贞观之治后，国家强大，人民富裕，喜爱牡丹只其一例。其实，唐人不仅爱牡丹花，也爱其他花。他们美化环境，文明天下，葩华秀茂，百卉众木，不可胜计。赏花玩鸟，成为一代人的闲情逸致。唐太宗李世民晚年爱在花园中玩鸟。有一次，他正在玩鹦鹉，听说魏征来了，他恐怕魏征说他玩物丧志，赶紧把鸟藏在怀里。

一代人爱花鸟，蓄之养之，赏玩不足，必歌以咏之，画以形之。花鸟画便正式形成一门画科，而不仅仅是人物画的配景了。《宣和画谱》记载的花鸟画家即始于唐。唐代画家画花鸟积累了很多经验，为五代画家画花鸟取得更大的成功奠定了基础。后代画花鸟的画家无不以五代的徐熙和黄筌为两大宗师，徐、黄的成功正有唐人的基础。唐代兴起的花鸟画科，正是唐人喜爱花鸟的结果，如前所述，唐人爱牡丹爱到发狂的地步，正可见其一斑。

八、佛教绘画何时传入中国？
对中国绘画有何影响？

佛教传入中国，佛教艺术便同时传入了中国。佛教何时传入中国？说法不一。据《三国志·魏志》注引《魏略》云"汉哀帝元寿元年（公元2年），博士弟子景卢受大月氏王使尹存口授浮屠经"，当为中国人知佛经之始。但《魏书·释老志》谓："中土闻之，未之信也。"可见当时流传极微，亦非官方传入。又云："后孝明帝夜梦金人，顶有白光，飞行殿庭，乃访群臣，傅毅始以佛对。帝遣郎中蔡愔、博士弟子秦景等，使于天竺，写浮屠遗范。愔乃与沙门摄摩腾、竺法兰东还洛阳。中国有沙门及跪拜之法，自此始也。愔又得佛经四十二章及释迦立像。明帝令画工图佛像，置清凉台及显节陵。"大概汉明帝听到一些佛的消息，认为可以利用，便言梦云，于是派人去天竺取经，同时带来了释迦像，佛教方正式地由官方传入了中国，佛教艺术也同时传入中国。蔡愔所得"释迦立像"，据《历代名画记》卷五所载是"天竺国优瑱王画"。

当时及稍后记载画佛像者颇多，《后汉书》卷一一八亦记云："明帝梦见金人长大，顶有光明，以问群臣，或曰：'西方有神名曰佛，其形长丈六尺而黄金色。'帝于是遣使天竺问佛道法，遂于中国图画形像焉。"而且，明帝时及其后图画佛像者，十分兴盛。《魏书·释老志》

云："自洛中构白马寺，盛饰佛图，画迹甚妙，为四方式。"明帝的使者蔡愔、秦景自天竺回来时，以白马驮佛经，一至洛阳时，明帝就建白马寺，凡寺必有佛像，"为四方式"，可见四方各地都师法白马寺，"盛饰佛图"。且"画迹甚妙"，指的当是不同于中国常见的画法。

佛教画在东汉时传入中国，记载颇多，昭昭明甚，但是盛还在魏晋南北朝以至唐代。沈约《枳园寺刹下石记》有云："佛教东流，适未尤著，始自洛京（魏晋），盛于江左（东晋）。""南朝四百八十寺，多少楼台烟雨中。"这是唐人杜牧过南京时的诗句，实际上，梁武帝时江南地区有寺二千八百余，仅建康（南京）一处就有寺五百余。同时的北魏"寺院三万有余"，僧尼二百余万（见《魏书》）。有佛寺就必有佛教艺术，佛教又叫像教，佛寺中必有佛的塑像或画像。北魏人杨衒之的《洛阳伽蓝记》一书，不但记载当时佛寺之盛，佛像及佛画之多，亦记佛画"云气画彩""辉赫丽华"之状。

用不着再去稽查文献，现存的佛教艺术遗迹已经十分惊人，从西北新疆到甘肃、宁夏、陕西、河南、河北、山西、山东，直到东南江苏、浙江、福建，再到江西、广西、四川直至西南云南，北至内蒙，东北到辽宁，佛教艺术遗迹无处不存。从现存遗迹的时代和走向考查，主要来自西北路线（丝绸之路），其次还有从锡兰（斯里兰卡）到青岛和广州，从尼泊尔到西藏，从缅甸到云南三条路线。佛教艺术遗迹最早的是东汉（新疆地区），其次是前秦、北魏（甘肃），由西北向内地再至沿海地区渐次渐进，显示出从印度一带渐渐传入内地的明显脉络。

现存的佛像，仅龙门一处就有十万余躯，现存的佛教壁画，仅敦煌莫高窟一处就有四万五千多平方米（塑像尚不计），历代天灾人祸、淹没毁坏以及被盗者尚不计其内。据记载，隋文帝佞佛还不算最厉害，他在位的二十几年中，就妆修前代佛像一百五十余万尊，新建佛像十余万躯。从佛教艺术传入中国至唐代近千年中（宋代以后且不计），佛教艺术在中国占有何等的比重和地位啊！这也可以算作佛教艺术对中国艺术的影响之一吧！按佛教艺术中除了壁画和画像外，主要是雕塑，当时的雕塑上皆以颜色描画，也是离不了画的。这些画的粉本皆直接或间接地来自外国。据《魏书·释老志》记云："太安初，有师子国胡沙门邪奢遗多、浮陀难提等五人，奉佛像三，到京都……又沙勒胡沙门，赴京师致佛钵并画像迹。"《洛阳伽蓝记》卷一记"城内""外国所献经像皆在此寺"。不但粉本来自外国，且有外国画家（画僧）参加绘制。新疆克孜尔千佛洞始建于东汉末，据格伦威德尔(Grunwedel)在《古代库车》一书中记录一张用藏文标注的克孜尔千佛洞地图，其中谈到有来自叙利亚、印度和耶稣圣地的画家在克孜尔作画的事实。姚最《续画品》记到"释迦佛陀，吉底俱，摩罗菩提。右此数手，并外国比丘，既华戎殊体，无以定其差品。光宅威公，雅耽好此法，下笔之妙，颇为京洛所知闻"。据张彦远《历代名画记》和《续高僧传》所载，这位释迦佛陀是天竺人。其画法"既华戎殊体"，说明和中国传统画法完全不同。威公是中国人，"雅耽好此法"，说明中国人亦作印度画，且颇为京洛所知闻，影响并非太小。

见于记载的中国画家第一个画佛像者是汉末至三国吴人曹不兴，之后的大画家如卫协、戴逵、戴勃、顾恺之、曹仲达、陆探微、张僧繇，直至唐吴道子、王维、周昉等无不以画佛像为能事。这也是佛教画的影响之一。

佛教画对中国画的影响还有很多方面，择其要而言之：

一、首先，增加一个新的画科，而且绝对压倒其他。其次，从以上所述可知，寺院如此之多，佛画如此之盛，需要的画家和画工又是何等之多。中国的绘画由民间走入宫廷，再大量地引向民间，由佛寺承担，培养了一批又一批庞大的绘画队伍。有人说，唐代以前的绘画主要是佛教绘画，绘画是为佛教服务的，这话是有根据的。佛教画传入中国之前，中国绘画没有什么主流。有之，不过是孝子、圣贤、神灵，或狗马、鬼魅而已。佛教画传入后千余年间，一直占居中国画坛的主流。自佛教画传入后，中国画的发展，愈来愈快，当然，这也是佛寺的经济力量支持所致。

　　二、把佛塑或画成偶像供人们崇拜，这类形式在汉代以前还没有，中国的皇帝或儒、道祖师，虽也如宗教一样被崇拜，但没有作偶像形式者。佛教画传入中国后，"历代帝王像""孔子像""老子像"等皆效其法，于是出现了一种新的形式。但印度的佛教艺术，早期也没有主佛像，只表现佛说法的场所，列听法者于其左右前后而已。至希腊人来印度，创犍陀罗艺术，才以希腊神像为范制作佛像，且面部形象等也全是希腊样式。犍陀罗艺术起止期正和西、东汉时差不多。所以，中国早期的佛教艺术（绘画和雕塑）虽从印度传来粉本，但以平而直的鼻子为显著特征的形象，并非印度式的，而是希腊式的。所以，佛教艺术传入后，又一度给中国艺术带来了希腊风格。

　　三、上古之中国画基本上是勾线后淡淡地平涂一层颜色，被称为"迹简意澹而雅正"。从现存克孜尔或敦煌莫高窟早期佛教画看来，使用一种近乎今之水粉的画法，画的效果也似水粉画。或使用晕染方法，即先用粉调少许赭红（成肉色），平涂，然后再在肉色底子上，以赭红色由外向内晕染，越向内越接近于肉色，最后再以原肉色接染，形成凹凸画法，具有很强的立体感。这些画法都是中国所没有的。所以，梁张僧繇在建康一乘寺用这种晕染画法画出花的凹凸感时，一时震动颇大，乃至于一乘寺也改名为凹凸寺了。但中国早期的佛教画，虽从外国传来，然其作者多是中国画家，所以，一开始也就糅进了传统的画法，尽管是用很厚的颜色晕染，仍然是先勾线条，衣纹或背景更是传统成分居多。而且，愈到后来，这种外来的画风愈被传统画法所改造，到唐代，已完全变成了中国作风的画法了。但在互相改造的过程中，也都互相吸收，唐宋的绘画就比以前丰富得多（据学者们研究和文献记载，印度阿旃陀后期的艺术也有中国画家参加制作）。当然，这些都主要在佛教画方面，至于它对整个中国画影响的深度和广度以及最后结果等方面，还有很多问题值得研究，宜作另论。

（1982年3月撰，《古代艺术三百题》，1985年，上海古籍出版社）

九、逸品美学观的确立及影响

孔子和庄子都把艺术规定在"游"的范围内，"逸品"的提出和确立也就是必然的了。什么叫逸品呢？我们先看看哪些人提出"逸品"，他们是如何解释的。

现在最常见的"画品"著作中，谢赫《画品》把画分为一至六品六个等第。姚最《续画品》则不分等次。直至唐李嗣真品评诗书画时，才开始出现"逸品"。李嗣真（？～696年），《旧唐书》和《新唐书》上皆有名，《旧唐书》卷一百九十一记李嗣真是彦琮之子，滑州匡城人，博学晓音律，兼善阴阳推算之术。曾任右御史中丞，死后赠御史大夫（故张彦远称之为李大夫），撰有《诗品》《画品》《书品》等。[①]现在流行的李嗣真《续画品录》乃伪作。他的《画品》原著今已佚，《历代名画记》中引用其部分内容，只有上品、中品、下品的次第。但他的《书后品》一书仍可见到[②]，其序有云："吾作《诗品》……及其作《画评》，而登'逸品'数者四人。"他说的《画评》即《画品》，

---

①《新唐书·艺文志》上载有："李嗣真《诗品》，一卷（艺文四）"，"李嗣真《画后品》一卷（艺文三）"，"李嗣真《书后品》一卷（艺文一）"。

②见《法书要录》卷三。

可知确实有"逸品",列其四人,其《书后品》也首列"逸品"五人,李斯居首,被评为"古今妙绝""学者之宗匠""传国之遗宝"。次列"张芝、钟繇、王羲之、王献之",评为"旷代绝作"。逸品之后,又列"上上品、上中品……下下品"共九品。又称"逸品"是"超然逸品"。可知,李嗣真的"逸品"乃指最高的品第。谢赫的《画品》把陆探微列为第 品中第 人,并说:"上品之外,无他寄言,故屈标第一等。"意思是说:上品之外,已无等第,只好委屈列于第一等。李嗣真的"逸品"实际上就是上品第一等之上的等第。但却和后来人所说的"逸品"有一定区别。

到了朱景玄,著《唐朝名画录》,分"神、妙、能、逸"四品,其序云:"以张怀瓘《画品断》神、妙、能三品,定其等格上中下,又分为三。其格外有不拘常法,又有逸品,以表其优劣也。"张怀瓘是唐开元(713～741年)中翰林院供奉①,著《画断》《书断》。《书断》今尚存,②可以见到其分神品、妙品、能品,但却无逸品。

朱景玄是唐元和至会昌(806～840年)时人③,所著《唐朝名画录》是一部绘画断代史。《新唐书·艺文志》称"朱景玄《唐画断》三卷",即《唐朝名画录》也。他把唐代画家的各类画分为神品、妙品、能品,每品中又分上、中、下三等。最后又列"逸品"三人为王墨、李灵省、张志和。逸品则不再分上中下等次,所记神品上、中较详,能品极简,唯记逸品又详。所记逸品画,其一是画家为人超逸,其二是画法超逸,皆不同流俗。记王墨"多游江湖间……性多疏野,好酒,凡欲画

①《新唐书》卷五十七《艺文一》有"张怀瓘《书断》"原小字注:"开元中翰林供奉"。

②见《法书要录》卷七、八、九。见人民美术出版社,1984年版. 221～315页。

③朱景玄,《全唐文》卷七六三有名,《全唐诗》卷五四七谓:"朱景玄,会昌时人,官至太子谕德,诗一卷,今存十五首。"他在《唐朝名画录》"吴道玄"条中自云:"景玄元和初应举,住龙兴寺。"由是知活动于元和至会昌时,即806～846年也。《新唐书·艺文志五》也称其"会昌人"。

图幛，先饮，醺酣之后，随其形状，为山为石，为云为水，应手随意，倏若造化。图出云霞，染成风雨，宛若神巧。俯观不见其墨污之迹，皆谓奇异也"。记李灵省"落托不拘检""但以酒生思、傲然自得"，"一点一抹，便得其象，物势皆出自然"，"符造化之功，不拘于品格，自得其趣尔"。记张志和"号曰烟波子，常渔钓于洞庭湖"；"颜鲁公典吴兴，知其高节，以渔歌五首赠之，张……皆依其文，曲尽其妙，为世之雅律，深得其态"。并总结说："此三人非画之本法，故目之为逸品，盖前古未有之法也。"以上可见朱景玄心目中"逸品"的含义。其重要特征是"非画之本法"且又超逸。评价虽高，但却放在最末，实是放在三品之外。他似乎还是承认正规的严谨的神品画为最高，这和李嗣真把"逸品"列为超出上品之上的最高品第有所不同。但李嗣真的"逸品"并非指"非画之本法"，它实际上相当于朱景玄的"神品"。

自张怀瓘、朱景玄之后，刘道醇作《五代名画补遗》《圣朝名画评》等，皆以"神品、妙品、能品"相区分，但却无"逸品"。刘还在《圣朝名画评》序中说："夫善观画者……揣摩研味，要归三品，三品者，神妙能也。"也没提到"逸品"。其原因大约有二，一是他所见到的画中，确实没有逸品；二是可能感到"逸品"既不能放在神品之上，而放在三品之后，又似不妥，所以干脆不列。

对逸品作恰如其分的解释，且又放在最崇高地位者是黄休复。黄所作《益州名画录》一书前有李畋的序，写于"景德二年五月二十日"即公元1005年北宋真宗时。序中又说黄休复所录之益州（成都）名画"自李唐乾元初，至皇宋乾德岁"即公元758～968年，又谓："迨淳化甲午岁，盗发二川，焚劫略尽，则墙壁之绘，甚于剥庐，家秘之宝，散如决水……黄氏心郁久之，又能笔之，书存录之也。""淳化甲午"即994年，"盗发二川"即王小波、李顺率领的农民起义。因此，损坏了很多壁画，黄休复记录下来，便成就了这本《益州名画录》。是知其书写于994年至1005年之间。

《益州名画录》将画家和画分为"逸格、神格、妙格、能格"四格，也就是四品。其"逸格"仅1人，"神格"2人，"妙格"又分上品7人，中品10人，下品11人，能格又分上品15人，中品5人，下品7人。逸、神、妙、能诸格等而次之，逸格不居三格之外，而居四格之首。李嗣真曾将"逸品"放在最崇高地位，但他的"逸品"和黄休复的"逸格"意义完全不同。因而，实际上将"逸格"确立为正规绘画且放在首位的，乃是黄休复。

黄休复对于"逸品"所下的定义是：

"画之逸格，最难其俦。拙规矩于方圆，鄙精研于彩绘。笔简形具，得之自然。莫可楷模，出于意表。故目之曰逸格尔。"

这段话意思是：画中逸品，最难达到。因为它不拘于常规（没有固定方法），也不精研于彩绘。笔很简但形皆具，得之自然，不是硬学可以得到的，而是出于意想之外的。黄休复所说的"逸格"就是朱景玄心目中的"逸品"，但他解释得更具体。黄所说的"神格"也就与朱所说的"神品"相同。黄认为神格画"应物象形，其机迥高，思与神合，创意立体，妙合化权"。神品画不是"笔简""自然"的，但要象形，且思与神合等等，也就是一般人认为的"正规"作品中最好的。即是类于荆浩、李成、范宽等人的作品。妙品、能品又居其次，但妙、能二品中又各分上中下三等。黄休复在论到"逸格"的唯一画家孙位时，说他"性情疏野，襟抱超然"，"禅僧道士常与之往还"，可见其人品是超逸的。"非天纵其能，情高格逸，其孰能与于此耶？"孙位的画"皆三五笔而成"，"掇笔而描，如从绳而正矣"。可见是笔简形具，得之自然的。

黄休复把逸格列为第一，神、妙、能次之的排列法一出，遂成定论，后世鲜有不从之者。纵偶有异论，终不能动摇之。但黄休复这种思想并不是第一次出现，唐代张彦远的相同思想就早于黄氏百余年，只不过张彦远没用"逸品"，而用"自然"一词。他在《历代名画记》卷一中说："夫画物特忌形貌采章，历历具足，甚谨甚细。""夫失于自然而后神，失于神而后妙，失于妙而后精，精之为病也而成谨细。自然者为中品之上，神者为上品之中，妙者为上品之下，精者为中品之上，谨而细者为中品之中。"黄休复的"逸品"就是"得之自然"，这显然就是张彦远的"自然"。失去"自然"而后为"神品"，失去神而后为"妙品"，"精品"相当于"能品"，"谨细"相当于能品中的下品。从后面的品第看来，自然为上品之上，也就是黄休复的"逸品"地位。张彦远还说："余今立此五等……其间诠量，可有数百等。"也就是黄休复等人把妙、能品又分为上中下等品，黄休复的逸、神、妙、能四等显然来于张彦远的"自然、神、妙、精、谨细"五等。所以，第一个将相当于"逸品"的"自然"列为第一等的实际上应是张彦远。但张氏以"自然"为上的提法在唐代影响并不是太大，黄休复以"逸品"居首的提法在宋代及其后却影响巨大。从这里正可看出时代意识的重大变化，最应引起注意。

据我的研究，中国审美意识的总趋势沿着两条线一个方向向前发展。其一是文人思想渐趋雌化和阴柔化；其二是南方审美意识渐居主流，最后领导全国。而唐末五代是这个变化的重要时代，张彦远正处于这个变化的开端。在他的思想中，既有雄强和阳刚为主的艺术精神，站在文人士大夫立场上，一再强调"自古善画者，莫匪衣冠贵胄，逸士高人，振妙一时，传芳千祀，非闾阎鄙贱之所能为也"（《历代名画记》卷一）。又在评宗炳、王微时说："图画者，所以鉴戒贤愚，怡悦情性，若非穷玄于意表，安能合神变乎天机。宗炳、王微皆拟迹巢由，放情林壑，与琴酒而俱适，纵烟霞而独往，各有画序，意远迹高，不知画者，难可与论。"显然，张彦远认为绘画是文人的事，尤其是隐士型文人的事，隐士一般都是柔弱而乏于刚猛之气者，他们是文人中的阴柔类，绘画是他们用来"怡悦情性"的。既然是"怡悦情性"，就是随意自然的，草草点点、笔简形具，不可能十分认真严谨。所以，他把"自然"列为最高品第。当然这类画不可能是雄强刚猛的，应该是属于雌弱阴柔的。但是唐代的传统意识仍然是以雄强和阳刚为美的主流，如现在仍可见到的唐陵石雕、颜真卿的书法等皆然。传统的大习惯在张彦远思维中仍占很强地位，所以，他虽开始感觉到应以"自然"为美，但仍不好意思把宗炳、王微这类画列为最高品第，只是暗暗地鼓吹，并说："以俟知者。"（见《历代名画记》卷七"王微"条）他列为最高品第的，仍是吴道子雄强的、阳刚的绘画，并加以正面鼓吹。其实吴道子既不是岩穴之士，作画也不为"怡悦情性"，而且正是文人们反对的职业画家。这正是张彦远思想中的矛盾。因为社会的审美意识仍保留着"正规"、雄强、阳刚为美的特点，所以，在极少数文人意识中出现以"自然"（逸品）为最高品第的思想在唐代就不能为全社会所接受。所以，张彦远的思想在唐代没有起到重要作用。

　　和张彦远同时的朱景玄虽然也是十分欣赏"逸品"，但他还没敢将"逸品"列为最高品第。只是列于三品之外，这也是囿于时代意识之故吧。

　　五代时，中国出现了特殊局面。五代占据北方，此外的十国有九国在南方，而南方又以南唐和蜀二国为主。这二国比较而言，稳定而富饶，是南方文化的大本营。五代时，汉文化第一次出现两个中心，这和南北朝不同。南北朝时，中国也分为南北局面，但北方是少数民族政权，汉文化的中心在南方，并没有出现两个中心。这与三国时也不同。三国时代实是军阀混战时代，最后只剩下三个政权，但仍以北方曹魏政权为主，其他只是军阀割据，地理因素对文化的发展还没有来得及起到作用，中国便统一了。五代十国，南北都是汉人，各自发展，出现了南北不同的局面。北方由于地理和人的性格因素，绘画风格是雄强、阳刚的，如荆浩、关仝的画；南方则相反，其画是温润、阴柔的，如董源、巨然的画。在创作上的区别，北方画是严谨的、认真的，南方画是随意的、抒情的。南方画以自然、平淡、天真为美。南方画都出现在唐、蜀二地，南唐以董源画为代表，蜀以孙位画为代表。孙位画就是黄休复列为逸格的唯一者，其画"三五笔而成"，比董源画更超逸。五代时，文学也以南方的唐、蜀最发达，蜀地"花间派词"，南唐李煜、冯延巳等都在文学史上占有重要地位。而北方大逊。

对北方产生更大影响的，是战乱带来的经济大破坏，这使本来就不如南方富丽的北方更加贫困了。经济贫困带来了文化贫困。到了宋朝，大文人几乎都出在南方，而且多出于原来唐、蜀的辖地。唐宋八大家，宋居其六，苏老泉、苏东坡、苏辙三家皆蜀人；欧阳修、王安石、曾巩皆江西人，江西正是五代时南唐的中心地，南唐曾两次迁都江西。其次宋代以黄庭坚为首的江西诗派当然也都是江西人（宋代唯一的一个诗派，只能在江西形成）。宋代四大书法家苏、米、黄、蔡也都是南方人。对后世绘画审美观产生巨大影响的欧阳修、苏东坡、米芾、黄庭坚、黄休复等都是南方人。

北宋都城在北方，文化中心也在北方，绘画上继承的也主要是北方的传统。但绘画审美标准却被南方这一批文人悄悄地树立起来了，欧阳修力主"萧条淡泊"，"闲和严静趣远"，"画意不画形"，"得意忘形"；苏东坡则尤倡"萧散简远，妙在笔画之外"，"绘画以形似，见与儿童邻"以及"平淡清新"；米芾则在南方极力鼓吹南方派董源的绘画，树立为最高标准，强调"平淡天真""平淡趣高""率多真意"；黄庭坚更鼓吹以禅入画；黄休复则以"逸品"为最高。而且这批文人也身体力行，米芾、苏轼等人的画，都三五笔而成，笔简意淡，且不拘常法，又以书法、诗文入画。元代的文化中心也在南方，钱选、赵孟頫、"元四家"皆南方人，高克恭也在南方做官。他们继承的便是苏、米这一批南方文人的审美观。明清因之。"明四家""清六家"都是南方人，明清大大小小画派全在南方，北方无一画派。所以，代表南方文人观点的"逸品"为首，神、妙、能居次的排列法自此就被确立起来，而且渐渐成为全国的标准。

这一标准的树立，对于中国绘画的发展，乃至于对中国的发展都有巨大的影响。首先是中国的绘画，尤其是文人画，大方向已趋于写意化，朝着笔简形具的逸品方面发展。宋代范宽的《溪山行旅图》、郭熙的《早春图》俱在，五代荆浩的《匡庐图》、唐代《虢国夫人游春图》等也尚在，从中可以看出，正规的绘画都是严谨、认真、不怕繁复，而决不是儿戏式的。嘉峪关出土的魏晋时墓室壁画是形简、写意式的，但那是民间画工的手笔，正规画家不会那样画。宋以后，禅画家们用大笔一扫一抹，顷刻画成，文人们作画更如儿戏。"元四家"都是力求笔简，且不是描画而是写意，并自称"逸笔草草"，绘画以潇洒为尚。倪云林的画之所以特受推崇，就是因为尤简且平淡。徐渭、八大山人的大写意画如果在唐代，人们不会以之为画，在后代却特受尊崇。中国绘画自此大写意居主流，近现代画家吴昌硕、黄宾虹、齐白石、傅抱石等皆然，但画家们都在"逸"上下工夫，形便退居其次了。西方画家努力写形，面对模特儿作真实刻画，而中国画家却逸笔草草。这在一方面，可使部分基本功很差的人藉为借口，胡抹乱涂，造成了绘画的堕退；另一方面，一部分真有艺术修养的画家可视形而不顾，直以笔墨抒写自己的真性情，使中国艺术更便捷地达到艺术的高峰。

最后还要说一下，所谓逸，就是神的最高雅之表现，也可以说逸是神的精化和提炼。苏轼《书浦永升画后》中记孙位画水"尽水之变，号称神逸"，则神逸二字并用。"逸"的本义是超众脱俗。人之逸，不但有超绝之意，还有清高拔俗之意，画之逸同之。人之逸有两种，一是高逸，一是放逸。倪云林是高逸式人物，其画亦高逸；徐渭是放逸式人物，其画亦放逸。高逸趋予静，放逸趋于动；一动美，一静美。欲求画之逸，首先要求人之逸，否则便是缘木求鱼。这问题当俟另论也。

（原刊《书与画》1996年3月）

陈传席文集
Selected Works Of Chen Chuanxi

第二卷　古代艺术史研究

宋 辽 时 代

一、庆陵辽画及辽国两种形制绘画初探

艺术，早期的多一致性，后期的具多样性，这大约是艺术的自律性所致。但同一个艺术家作品风格的多样化必统一于其性格之同一化之中，同一个时代作品的多样化必统一于同一时代的气息之中，即使不同的画家艺术水平相差很大，甚至有大画家和民间画家之别，但时代气息仍是相通的，这是艺术作品的基本特点。可是，辽画，一个时代的作品却存在着两种形制，这似乎是个例外。限于篇幅，仅以具有原始气息的庆陵辽墓壁画《四季山水图》和较为成熟的法库叶茂台辽墓出土的《山弈候约图》作为探讨对象。

（一）

庆陵辽墓壁画出土于20年代初期，国内很少有人研究，介绍的文章也鲜见，只从某些索引上看到日本人有一些研究文章[①]，可惜除了题目之外，原文都未能读到，所以我对此多作一些考证和介绍。庆陵在辽代的

———————————

① （日本）田村实造、小林行雄：《庆陵》，京都大学文学部，1953年版。

庆州，即现在的内蒙古巴林右旗
白塔子之北。庆陵是辽代最兴盛
时期，即第六代圣宗、第七代兴
宗、第八代道宗的陵墓之总称。
《金史·地理志》云："（庆
州）北山有辽圣宗、兴宗、道宗
庆陵。城中有辽行宫。"三陵中
之东陵是辽圣宗的永庆陵，中陵
是兴宗的永景陵，西陵是道宗的
永福陵。其中圣宗永庆陵壁画保
存得最好，《四季山水图》就
在此陵之中室，东南壁之《春
图》、西南壁之《夏图》、西北
壁之《秋图》、东北壁之《冬
图》，皆高约2.70米，宽约1.85
米。

　　《春图》丘陵交错，土坡起
伏，野花杂草，丛树芦荻，中
有一溪流，水中有鹅雁类水禽
在嬉戏。上方画有装饰性的瑞
云，空中有飞鸟。《夏图》上部
中和下部左右各画一株大牡丹，
红白两色。下部一小溪横过土
坡沼泽。大鹿带着小鹿在这里吃
草、休息。《秋图》是道地的山
水画，山似乱坟堆，前后左右交
错排列，平远景象，愈高愈远，
山上长木巨松，霜林红叶，群鹿

辽庆陵壁画　四季山水·春（部分）

辽庆陵壁画　四季山水·秋（部分）

辽庆陵壁画 四季山水·冬（部分）

　　庆陵辽墓壁画出土于20世纪20年代初期，《四季山水图》在辽圣宗永庆陵。这里所选的《春图》尺寸为260cm×177cm，在东南之壁；《秋图》尺寸为227cm×190cm. 在西北之壁；《冬图》尺寸为 209cm ×180cm，在东北之壁。《四季山水图》描写的是北方草原景色。

追逐、鸣叫，生动活泼。一条清溪从乱山中盘曲而出。天空中彩云、飞雁，装饰性颇强。《冬图》也是道地的山水画，以一条曲盘而出的流水为中心轴，左右各有五六重山丘，愈高愈远，满山长松巨木，山中群鹿或成队奔走，或立山头远望。

　　《四季山水图》所描写的正是北方草原景色，尤似庆陵附近之景。《夏图》中的牡丹也是辽时，尤其是墓主圣宗最为欣赏的名花。《辽史·圣宗本纪三》记："（统和五年）三月癸亥朔，幸长春宫，赏花钓鱼，以牡丹遍赐近臣。""（统和十二年三月壬申）如长春宫观牡丹。"《辽史》记载，圣宗死时，生前所用之物，以及服御、玩好之类，皆焚之，以供其在地下享用。则他死后，仍要在地下观赏牡丹。山中多鹿，为辽皇帝狩猎的主要对象。

　　《四季山水图》和法库叶茂台山水画《山弈候约图》完全异趣，后者形制近于五代，前者形制只类于六朝隋唐。前者画山石，仅用线条勾出大轮廓，无皴，亦无擦、点，线条生拙，无变化，只在大轮廓内略加晕染，基本上是平涂，且生涩。其形制、气息，不但没有到五代宋初，而且还远在隋朝展子虔的《游春图》之前。如前所述，其山丘如乱坟堆，虽有前后左右的安排，亦有一定的空间意识，但因表现力的拘限，空间感并不强。这一方面，似也落后于《游春图》，只和敦煌壁画中北周至隋初的山水画相仿佛。山水中勾画禽兽之属，也是六朝山水画之形制，且禽的羽毛详细，鹿的比例特大，虽不似魏晋时期的"人大于山"，但一只鹿也差不多有半个山头之大。只是画树较六朝时为先进，近于唐。而且整幅画的气息也较六朝先进一些，但比西安等地唐墓中的山水又要远古一些。全面地看，这些辽画属于汉画系统，它混合了六朝至唐初期间山水画的各种形制，师法汉画而止于唐初。

（二）

墓室壁画不是卷轴画，必创作于陵墓建成之后和墓主安葬之前。但有的皇帝在未死之前即建造陵墓，有的死后方建，这个问题首先要搞清楚。圣宗死于太平十一年（1031年）六月己卯，其长子宗真继帝位，即辽兴宗，同年六月改元景福。兴宗即位后，即"奉大行皇帝梓宫，殡于永安山太平殿"①。永安山在当时的辽中京大定府附近，辽首都原在上京临潢府，据《辽史·地理志·中京道》所记："圣宗尝过七金山（在中京大定府北）土河之滨，南望云气，有郛郭楼阙之状，因议建都，择良工于燕、蓟，董役二岁，郛郭、宫掖、楼阁、府库、市肆、廊庑，拟神都之制。统和二十四年，五帐院进故奚王牙帐地。二十五年城之……号曰中京，府曰大定。"辽统和二十五年迁都至中京大定府②。故圣宗死在当时的首都中京，灵枢暂殡于此。圣宗活着时，曾自选墓地。早在他

---

① 《辽史·兴宗本纪一》。

② 详见谭其骧《辽后期迁都中京考实》，载《中华文史论丛》1980年第2期及《辽金史论文集》。

迁都之前，曾过庆云山，因爱庆州奇秀，"圣示驻骅，爱羡曰：'吾万岁后，当葬此。'"①"兴宗遵遗命建永庆陵，有望仙殿、御容殿"②。从"遵遗命，建永庆陵"看来，永庆陵是在圣宗死后，即1031年6月之后才开始动工兴建，而不是在圣宗生前动工。据记载，兴宗于景福元年（1031年）秋七月"癸丑，诏写大行皇帝御容……丁巳，上谒大行皇帝御容，哀恸久之。因诏写北府宰相萧孝先、南府宰相萧孝穆像于御容殿……丁卯，谒太平殿，焚先帝所御弓矢……八月壬午，迁大行皇帝梓宫于菆涂殿。九月戊申，躬视庆陵"③。从以上记载可知，永庆陵地上建筑御容殿中本有圣宗和左右二宰相之画像，可惜今天已看不到了。直到八月壬午，兴宗才下令把圣宗灵柩从中京的太平殿迁到上京的菆涂殿，准备安葬。"十一月壬辰，上率百僚奠于菆涂殿……甲午，葬文武大孝宣皇帝于庆陵。"④从建陵到安葬只五个月时间，陵基本建好之后才能画壁画，可知壁画当创作于1031年夏历十一月前夕，即北宋仁宗天圣九年。其画大大晚于法库叶茂台山水画《山弈候约图》，然而其艺术形制却较之生拙幼稚得多。

（三）

《四季山水图》的作者决不会是低劣之辈，因为圣宗本人就是一位颇有造诣的画家⑤。继承圣宗帝位的兴宗也是一位"好儒术"的皇帝画家⑥。他们对绘画皆颇重视，自己又皆有鉴赏力。上京道是辽"太祖创

---

① 《辽史·地理志·庆州》。
② 《辽史·地理志·庆州》。
③ 《辽史·兴宗本纪一》。
④ 《辽史·兴宗本纪一》。
⑤ 《辽史·圣宗本纪一》。
⑥ 见《图画见闻志》卷六《千角鹿图》："皇朝与大辽国驰礼……庆历中，其主（原注：号兴宗）以五幅缣画千角鹿图为献，旁题年、月、日御画，上命张图于太清楼下，召近臣纵观，次日又敕中闺宣命妇观之，毕，藏于天章阁。"

业之地，负山抱海，天险足以为固……金龊一箭，二百年之基"①。这里自汉代之后，即和中原隔阂，加之地处偏僻，接受中原先进的汉文化较为缓慢。但由于汉文化的先进性，他们又不能不摹仿汉文化。当中原或江南的汉文化出现新的形制传到上京时，他们甚至来不及吸收，与此同时南方先进的汉文化又进了一步。文学上，南方的宋朝早已出现了词的形式，他们还只能模仿唐初的笔法，勉强地排比一些典故，写一些骈体文，技法生疏，艺术粗糙。至于不懂汉文的人，依靠翻译后再学习，就更落后。绘画上也同样如此。现在，再看一下法库叶茂台《山弈候约图》。《山弈候约图》，绢本，现存辽宁省博物馆②，1974年5月在辽宁省法库县叶茂台屯七号辽墓中出土，同时出土的还有一幅绢本花鸟画，关于这两幅画的研究和介绍的文章颇多，这里不多陈述。因为七号墓是辽景宗时期(969～983年)的墓葬，所以，《山弈候约图》的创作年代最晚不会迟于此时。但卷轴画不是墓室壁画，所以，学术界一致认为此图创作于辽早期，即相当于五代至宋初之时③。

其画法属于五代时的北方画派，和荆浩的画法大体相近，但也有别。传为荆浩的《匡庐图》④和文献上记载的荆浩画基本一致，其皴法线条硬而清晰，《山弈候约图》的皴笔却长而含糊。"荆浩善为云中山顶，四面峻厚"，"水际作突兀大石，自此趋劲硬"⑤以及有笔有墨等特点，《山弈候约图》皆似之。但荆浩的山水画基本上是水墨，无青绿重彩，荆浩甚至指摘李思训的青绿重彩是"虽巧而华，大亏墨彩"⑥。而《山弈候约图》则于远景和局部使用石绿石青等重彩。看得出作者在吸收五代北方山水画法的同时，还保留一些更早的著色法。这些都显示出

---

① 《辽史·地理志一》。

② 《艺苑掇英》第22期中有图。

③ 参见杨仁恺《叶茂台第七号辽墓出土古画考》，上海人民美术出版社，1984年6月版。

④ 《匡庐图》于宋代已被定为荆浩之作，画法必近于荆浩画，可作为荆浩画参考。

⑤ 宋·米芾《画史》。

⑥ 五代·荆浩《笔法记》。

辽 山弈候约图

该图与具有原始气息的《四季山水图》比较，则为成熟之作，画法类似五代北方画派荆浩之作，但它保留了一些比较早的著色法，显示出辽画的特色。

辽画的特色。但总的气息和五代北方画派相差不大，在当时来说，也是比较成熟的画风。

此画虽没有落款，从各方面考察，当出于辽统治下的汉人画家之手。

辽统治的区域内，不光是契丹人，还有很多汉人，辽建国初期，就大量吸收汉人参政。等到燕代十六州之后，原来的统治方法不能完全适用于具有悠久历史的汉文化地区，于是不得不采用"一国二制"的方法。

"至于太宗，兼制中国……以国制治契丹，以汉制待汉人。……因俗而治，得其宜矣。"①"国制"即原来的契丹制，仍以此治契丹，汉人地区仍以汉制相待，这就是"一国二制"。如果详细一点区分，实际上存在着一国三制，因为契丹原统治区内，还存在着原始部落制和奴隶制两种制度，但总体上还是二制。这"二制"区域内的人，有的自动迁徙，有的经辽统治者迁徙，在部分地区使之杂居、杂处，但仍"因俗而治"。而且汉族上层人物、知识分子负责汉制和治汉人，仍然不可能和契丹的下层人物完全杂处，所以，文化艺术上虽然互有影响，但不可能拉平，互相影响的区域也很有限。加之契丹人和汉人的气质之别，艺术上的区别总是很明显。

现在的法库县叶茂台地区地处当时的辽东京道，和当时上京庆陵地区大不相同。这里汉文化传统本来就十分雄厚，天显二年(927年)之后，才属于辽，"以渤海汉户建东平郡，为防御州。天显三年，迁东丹国民居之，升为南京"，"天显十三年，改南京为东京，府曰辽阳"②。地虽处于辽，但其文化还属于汉文化，和上京的契丹人学汉文化不同。故二地区别颇大，其艺术形制的区别也颇大。然而，东京道属于辽前后，毕竟也和中原文化隔绝了一段时间，所以，和当时先进的中原文化多少还

---

① 《辽史·百官志一》。
② 《辽史·地理志二》。

有点区别，只是不像辽文化中二种形制的区别之大而已。

辽一国二制，这二也就是一，所以，辽代一国中有两种气息和形制的绘画，正是一个时代的全面反映。

（原刊《故宫博物院院刊》1991年第2期）

二、论北宋中、后期山水画

　　历来的研究家都说北宋绘画如何如何伟大。宋画研究专家们主张研究中国古代绘画以北宋为中心，因为北宋绘画是中国古代绘画的最高峰。这些都是凭感情或耳食下结论，缺乏史料佐证。当然宋画的优点，本文不打算面面皆观。限于篇幅，仅就山水画谈谈宋代绘画的总趋势。

　　北宋中、后期山水画的总趋势，基本上可用"保守""复古"四字概括。其次还有一个"变异"的别派，却未形成主流。

　　其实，整个北宋的绘画也基本如此。我们说五代宋初山水画高峰，宋初的高峰实是五代上升的惯性。

　　从五代到南宋的山水画大家，如前人总结的那样，是荆、关、董、巨、李成、范宽、李、刘、马、夏，这里基本上都是五代和南宋的画家，和北宋中后期并无关涉。荆、关、董、巨实是五代四家，李成、范宽加上关仝，被郭若虚称为"山水三大家"，元汤垕则称李、范、董为"三大家"，并非"宋初三大家"，更非"北宋三大家"，关仝是五代初期人，董源是五代十国中的南唐人，李成主要活动于五代。如果把生于五代末的范宽算作五代遗响的话，则不仅北宋中、后期，实乃整个宋代山水画并无大家可言。

五代宋初 李成 读碑窠石图 绢本墨笔126.3cm×104.9cm,日本大阪市立美术馆藏。
李成(919~967年),字成熙,山东营丘（今淄博市北一带）人。李成的山水不同于略前的荆、关山水,乃是山东平原山水特色。图中碑侧有款,"王晓人物,李成树石。"

画风的成熟，往往也就是它的尽头。任何一种画风，发展到成熟的高度，再不变革，就会出现流弊，或者出现死气沉沉的状态。想一直保持这种成熟的高度是困难的。

五代宋初山水画成熟而达到一个高峰之后，后学者争相临摹。诚如郭熙总结的那句名言："齐鲁之士，惟摹营丘；关陕之士，惟摹范宽。"倒是这段画史中"保守"特征的实录。而且"齐鲁关陕，幅员千里，州州县县，人人作之哉"（见《林泉高致集》）。不过皆没有什么大的成就。

当时，惟摹范宽的代表画家有黄怀玉、纪真、商训等，"然黄失之工，纪失之似，商失之拙"（《画鉴》），都没有达到范宽的水平，更谈不上超越。这几位"惟摹"画家，连《宣和画谱》都不载，《宣和画谱》还特别提到商训，说他"不能造古人之兼长，谱之不载，盖自有定论也"。黄、纪二人，画谱连名字皆不曾一提。本文虽将提到这几位画家，乃是为了反映当时"保守""惟摹"的气氛才提到的。

惟摹李成的代表画家有许道宁、李宗成、翟院深等，然"许道宁得成之气，李宗成得成之形，（翟）院深得成之风"（《圣朝名画评》）。其中除了许道宁的画略有些影响外，余皆谈不上有什么大的成就。

后来，由于种种原因（详后），惟摹范宽的画家也不多了，保守"保"到惟守李成一家之法，直到中期之后的郭熙和王诜。但是这一段画史上并非绝无山水画。

在惟摹李成、范宽的风气下，略早于许道宁等人的倒有燕文贵、高克明、燕肃等，其山水画较有一些特色。燕文贵的山水画被时人称为"燕家景"。他的山水画质朴灿烂，直笔、曲笔、渴笔、破笔一齐来，似乎不是死守某一家，记载中说他的画学郝惠。郝惠并无大的影响。燕文贵的山水画之所以在当时有一些特色，乃因他能不随波逐流，不死守一家法。然而他的画，如果说是如何了得地突破了当时的习气，倒也未必。黄山谷《题燕文贵山水》云："《风画图》本出于李成。"其实，

五代宋初　李成
（传）晴峦萧寺图，绢
本设色，111. 8cm×
56cm，现藏美国纳尔逊
艾金斯美术馆。

沈括《梦溪笔谈》
云李成"画山上亭馆之
类，皆仰画飞檐"，在
此图中完全可以证其
实。到了宋中后期，
"惟摹李成"成为一种
风尚。

五代宋初 李成（传） 乔松平远图，绢本墨笔. 205.6cm×102.1cm. 日本澄怀堂文库藏。

　　《圣朝名画评》把李成列为"神品"，称其"咫尺之间，夺千里之趣"，"思清格老，古无其人"。

他们也并没有完全摆脱李成的影响。

高克明的画温润、整饬，亦不同于当时的画风。他也不惟摹李成一家，而是"采撷诸家之美，参成一艺之精"，而且特重生活，喜游佳山水，穷幽探绝，作画前胸中自有丘壑。当然，其最终成就仍不能和五代的一些画家相比。

值得注意的是宋代绘画，有一部分成为商品。燕文贵就是靠卖画发迹的，其后的许道宁售药时，随赠一张画，以吸引顾客购买他的药物。和燕文贵同时的佛道鬼神画家高益，开始也是卖药以自给的，也曾"每售药必画鬼神或犬马于纸上，藉以与之，由是稍稍知名"（《图画见闻志》卷三）。唐代之前，佛教的需要，曾使一部分贫困的画家出卖劳动力。宋代开始，绘画成为商品，一部分画家可以靠出卖自己的劳动而生存（当然画家出卖劳动力的事还是有的），宋、元以降，尤其是明、清时期，绘画品变成商品，很多文人画家完全靠卖画为生。但是历来的绘画商品化，都不能使绘画的艺术性提高，而是绘画的艺术性增高了它本身的价值。这一点，从下面分节论述中，可见一斑。

这一时期的文人作画自娱者有燕肃、宋澥等人，不过成就皆不是甚高。

所以，这一时期，绘画基本上处于保守阶段，略有特色的画家只是少数，特色也不算太突出，成就也都没有赶上李成。宋人记述自己那个时代的山水画谓："李成一出，虽师法荆浩而擅出蓝之誉，数子之法遂亦扫地无余。如范宽、郭熙、王诜之流，固已各自名家，而皆得其一体，不足以窥其奥也。"（《宣和画谱·山水叙论》）最为可信。李成的影响在宋代一直不衰，压倒其余。而北宋中、后期的山水画家，较为出色一点，数来数去，也只能数到郭熙、王诜。郭熙是宗法李成的，王诜前半生也是宗法李成的。郭熙学李成偏于圆浑，王诜学李成偏于尖锐。郭熙总结前人的山水画创作，写出了《林泉高致集》这样杰出的山水理论著作（经其子整理而出）。北宋中期后，《林泉高致集》的出现正是山水画成熟之后的产物。郭熙在画史上的地位如果说超过了王诜，主要依靠他的山水画论。从《林泉高致集》中可以看出，郭熙已认识到保守问题的严重，他对这种州州县县都"惟摹"的风气，发出了深深的感叹，并表示十分不安。除了以上所引诸论以外，他还说："一己之学，犹为蹈袭"，"专门之学，自古为病，正谓出于一律"。郭熙开始研究古人，他主张取法古人，并要求"不局于一家，必兼收并览，广议博考，以使我自成一家。然后为得"。而且他还主张取资"晋唐古今诗什"，"古人清篇秀句'，"有发于佳思"。可惜郭熙在创作实践中仍未能跳出李成的窠臼，但他已成为李成众多"弟子中最著者也"（《画鉴》）。郭熙的画在哲宗朝遭到复古派的扼止。他主张取法古人的设想却在哲宗朝于另一炉灶上轰胀起来。

王诜比郭熙年轻，他在后半生成了复古的排头兵。

这里必须绕一个弯子先谈谈"复古"的一些问题。

李成的画风笼罩着山水画坛，一直到宋神宗时代仍在继续。到了哲宗朝，山水画突然发生了大的变化，犹如一个"丁"字形的三岔口，猛地冲出一个"变异"别派（详后），其主流方向却进入复古的道路。背景大抵是这样的：

哲宗继位时，皇宫实权控制在保守派手中，保守派首领司马光推荐程颐为崇政殿说书，给年轻的哲宗讲学。程颐以老师自居，对哲宗正色训诫，严禁新法，一切都要用古礼，而且越古越好，当时的崇古风气很重，这种崇古风气愈演愈烈，直到徽宗朝，连地下埋藏的古物都被挖出来，"于是天下冢墓，破伐殆尽矣"（《铁围山丛谈》卷四）。"……一旦遂复古，跨越先代"（同前）。在艺术欣赏上，他们也同样崇古、"好古图"。《画继》所记，神宗死后，哲宗即位，把原来殿中郭熙的画全部取下，扔到退材所里去，甚至用来作抹布"揩拭几案"，然后"易以古图"，即在官殿中悬挂古代画以取代今画。皇宫的好恶，决定画院画家们的风尚。画院画家就是官庭御用画家，必须投合皇室权人的情趣，按照皇室的旨意创作，否则便必须离去，《画继》卷十有谓："图画院，四方召试者源源而来，多有不合而去者。盖一时所尚，专以形似，苟有自得，不免放逸，则谓不合法度。或无师承，故所作止众工之事，不能高也。"源源而来的四方画家，复又离去者，乃因画院中不能自由创作。所谓"合法度"，也包括着合于皇室的"法度"。画院画家创作甚至要先呈稿，经皇帝审核后，才能落笔。徽宗朝，皇帝还"时时临幸"，检查绘画，"少不如意，即加漫垩，别令命思"（《画继》）。所以，哲宗朝权人好"古图"，决定了画家必须好古、复古的风尚。

生长于哲宗朝，而成熟于宣和年间和南宋初期的一些画家，他们的名字不再是"宗成""效成""希成"（《画继》和《图绘宝鉴》记其"慕李成，遂命之"），而是"复古""希古""宗古"。如李唐[①]，字晞古，（既唐又晞古），郑希古、侯宗古、刘宗古、马宗古、张宗古、宋复古（此位是文人画家，且略早，或不足为训）、戴复古、王遵古。其后还有贾师古等等，还有苏汉臣、胡舜臣、马兴祖、夏禹玉等等（见《画继》《图绘宝鉴》《画继补遗》）。可见"复古""宗古"的气氛何等的浓烈，又何等的时髦啊！

文人的名字中用"古"字虽不太多，亦非太少。但王诜、李公麟等文士更是十分崇古的。《铁围山丛谈》卷四记："元丰后，又有文士李公麟复出，公麟字伯时，性希古。则又取平生所得暨其闻睹者，作为图状，说其所以，而名之曰《考古图》。"宋徽宗也"仿公麟之《考古》，作《宣和殿博古图》"。并把殿阁取名为"稽古、博古、尚……"

绘画中的"古"就是着色山水或谓青绿山水。荆浩说："夫随类赋彩，自古有能。如水晕墨章，兴吾唐代。"

诞生于中唐的水墨山水，其后发展甚速，画家几乎都转向水墨山水，至唐末五代画家很少有作青绿着色山水了。董源自发胸臆的是喜作

---

① 李唐死于南宋，大半生在北宋度过。详见拙作《李唐生卒年考》用"弃病"笔名发表于《美术研究》1984年第4期。又，晞古是地古的敬仰意。

水墨山水，但他也画一点青绿山水，"盖当时着色山水未多，能效思训者亦少也。故将以此得名于时"（《宣和画谱》）。五代时，能效李思训而画着色山水者已经不多了。宋初几乎无人问津。标程百代的"三家"到郭熙皆作水墨山水，而无一作青绿山水，在复古风气下，画家学古不学今，抛弃了郭熙，上追范宽、荆浩、张璪、王维，还不肯止，直追到李思训，非"大青绿"不谓古也。

北宋的山水画由早期的一致宗法李成（营丘）到后期一窝蜂地追随李思训（将军），苏东坡最是可靠的见证人，他在《王晋卿所藏著色山二首》中的第一首诗云：

漂渺营丘水墨仙，浮空出没有无间。

迩来一变风流尽，惟见将军著色山（一本作"谁见"）。

————《苏东坡全集》卷十七

这首诗的意思很明白，是说李营丘的水墨画曾一度风靡一世，但近来（迩来）这种独尊画坛的风气已改变了（风流尽）。所能见到的惟有李将军思训一派的青绿着色山水。

《苏诗补注》卷三十一中还有《书王定国所藏王晋卿画著色山水二首》，可见王诜（晋卿）也画青绿着色山水了。但是王诜在神宗朝也是学李成，作水墨山水画的，且学得很像。《画继》谓其："墨作平远，皆李成法也。"米芾《画史》谓："王诜学李成……亦墨作平远。"哲宗朝元年初，王诜四十余岁，元祐八年时尚健在。在哲宗朝崇古风气感召下，王诜也开始作青绿着色画。《图绘宝鉴》记王诜"又作着色山水，师李将军"。米芾《画史》记其亲见王诜画"皴法以金碌为之，似古"。《画继》所载因之。《书画舫》记其所见王诜画："金碧绯映，风韵动人，不知者谓'李将军思训笔，晋卿题为己作'，殊可笑也。"（据《式古堂书画汇考》画部卷十二转引）和王诜同时的黄山谷说："王晋卿画山石云树，缥缈风埃之外，他日当不愧小李将军。"黄山谷

五代宋初 范宽 溪山行旅图，绢本墨笔，206.3cm×103.3cm，台北故宫博物院藏。

范宽（约967年前～约1027年之后），字中立，华原（今陕西县）人。他的山水画始学于李成、荆浩，后来主要师造化。其画突出的特征是雄强浑厚、峻重苍老、深沉健壮。从这幅画中可以看出，其铁一般的线条，均直方硬，其皴法一般称为"雨点皴"，以点攒簇而成，如雨点一样密集，是北方派山水典型风貌。

和王诜经常在一起厮混，其语最可信。可见王诜已恢复古法，直追唐初李将军矣。

王诜的青绿山水今已不可寻。但现存的画迹中，属于哲宗朝之后的北宋山水画，几乎都是大青绿山水画。王希孟的《千里江山图》，佚名的《江山秋色图》，乃为常人所知。还有《万壑松风图》《长夏江寺图》《江山小景图》等等，皆着色山水，而非水墨山水，乃为明证。这一批青绿山水在哲宗朝之前是不可能出现的。大青绿为时人所尚，连当时的文人也认为正规的山水画应以青绿为宗归。苏东坡《跋宋汉杰画》云："若为之不已，当作着色山也。"可见当时的风尚，皆视"着色"山水为高古。

李唐在哲宗朝就摹古，徽宗朝初期，他已是摹古的能手且颇富名气。摹古的风气，自哲宗朝大盛，愈演愈烈，至北宋灭亡，这股复古之风也就停止了。南宋开始了李唐的水墨苍劲派画风（李唐也抛弃了大青绿）。其中原因，我将另文道出。

五代时期，山水画蓬勃发展，跃居画坛首位。何以到了宋代走上了保守和复古的道路呢？其原因不可不考。上节披露其史实时，我已指出皇室好恶的影响等原因，但更基础的原因还是社会经济基础，时代的思想根源，包括其他的意识形态（如文学、史学）的相互影响。这里有必要先看画史上一个事实：

从山水画产生起，历代的隐士对山水画的发展贡献最大。山水画产生于晋宋时期，其山水画论之祖兼大山水画家宗炳、王微皆隐士；李思训曾一度被逐隐居，后虽身居庙堂而不为富贵所埋没，又时睹神仙之事，和隐士思想相通；王维、张璪皆隐士型；卢鸿"山林之士也，隐嵩少"（《宣和画谱》）；王洽、项容等"不知何许人"（同上），皆隐士而无疑；荆浩、关仝皆道地的隐士；董源身为北苑使的闲散官员，其思想尚乏文献可证，然其管理园林，一生与林园打交道乃可知；巨然是僧人；李成、范宽亦著名隐士。

就时代而论，晋宋天下大乱，名士少有全者，士大夫纷纷隐居山林，山水画兴起并大盛。中唐政治混乱，内外祸起，部分士大夫画家心慕林泉，或全隐，或半官半隐，山水画又一次大盛并发生突变。唐末五代天下大乱，杀伐频仍，文人士大夫为了避乱消祸，又纷纷隐进山林，如荆浩、关仝等人，五代长期混乱中，他们居住于山林之中，来往于山林之间，精神亦与山林相通。其作山水画一任精神之流露，其中必能见山林的真精神，由是山水画高度成熟。山水画和其他画不一样，它的造型并不复杂，掌握一些勾、皴、点、染的技巧者，历朝历代都有无数人，然而正如王微所说的"图画非止艺行"，精神的产品须是发自精神，仅靠技术是不能解决问题的。所谓"泉石膏肓，烟霞痼疾"，并非妄语。真正的大山水画家，或出于对大好河山的真诚热爱，或精神与山林相通。古代中国杰出的山水画多出于后者（前者如南宋的李、刘、马、夏，此处暂置而不论）。所以我说古代的隐士或隐士型人物对山水画的发展贡献最大。他们真正地向往林泉，精神与之相通，用今天的话来说，思想、感情是基础，生活是源泉。但宋代却缺乏这种土壤。

宋初，出现了新的政治局面。唐末、五代十国的混乱状态结束了，天下基本归于统一。赵宋王朝为了防止地方势力兴起，以及唐朝那种节度使对抗朝廷的现象，把军权、财政权、司法权都收归中央，大大地加强了集权制度。秦汉以降，历代为加强中央集权制采用了各种手段，或杀戮功臣，或互相残杀。然宋太祖"杯酒释兵权"，并告诫后代皇帝"不杀大臣及言事者"（见《宋史》）。比较而言，宋代朝廷内部还算平安。甚至大臣之间互相斗争，皇帝多取调和措施。因之，士人做官不致像五代时那样胆颤心惊。国内局势比较安定，朝廷内部比较平稳，虽不像郭熙《林泉高致集》中所说的"直以太平盛日"，倒也士人争仕，退隐之声渐隐了。士人、画家不是纷纷退隐，而是纷纷出山进入宫廷，如郭熙"本游方外"，后也进入宫廷。此其一也。

宋代开始就设立了画院，把一些善画的人无论来自敌国，抑或来自民间，都广为搜罗，如王霭曾为契丹所掠，归太祖画院而为待诏，黄惟亮、黄居寀等来自西蜀，董羽、厉昭庆等来自南唐；燕文贵本退伍士兵，后为商贩；高益等本是江湖卖药的，蔡润自南唐归宋隶匠人，等等，都被罗列而入画院。许道宁也是卖药的流浪汉，翟院深本是"贱品"乐班中的击鼓手，都能得到上层人物乃至公卿宰相的重视。山林之士或半山林之士都弃山林而入朝廷了，宋代的画家真有点"野无遗贤"了。此其二。

再之，赵宋王朝建立之后，为了恢复和发展经济，采用了一些有助于农业生产的措施，废除了许多苛捐杂税，五代的荒芜景象，渐渐变为繁荣，随着农业生产的发达，工商业也空前发展。手工业者也作出了许多新的创造，指南针应用于航海，活字印刷术的发明，火药、火器的应用等等，皆出现于北宋。适应商业发达的需要，还发明了世界上最早的纸币，等等，工商业的空前繁荣，乃是宋代社会经济发展中的一个突出的新特点。于是无数中、小商人和手工业者被吸收到工业或商业重地的大城市里面来，形成了广大的市民阶层。同时，伴随着经济发展，地主、商人中出现一批巨富以及依附于巨富的有闲阶层，他们要消闲，要

宋 许道宁 秋江渔艇图（局部），绢本设色. 48.9cm×209cm. 现藏美国纳尔逊美术馆。许道宁，原河间（今河北）人，后居长安。五代宋初产生了李成、范宽这样的大家之后，山水画坛几乎都临摹此二家："惟摹"派的画家中，以许的成就和影响略大。

附庸风雅、装点门面，其中包括用山水画装饰中堂、屏风。许道宁等画家都为富户画过屏风。这一切也正是绘画作品变成商品的基础。因而大批画家及民间画工云集城市。他们靠卖画为生，要投合富人的审美情趣，因而泯灭了山林性格，或者本来就没有山林性格。他们和隐士们出于对山水的真诚热爱，以及为艺术或借艺术表达自己的真情怀不一样。这也是当时山水画借临摹以应付，而不愿下苦功深入生活的原因之一。此其三。

综上所述，宋代山水画家真正的"泉石膏肓，烟霞痼疾"者，如五代隐士那样一生居住山林，游荡于山水之间者甚少。他们的精神也不可能完全和山林相通。正如郭熙所说的，"直以太平盛日，君亲之心两隆"。既要事君，又要事亲，焉能专意于山水？虽然郭熙本人"少从道家之学……本游方外"，这是他山水画在当时出色的原因之一，但后来还是"教其子思以儒学起家"（《宣和画谱》），主张到朝廷做官。虽慕山水，而不必隐居于山水间。画山水，而不沉浸于山水之间，至少说山水没有成为精神的第一需要。或身处庙堂，作应制之作；或身处闹市，制作商品；或官余戏笔自娱，而不像宗炳那样"澄怀味象"。所以，缺乏真性情，而靠临摹前代作品，粗制滥造，成为一时风气。同时前代作品在人们心目中已有定论。如李成的画，早为世人瞩目，临习李成画风也易为朝廷或富人所接受（甚至到处伪造李成的画）。这恐怕是山水画质量下降的原因之一。

五代的荆浩、关仝、李成、范宽皆一生居于山林之间，既不把山水画作商品，也不把山水画作为供人玩好的工具，而是心无杂念、终生潜心于山水画的研究。荆浩还特别指出，"嗜欲者，生之贼也"，"终始所学，勿为进退"。一是研究，一是制作；一是发自真性情，一是发自外界的刺激。宋代画家，在这些方面是不能和五代的山水画家相比的。例外的只有一位赵令穰，然而他对山水的眷恋，也不过是"此必朝陵一番回矣"（《图画见闻志》语）。

画山水不在山水中，而在庙堂画院中，缺乏生活，也是走上临摹保

宋 燕文贵 江山楼观图（局部） 日本大阪美术馆藏。

燕文贵(967~1044年)吴兴（今浙江吴兴）人。燕文贵和高克恭、燕肃等人在一定程度上摆脱了当时"惟摹李、范"的风气，但总的看来，仍处于李、范的画风笼罩之下。

守道路的原因之一。

　　宋人作画走上临摹、保守和惟守一家的风气，和宋人的政治观念渗透在宋人的艺术创作意识中更是分不开的，这一问题特别值得注意。宋人的政治观念是什么呢？就是欧阳修在《正统论》中所说的"合天下之不一"（见《居士集》卷一六）和司马光在《资治通鉴》卷六九"黄初二年"按语中所说的"使九州合而为一统"。宋初，宋太祖收回节度使的兵权以及财权，司法权皆归中央独揽，就是为了加强中央集权，防止出现唐代那样的藩镇割据分裂。王安石变法，压制大地主、大商人、大官僚，目的也是要加强中央集权，要"收轻重敛散之权，归之公上"（王安石《临川先生文集》卷上，《乞制置三司条例》），防止任何人"与人主争黔首"（同书卷八二《度支付使厅壁题名记》）。"统一"的观念在宋人的头脑中形成后，在各种意识形态中都有流露。如在历史研究领域内提出了"正统"，在哲学讨论领域内提出了"道统"，在散文批评领域里提出了"文统"和"一王之法"，等等，皆是这种思想的

宋　王希孟　千里江山图（局部）
51.3cm×118.8cm，绢本设色，
故宫博物院藏。

各种表现。江西诗派也提出了"一祖三宗"说，把"三宗"黄山谷、陈师道和陈与义都直统于"一祖"杜甫。所谓"一统"即只此一家，而且不能越出。在文学艺术创作中，这种观念发展为保守的、过分强调继承的倾向，甚至还大讲"无一字无来处"（黄山谷《答洪驹父书》）。绘画也和文学领域中的"无一字无来处"一样，"临书成风"，不但临摹，而且"惟摹"一家以成"一统"。　"齐鲁之士，惟摹营丘；关陕之士，惟摹范宽"，以至于"惟摹范宽"之士亦不多了，举国皆"惟摹李成"。郭若虚时已把李成列为三家之首，而把早于李成四代的关仝置其下。到了《宣和画谱》中，如上所引，"李成一出……数子之法亦扫地无余，如范宽、郭熙、王诜之流……不足以窥其奥也"，必尊李成一人为至尊而后快，任何人皆不能与之分庭抗礼。这是宋人的思想基础。

以上是说宋代各地山水画家惟摹一家山水的社会思想根源。当然，取法乎上，仅得其中，惟摹一家，要超过之，那是困难的。这也是宋代山水画不能超过前代的原因

宋 王希孟 千里江山图（局部）

　　在宋哲宗时期的复古风气感召下，大青绿山水开始时髦，到了徽宗时期，大青绿山水更是大大丰富了。此图作者王希孟（1096－?），是宋徽宗的亲授学生，入画院不过半年时间，就创作了此幅画，其时年仅18岁。此图构思周密，用笔精细，色彩浓艳，代表北宋后期山水画的杰出成就。

之一。

　　惟摹一家，就包含有一点复古的意味。宋人动辄提"祖宗之法'。"正统"论者总是谈晋朝直接汉朝，汉朝直接周朝。文学上，在宋代一开始就倡复古运动，其首倡者柳开说："吾之道，孔子、孟轲、杨雄、韩愈之道；吾之文，孔子、孟轲、杨雄、韩愈之文也。"（《应责》）宋初文学复古运动的领袖们都置力于提倡学韩愈，再上追孔、孟。到了宋中叶，以欧阳修为首，在宋初复古运动基础上又掀起了大规模的古文运动，得到了广泛的响应，古文运动终于取得了蓬勃的发展，竟达到了"学者非韩不学"（欧阳修《记旧本韩文后》）的地步。古文运动收效甚好，一扫过去内容空洞，风格浮艳的习气。欧阳修的古文运动以及他的绘画美学观对宋代绘画产生了很大的影响（下面还将论及）。

和文学领域相同，复古的思想同样渗透到山水画创作中去，可以说，宋代前期山水画的"保守"即是复古运动的开始，到了哲宗朝因为权人的推动，复古运动开始高涨，且画家皆以复古为荣。又如郭熙所云，"人之耳目，喜新厌故"，惟摹李成的画风，人们看够了，也需更古，古到一定程度即"新"。哲宗朝，画风推开了郭熙，白范宽上追到唐。于是大青绿开始兴时。绘画中这次复古运动也很成功，产生了一批杰出的青绿山水画。为宋代山水增添了光辉。历来受人攻击的院画，实际上却正是北宋最可宝贵的财产，也是北宋最有特色的绘画，去掉了这批院画，宋代绘画也就所剩无几了。

宋人是保守的，弄得"积贫积弱"。鲁迅先生在《老调子已经唱完》一文中分析得最为精辟。宋人一直在唱老调子，直唱到宋代灭亡。目睹保守和"积贫积弱"状态，也不乏变革之士，范仲淹、王安石都曾奋起变革，但终未形成社会的主流。文艺最灵敏地反映社会思潮，北宋的米芾便对"山水古今相师，少有出尘格者"（转引自《式古堂书画汇考》画部卷十三）表示十分的不满。因而他奋起变异，一空依傍，大胆地废除了"祖宗之法"。这就是北宋人山水画的"变异"。但它也未形成山水画的主流，只能算作别派。被称为"米点山水"或"云山图"的米芾山水画，虽不完全像后人想象的那样草草、简简，但在当时来说乃是完全彻底改变了传统的画法。虽然他的画从董、巨那里得到一点启发，但董、巨的画依旧是有墨、有笔、有勾、有皴、有点、有染，而且短、长披麻皴正规而讲究。山的前后、左右关系很清楚，空间感很强。而米点山水，完全抛弃了传统的以线为造型基础的画法，用笔蘸清水一抹，略用淡墨分析，便直以墨笔横点，山水的布置也很简单。画时可漫不经心，草草而成。小米自谓"墨戏"，可谓传神。这样画出来的山水朦朦胧胧，似云山一片。故又称"米氏云山"。后人谓米芾"目无前辈，高自标树"，然又说："此君但有气韵、不过一端之学，半日之功耳。"米芾作画，本有根基，但其人玩世不恭、不喜俗情，他"心眼高妙"，而"立论有过中处"（《画继》）。喜欢鸣高立异——凡是别人称道的，他都要加以抑制。李成的画名高宋代，"于时凡称山水者，必以成为古今第一"（《宣和画谱》）。而米芾却自谓他的画"无一笔李成、关仝俗气"。董源的画在宋代本不为人注意，他却大加称赞，因而他自己作画也"一正画家谬习"，和传统的山水画完全不一样。相对而言，概括地说，他的画是率易的，但又易于表达名士的情趣。所以他的画颇为文人所称赞，一般画家也都能画几笔。正因为他的山水画和传统山水画距离太大，又过于简简草草。所以，二米之后，正规的画家完全走这条路，在这种画法上努力并发展者，太少。只有元人高克恭在任尚书时学几笔，后来也改学董、巨了。董其昌最为推崇米芾，取米芾替代百代画圣吴道子的地位，称"画至二米，古今之变，

宋 江山秋色图，绢本设色
55.6cm×108.1cm，台北故宫博物院藏。

宋 赵伯骕 万松金阙围卷（局部）绢本设色. 27.7cm×136cm. 故宫博物院藏。
　　明董其昌云："李昭道一派，为赵伯骕、伯辅，精工之极，又有士气。"此图正可旁
证北宋画院的画风。

天下之能事毕矣"（《画旨》）。但他自己就"不学米画，恐流入率
易"（同上）。因而，米芾创造的"米点山水"实际上不能算作正宗的
山水画，只能算作别派。但这一别派的出现，历代不衰，还时时影响正
宗的山水画。所以应算作北宋后期山水画史上的一件大事。这就是北宋
中后期山水画的"变异"。

　　研究这一问题还要注意到这样一个事实。北宋时期绘画已普及到一
般文人，宋代的文人大都爱画。《画继》卷十有云："画者，文之极
也，故古今之人，颇多著意……本朝文忠欧公，三苏父子，两晁兄弟，
山谷、后山、宛丘、淮海、月岩，以至漫仕、龙眠，或品评精高，或挥
染超拔……其为人也多文，虽有不晓画者寡矣，其为人也无文，虽有晓
画者寡矣。"北宋的文人几乎都晓画，甚至亲自挥染，势必将自己的审
美观带入绘画中去。欧阳修《盘车图》诗有云："古画画意不画形，梅
诗咏物无隐情。忘形得意知者寡，不如见诗如见画。"（《欧阳文忠公
文集》卷三）他还说："萧条淡泊，此难画之意。画者得之，览者未必

识也。故飞走迟速意浅之物易见，而闲和严静趣远之心难形。若乃高下向背，远近重复，此画工艺耳。"（同上卷一百三十）欧阳修的古文运动，反对怪僻、艰涩的文风，力主平易婉转。《诗人玉屑》卷十七谓："六一诗只欲平易耳。"因而他要求画之"萧条淡泊""闲和严静趣远"，不喜欢"飞走迟速"，像石恪那样画风理所当然地遭到贬斥（见《画继》）。"高下响（向）背，远近重复"的"画工之艺"也不为文人所赏。并且要"画意不画形""忘形得意"。苏东坡、苏子由、陈师道等文人大多是这个主张。直到晁补之的"大小惟意而不在形"，皆和欧阳修的古文运动一脉相承。米芾的山水画"平淡天真"，"画意不画形"，而且没有"高下向背，远近重复"的强烈感觉，十分平易。正和当时的古文运动的精神相契。米芾的山水画未形成主流。金人入侵，河山破败，"闲和平淡"不需要了，"金碧辉煌"也无法存立，需要的是刚猛强硬，气势磅礴。于是出现了南宋李、刘、马、夏的刚性线条和大斧劈皴以及梁楷的海雨天风逼人式的磅礴。

北宋文人"萧条淡泊""忘形得意"一类主张到了元代文人画大盛时，方得到空前的发展。在北宋，文人画虽没有占据主流地位，但却产生了美好的、强大的未来。北宋文人业余参加绘画，北宋后期大盛。文人长于诗文、书法。于是大量地在画上题诗题文开始兴起，大大地丰富了中国画的内容和形式。但这种形式也是在元代才大大地兴盛。元人赵孟頫反对南宋（近世）法，而宗法北宋法。北宋人的文人画思想和崇古思想也正是赵孟頫的绘画思想。我特于此表而出之，以解千古之惑。

1981年6月

三、王维传派中的李成、郭熙、王诜画系①

（上）

在北宋初李成和范宽还是平分秋色的。一在关陕，一在齐鲁，皆是当地的师范。但不久，范宽的影响就抵不上李成。北宋末，范宽的画名更远不及李成，《宣和画谱》卷十《山水叙论》谓之："李成一出，虽师法荆浩，而擅出蓝之誉，数子之法，遂亦扫地无余。如范宽、郭熙、王诜之流，固已各自名家，而皆得其一体，不足以窥其奥也。"北宋的山水画家许道宁、李宗成、翟院深以及中后期的名家郭熙、王诜等人皆属李成一系，连范宽也是这一系中分出去的。画院里和画院外，都风靡着李成的画风，成为北宋山水画的主流。因而了解了李成画系，就基本上了解了北宋的山水画。这一系中，存世的作品尚有不少，也应认真地加以考察。

① 本文是作者为十卷本《中国美术史》所写的一部分。

一、李成

李成（919~967年），字咸熙。其祖上本是唐代的皇族宗室，居长安。李成的祖父名鼎，在唐末为国子祭酒，苏州刺史。在唐末五代之际，李鼎从苏州避乱迁至营丘（今山东淄博市临淄北，以营丘山得名。春秋时是齐国国都所在地）。还有一说他迁至青州益都，按益都即今益都县。营丘、益都皆在山东省中部，两处相距极近，实则一地，青州乃就大处而论，营丘乃就具体而论，并非两处。李成之父李瑜，是青州推官。李成生时，唐朝已覆灭十几年，他的家世也已中落。"至成志尚冲寂，高谢荣进"。李成出生于这样一个高贵的士大夫家庭，自幼博涉经史，爱好赋诗，喜弹琴下棋，尤好饮酒。当然，李成最得名的还是画山水画。但他画山水不是为了博取名利，他自己说："……性爱山水，弄笔自适耳，岂能奔走豪士之门。"（《圣朝名画评》）李成精于经史诗赋，下笔有神，《广川画跋》说他："由一艺以

宋 郭熙 早春图 绢本墨笔，
158.3cm x 108.1cm. 台北故宫博物院藏。

宋 郭熙 早春图（局部）

郭熙（约1000年~约1090年），字淳夫，河阳温县（今河南孟县东）人。郭熙是个画家，但他同时也是一位杰出的理论家。《早春图》画中有款"早春壬子(1072)年郭熙画"八字，画面上内容丰富，山重水复，桥路楼观，展现了北宋山水画可望、可行、可居的境界特征。

往，其至有合于道者，此古之所谓进乎（超乎）技也。"又说他："其于山林泉石……盖其生而始也。积好在心，久则化之，凝念不释，殆与物忘。则磊落奇特，蟠于胸中，不得遁而藏也。"李成画名益重，当时被称为第一，求画者益多，但李成却另有胸次，情不得志。于是整日痛饮。

五代周时，李成好友枢密史王朴，准备推荐李成出去干一番大事业。但未及进行，王朴却死了。李成失却了引荐之人，前途无望，愈加郁郁不得志。

宋初，司农卿卫融出知陈、舒、黄三州（河南），仰慕李成的高名，专门去聘请他。于是李成全家移居至河南淮阳。在那里依旧痛饮狂歌，于宋乾德五年丁卯醉死在客舍里，年仅49岁①。

李成的画流传至今的尚有《读碑窠石图》《茂林远岫图》《寒林图》《晴峦萧寺图》等，大部分画都被学者们怀疑，但其

---

① 欧阳修在《归田录》中说李成仕宋为尚书郎，米芾在《画史》中说李成身为光禄丞，第进士，又赠金紫光禄大夫等，完全是没有根据的。

中总有李成的部分画风在内。《读碑窠石图》尤近于李成之作，有可能就是李成原作。此图现藏日本大阪博物馆，绢本墨笔，画山坡窠石，枯木寒林中树一大石碑，一人骑骡携童读之。碑侧有"王晓人物，李成树石"款①。图中树石皆先勾后加皴染，墨清润细澹。米芾说李成"师关仝，则叶树相似"（《画史》）。此图中叶树正类于关仝。又说他画树"干挺可为隆栋，枝茂凄然生阴，作节处不用墨圈，下一大点，以通身淡笔空过，乃如天成"（《画史》），亦和此图相符。《图画见闻志》卷一《论三家山水》说："夫气象萧疏，烟林清旷，毫锋颖脱，墨法精微者，营丘之制也。""烟林平远之妙，始自营丘，画松叶谓之攒针，笔不染淡，自有荣茂之色。"所记的基本精神也都和此图相符。郭熙和王诜的画皆是继承李成的，郭熙的《早春图》中，画树"毫锋颖脱"，画石则用曲倔的线条勾写，再以淡墨分披、渲染。正如米芾所记："李成淡墨如梦雾中，石如云动。"（《画史》）但郭熙用笔比李成更放一些。把《读碑窠石图》和《早春图》作一比较，关系十分明了。王诜的水墨画被评为"皆李成法也"。王诜的《渔村小雪图》画石法正与《早春图》相近，但稍收敛一些却正和《读碑窠石图》相同。因之，李成的画风，参考文献记载，证之以以上数图，是不难窥见的。

美国堪萨斯城纳尔逊美术馆所藏的《晴峦萧寺图》轴也传为李成之作，画上有北宋尚书省官印，是知此画为北宋元丰之前物，定为宋画是没有问题的。其中"气象萧疏，烟林清旷，毫锋颖脱"，亦和李成画相近。但画石渲染少，皆用瘦硬的线条勾石，再加以清晰的小线条皴写，

---

①周密（宋元初）《云烟过眼录》卷一记："李成《看碑图》，乃李成画树石、王崇画人物，今止有一幅，其人物一幅则不可见矣。余平生观李营丘，当以此幅为最。"有人断定《看碑图》就是《读碑窠石图》。又因为元初人看到的只有半幅，而断定现存此图是后人摹本，查《宣和画谱》载李成有《读碑窠石图》二幅。周密没有说半幅，而是说"止有一幅"，这"一幅"是不是指"半幅"尚不可断定。又周密看到是否是真迹，亦不可定。他说的王崇画人物，明显是误记，未必元人看到的皆是真迹，而今人看到皆非真迹。因之，仅凭周密此记断《读碑窠石图》为摹本，未必成立。笔者曾去日本大阪反复观看原画。似无破绽。

和李成传派郭熙、王诜的画法无一相同之处。更不似米芾所说的"墨如梦雾中，石如云动"。因而，此图似不是李成的作品，乃是李成、范宽、燕文贵的综合体。当是北宋前期师法数家之长的名手之作。虽非李成之作，其中也有李成的部分基因。当然，范宽、燕文贵的画也出于李成。辽宁博物馆所藏的《茂林远岫图》，南宋的向若冰在卷后题语谓为"李营丘作"[1]。和李成画有些距离。

李成的画虽出于荆、关，但又不同于荆、关，米芾云："李成师荆浩，未见一笔相似，师关全则叶树相似。"（《画史》）荆、关的山水画皴法细密，石体坚凝，李成如云动的山石，皴法疏，渲染多，乃是吸收了唐王维的破墨（或称水墨渲淡）画法。宋人评李成画系中李宗成的画最得李成画之形（详下），《图画见闻志》卷四记"李宗成……学李成破墨润媚"。其次是王诜学李成比郭熙更似，《画继》卷二记其："墨作平远，皆李成法也。故东坡谓晋卿得破墨三昧。"这里都提到李成的破墨。清吴升《大观录》记王诜"笔法全学李成、郭熙，直承右丞一派"，王诜是继承李成的，正说明王维、李成、王诜是一系。李成传派中郭熙、王诜的画尚在，尤能证实李成的山水画是"破墨"法。"破墨"始自唐王维，张彦远记："余曾见破墨山水，笔迹劲爽。"（《历代名画记》卷十）所谓"破墨"如前所云即用水把浓墨分破成浓淡几等层次，代色用以渲染。《读碑图》《早春图》中山石用"破墨"皴染痕迹特明。范宽学荆、关，学李成，并没有学过王维。但米芾见"其作雪山，全师世所谓王摩诘"（《画史》）。因为李成学王摩诘画，范学李成，故亦似王摩诘。都可证明李成破墨来自王维。李成并非完全不画人物，他的人物画也是师法王维的。米芾《画史》又记："宝月所收李成四幅，路上一才子骑马，一童随，清秀如王维画孟浩然。"王维是大文人，李成也是大文人，二人情趣是相投的。且李成学荆、关，想超越荆、关是十分困难的，于是他向上吸收王维的画法，这是一种潇洒无拘

---

[1] 见谢稚柳《论李成<茂林远岫图>》，载《鉴余杂稿》，1989年5月，上海人美版。

的画法，正合文人戏墨之用。

范宽学李成，想超越李成也很困难，《圣朝名画评》卷二记范宽"学李成笔，虽得精妙，尚出其下"。于是范宽等人又恢复了荆、关的一些画法，以示异于李成也。

荆、关山水皆奇峰突兀、气势雄伟，关仝的山水更是笔墨粗壮，这正是关陕一带山水的写照，范宽似之。李成的山水不同于荆、关山水，乃是山东平原山水特色，即所谓"烟林平远之妙，始自营丘"。

宋代大诗人黄山谷在《跋仁上座橘洲图》中也谓李成画"烟云远近"，更说他"木石瘦硬"（见《豫章黄先生文集》卷二七）。这正符合李成山水画另一个突出特色——用笔清瘦和清淡。而且李成惜墨如金，很少用大块浓墨，也是形成他"气象萧疏"的效果之一。

李成的画给人以清刚、淡雅的美感。所以北宋大画家王诜曾同时观看李成和范宽二人的画，他认为李成的画"墨润而笔精，烟岚轻动，如对面千里，秀象可掬"，而范宽的画"如画前真列，峰峦浑厚，气壮雄逸，笔力老健"。并说这两个画派是"一文一武"，李成"文"，范宽"武"（见韩拙《山水纯全集》）。

郭熙《林泉高致集》中也说："学范宽者，乏营丘之秀媚。"米芾《画史》谓李成山水"秀润不凡"，这都说明李成的画淡雅润媚，是一种文秀清远的风貌。

李成的画"林木为当时第一"。我们还可以从"皆李成法"的王诜画中看出。王诜《渔村小雪图》中的松树用锐利的尖笔勾出松针，显得爽而劲，这正是李成的"毫锋颖脱"和"画松叶谓之攒针"。米芾并见李成的画，"松干劲挺，枝叶郁然有阴，荆楚小木，无冗笔，不作龙蛇鬼神之状"（参看《画史》），以及上述米芾所言其画节疤处不用墨圈，自然天成等等。现存李成及其传派的画迹中皆可得到证实。

李成画雪景，在邓椿《画继》卷九中有一段记载云："山水家画雪景多俗。尝见营丘所作雪图，峰峦林屋皆以淡墨为之，而水无空处，全用粉填，亦一奇也。"邓椿并谓其亲见，张庚《图画精意识》中更清楚地说李成画雪"其雪痕处，以粉点雪，树枝及苔俱以粉勾点"。

李年仅49岁，绘画上却取得如此惊人的成就，这和他的艺术修养以及精神气质有关。董逌《广川画跋》谓李成："盖心术之变化有时出则托于画以寄其放，故云烟风雨，雷霆变怪，亦随以至，方其时，忽乎忘四肢形体，则举天机而见者，皆山也。故能尽其道……彼其胸中自无一丘一壑，且望洋响若，其谓得之，此复有真画者耶？"《圣朝名画评》亦谓："成之命笔，惟意所到。宗师造化，自创景物，皆合其妙。"皆是对李成山水画创作的最好评价。李成之所以不同于一般的画工，他"博涉经史"（《图画见闻志》），"胸次磊落有大志"（《画鉴》），他的艺术修养非同一般，"其至有合于道者"，"故能尽其道"。所以，他的画非一般描摹物象、胸无丘壑者所能至。

李成的画在当时就有很高声誉。很多达官贵人为了得到李成的画不惜高价，不择手段。论者谓藏李成的画"犹诸子之于正经"（《图画见闻志》）卷一《叙论》）。当时一位精于鉴赏的直史馆刘怜，见李成的画，爱之不已。有诗曰："六幅冰绡挂翠庭，危峰叠嶂斗峥嵘。却因一夜芭蕉雨，疑是岩前瀑雨声。"识者皆以为实录（见《圣朝名画评》卷二）。《圣朝名画评》把李成的画列为"神品"，并称其"思清格老，古无其人"，"咫尺之间，夺千里之趣"。《宣和画谱》谓："于是凡称山水者，必以成为古今第一。"

因为李成的画名太高，于是很多人便伪造他的画。据《圣朝名画评》记载，景裕（1034～1038年）中，李成孙李宥为开封府尹，命相国寺僧惠明购李成之画，倍出金币，归者如市。故成之迹，于今少有。李成的画本来就少，加之其孙李宥高价收购，世传更少，其实李宥收购的李成之画中很多是赝品，赝品中很多幅是师法李成的翟院深之笔（参见《圣朝名画评》卷二）。邓椿《画继》亦云："宇文龙图季蒙云，宣和御府书庶屡尝预观，李成大小山水无数轴，今臣遮之家，各自谓其所藏山水为李成，吾不信也。"米芾《画史》所记，他见到李成的画真迹只两本，伪本三百本。这仅限于米芾一人所见，北宋时李成的画伪本如此之多，也足见他的影响之大了。

北宋江少虞《皇朝事实类苑》谓："成画平远寒林，前所未有。气韵潇洒，烟林清旷。笔势颖脱，墨法精纯。真画家百世师也。虽昔称王维、李思训之徒，亦不可同日而语。其后燕文贵、翟院深、许道宁辈，或仅得其一体，语全则远矣。"直至元人汤垕仍谓李成画"议者以为古今第一"（《画鉴》）。各种文献记载皆可证实，李成在北宋山水画坛的重大地位，乃是无与伦比的。实际上，两宋的山水画，也就是"二李"的山水画天下。南宋的山水画全出于李唐一系，且系无旁出。北宋的山水画又几乎都出于李成一系，虽然还未达到系无旁出的地步，但他在人们的心目中、统治者的提倡中以及实际的作用中，皆达到了"一统"和"独尊"的程度。

二、惟摹李成画系

郭熙在其《林泉高致集》中说："齐鲁之士，惟摹营丘。"其实"惟摹营丘"的画家何止齐鲁之士？举国上下，各地皆有，许道宁是河北人，郭熙是河阳人，王诜是山西人，李宗成是陕西人，燕文贵是浙江吴兴人。北宋山水画到了中期，几乎全是李成画系。但是他们都没有超过李成。正如《圣朝名画评》评论曰："时人议得李成之画者三，许道宁得成之气，李宗成得成之形，院深得成之风。"比较出色的也不过各得其一体。直到郭熙、王诜出，才把李成画系推上另一高峰。本节只介绍"惟摹派"的部分画家，以见李成画系之一斑。

1. 许道宁

许道宁[①]，原河间（今河北河间）人，后居长安（今西安），主要活

---

①许道宁活动年代考《圣朝名画评》记："张文懿公令道宁画其居壁及屏风等，文懿深加赏爱。"可知许和张文懿同时。《宣和画谱》记："张士逊一见，赏咏久之。"张士逊，字顺之，淳化(990～994年)进士，官至同中书门下平章事（宰相），死后谥文懿，生于964年，卒于1049年。许道宁活动年代也大约如此。又张赠诗曰："李成谢世范宽死，唯有长安许道宁。"又沈括《图画歌》云："克明已往道宁逝，郭熙遂得新名来。"也可证明。许道宁是范宽、高克明至郭熙之间的人物，即宋太宗至真宗之朝。

动于太宗至真宗朝，是李成、范宽至郭熙之间的一位较有影响力的画家。

许道宁原是民间一位卖药者，少业儒，亦好画。"性颇跌宕不羁"，"每见人寝陋者，必戏写其貌于酒肆"（《墨庄漫录》卷三）。为此，他曾遭人殴打，碎衣破面，而竟不悛。后来他游览太华山，为其峰峦蝤萃所吸引，于是开始画山水。继而，他又游览至京师。一面作画，一面靠卖药为生。他在汴京端门前出售医药，如果有人来买他的药，他就画一幅树石画附送。因为他画得好，无不称其精妙，画名随之远扬。连公卿大臣，有名望的人物也都请他作画。宰相张文懿称赞许道宁的那首诗，便是在请许道宁画其居壁及屏风时，"深加赏爱，作歌赠之"（《圣朝名画评》卷二）。许道宁"游公卿之门，多见礼待"（同上）。但他也曾冲犯镇守长安的杜祁公，几遭逮捕，避至怀州，方免于祸。

从许道宁的经历看来，他早年画人像，画山水，是信手乱画，完全出于他的天资之高。汤垕见到许道宁"早年画"，谓其"俗恶太甚"（《画鉴》）。到了长安后，他才"惟学李成，画山水林木"（《圣朝名画评》卷二），"始尚矜谨"（《图画见闻志》卷四），"至中年成名，稍自检束，至细致处，殆入妙理"（《画鉴》），"老年唯以笔画简快为己任，故峰峦峭拔，林木劲硬，别成一家体"（《图画见闻志》卷四），有时"峰头直皴而下"（《画鉴》），"道宁之格所长者三，一林木，二平远，三野水。皆造其妙"（《圣朝名画评》卷二）。这些皆类李成。几乎所有文献上，都记载许道宁师法李成，看来是可信的，但他还有"命意狂逸，自成一家"者，"颇有气焰"，所以论者谓其"所得李成之气者也"，"既有师法，又能变通"（《圣朝名画录》卷二）。

《乔木图》传为许道宁之作。《支那名画宝鉴》曾刊印过此图，其画乔木颇类李成《读碑图》中的乔木，满树"蟹爪"。似比李成的乔木更有精神，可证"得李成之气者"之实。其画坡石也和李成的坡石相仿。

故宫博物院所藏《关山密雪图》一直传为许道宁的精品，其中山势雄伟，气象峥嵘。皆有过于李成，山石勾廓后，以墨色渲染，皴笔不多。虽来自李成，但却有变化，其用笔劲硬、简快，至细微处，始入妙

宋　郭熙　树色平远图　绢本墨笔,32.4cm×104.8cm,现藏美国纽约大都会艺术博物馆。

理。皆和记载中许道宁的画相符。

美国堪萨斯城纳尔逊——艾琼斯美术馆(Nelson – Atkins Museum of Art)所藏《渔父图》卷（又名《秋江渔艇图》），是许道宁较为可靠的作品。此卷作平远构图，奇峰峭壁，兀立如屏。山壑像一个剖开的大茶碗。山溪流水，河中架桥，水中画渔民担网上船、施网、收网等等。画的实际是华山之景，只是在山的近处臆加一条大河而已。其画山不作短条或点子皴法，而是先用刚柔适中的线条勾出山形以及山中石块的形体。线条有致，组织优美。山的大轮廓是一笔直下，气派甚大。符合记载中"峰头直皴而下"，"峰峦峭拔"之说。然后略用淡墨分披，再用较重墨色写山石的洼阴处，最后用淡墨色略加渲染而成。"林木硬瘦"，树干不皴，枝似雀爪，墨点树叶，用笔豪壮有气势。远处山头树木只用浓墨作长条状，少画枝叶，长短不一。从画的风格分析，是许道宁晚年"得李成之气"而"变通"的"颇有气焰"之作。

　　总结许道宁的山水画，法出于李成，却能变而通。晚遂脱去旧学。用笔比李成简快劲硬，气势比李成磅礴阔大。"命意狂逸，自成一家，颇有气焰。所得李成之气也。"（《圣朝名画评》卷二）文同题许道宁《寒林》诗云："许生虽学李营丘，墨路纵横多自出。"（《丹渊集》卷十九）张邪基更说他："独造甚妙，可与营丘抗行。"（《墨庄漫录》卷三）在学习李成的画系中，许道宁可谓有创建的画家。张士逊诗云："李成谢世范宽死，唯有长安许道宁。"可见李成、范宽之后许道宁乃是最有影响的画家。

　　许道宁所画远山一笔勾过，下皆略减，然其意不减，实开南宋马、夏减笔山水之门。当时画院学生侯封，是师法许道宁的。由于许道宁的影响大，加之人们喜爱他的简快画风，很多人也都改学他的画。有一位曾和范宽齐名的画家屈鼎，他的子孙，为了使自己的画"速售""疗饥寒"，也改变了屈鼎的画法而师法许道宁了。

　　2．翟院深

　　翟院深是李成的同乡，山东营丘人。生卒年不可考。从诸文献所记可知当和许道宁同时。

　　翟院深年轻时曾在家乡之郡府为乐工（击鼓手）。一日，郡府中宴客作乐，院深正跟着乐班在击鼓，忽然发现空中云气耸起，如峰相叠，于是他引望翘企，不觉击鼓忘其节奏。乐班的部长把他送给太守问罪，太守责问他何故，他说："院深虽贱品，天与之性，好画山水，向击鼓次，偶见云耸奇峰，堪为画范。唯明两视，忽乱五声。"（《图画见闻志》卷四）于是太守谅解了他，次日复叫他作画，果有疏突之势，太守甚为惊奇。

　　翟院深的画，据文献记载是惟摹李成的，且"酷似"，论者谓"院深得成之风"。学李成学得"酷似"，乃至于李成的孙子李宥任开封府尹时，购买李成的画，多误购院深之笔，"以其风韵相近，不能辨尔"。（《圣朝名画评》）元人汤垕云："世所有成画，多此人为之。"（《画鉴》）

宋 郭熙 窠石平远图 绢本墨笔 120.8cm×169.7cm 现藏北京故宫博物院

此图是现存郭画中最晚的手笔，画中最左侧有"窠石平远，元丰戊午（1078)年郭熙画"。此图用水墨画出深秋清旷之景，似乎还吸收了王维的"水墨渲淡"法，给人以清润秀雅、冲融远旷之感。

院深只能临摹李成的画，"专临摹者，往往乱真"，然自意创作，往往格调低下（见《图画见闻志》卷四）。

安徽省歙县博物馆至今尚藏一幅《雪山归猎图》[1]轴，下角有"营丘翟院深画"六字，此图和记载中的李成画一致，也和传为李成的作品差不多，但一般鉴定家对此图真伪皆不置可否，故难以为据。

3.李宗成

李宗成的名字就是宗法李成的意思。鄜（今陕西鄜县）人。比许道宁要晚一些，他和郭熙差不多同时，可能略长。熙宁初（约1068年），

---

① 此图《艺苑掇英》第二十期有载。

他还和郭熙同时作画，敕画小殿屏风，郭熙画中扇，李宗成和符道隐画两侧扇，可见李宗成也是一位院画家。

李宗成的山水画也是"惟摹"李成的，仅"得成之形"，比起许道宁、翟院深的影响更小。《图画见闻志》卷四只记其"工画山水寒林……学李成破墨润媚，取象幽奇，林麓江皋，尤为尽善"。

《图画见闻志》还记"然符生（道隐）鼎立于郭（熙）李（宗成）之间，为幸矣"。画家立其间者即为幸，说明李宗成在画院中还是一位颇重要且知名的画家。惟摹李成仅得其形者，即可以成为知名画家，亦可见李成画在当时之影响了。

还有一位画家叫李希成，因为崇拜李成，希望自己也能成为李成，故取名希成。"华州人，慕李成，遂命名，初入图画院，能自晦以防忌嫉，此已补官，始出所长。众虽睥睨，无及矣。"（《画继》卷六）还有一位李远，因学李成，气象深远，驰名于时（见《画继》卷六）。又有一位画家叫田和，学李成，意韵深远，笔墨精简，熙、丰间罕能及者（同上）。郭铁子"学李成"，和成忠"学李成"，郝孝"师李成"，赵林"步营丘"（以上皆见《画继》卷六），一时间，举国上下，画院内外，皆以师李成为归。李成遂为一代大宗师。

（下）

李成、郭熙、王诜画系是北宋山水画的主流，开创者为李成。郭熙、王诜皆其画系中巨匠，但又皆能各领一队。郭熙之后，画家多学郭熙，即李成的一派归于郭熙之下，画家们是通过郭熙学李成，元人称为"李郭派"，是颇有道理的。王诜学李成更似，但王诜后来由水墨而变为水墨加青绿，再变成大青绿，另辟了青绿精工一系，最终脱离了李成画系，另立门户。北宋末期，差不多皆是王诜一派。但王诜又是从李成起家的。所以，我们称之为李成、郭熙、王诜画系，郭熙和王诜也必须特别提出。

一、郭熙

　　郭熙，活动于宋真宗、仁宗、英宗、神宗诸朝，死于哲宗之朝[①]（约1000年之后～约1087年之后），字淳夫，河阳温县（今河南孟县东）人。据《林泉高致集·序》云："少从道家之学，吐故纳新，本游方外。家世无画学，盖天性得之。遂游艺于此以成名。""道家之学"易于培养山林之士的性情，作为一个画家，他的精神归宿必落于山水。"本游方外"，是一个大山水画家的基本品格，所以郭熙和一般的画工不一样，尽管他家世无画学，而他自己情性所使，需要在山水中寻找寄托，遂"游艺于此"，竟致成名。

　　约在宋仁宗至和元年（1054年）之前，郭熙就为苏舜元家摹写李成的《骤雨图》六幅，颇受启发，笔墨大进，得到很多名公的赞赏，乃至于"公卿交召，日不暇给"。许光凝在《林泉高致集》的"后跋"中叙及曾"见公所蓄嘉祐（1056～1063年）、治平(1064～1067年)、元丰（1078～1085年）以来，崇公巨卿诗歌赞记，并公平日讲论小小笔范式，灿然盈编"。可知郭熙在嘉祐年间，便画名动公卿了，以至于"迄达神宗天听"，要把他召入翰林。果然，于宋神宗熙宁元年（1068年），经宰相富弼奉旨征调进京。进京后，李成的曾孙女婿三司使吴充就请他"作省壁"。接着开封府尹邵亢就请他去创作府厅六幅雪屏。再接着于都水画六幅松石屏。其后于相国寺等处作画。又与艾宣、崔白、葛守昌等大画家同作紫宸殿屏。与符道隐、李宗成同时作小殿屏风，郭

――――――――――

　　① 《遗山诗集》卷十三《郭熙〈溪山秋晚〉》二首中有云："九十仙翁自游戏。"是云郭熙活到90岁。《遗山诗集》卷四《汾亭古意图》注又云："元祐以来，郭熙、明昌、泰和间张公佐，皆年过八十，而以山水擅名。"和郭熙同时的黄山谷元祐二年（1087年）《题郭熙〈山水篇〉》云："郭熙虽老眼犹明。"（《豫章黄先生文章》卷九）又《题郑防画谱》亦谓之"中年老落笔益壮"，是知郭熙活到八九十岁为可信。元祐年在1086～1094年间，是知郭熙死于1087之后，生于1000年之后，活动于宋真宗、仁宗、英宗、神宗诸朝，死于哲宗之朝。

熙作中扇。又赴御书院作御前屏帐，或大或小，不知其数。于是有旨授给郭熙画院艺学之称。但郭熙并不想留在画院，"时以亲老乞归"。但他归乡的愿望未能实现，仍被留在院里。后来他又奉旨创作《秋雨》《冬雪》二图，被赐给岐王，又作方丈围屏，又作御座屏二幅，又作《秋景烟岚》二幅，被赐给高丽国（今朝鲜），郭若虚《图画见闻志》所记载的画家"至木朝（北宋）熙宁七年（1074年）"，当时的郭熙还只是御书院艺学①。而他的山水画，已被誉为"今之世为独绝矣"。

之后，他又创作了很多山水画，皇帝甚喜，授给他御书院的最高职衔——待诏。

郭熙最后任职翰林待诏直长。

由于郭熙画鉴极精，神宗曾把秘阁里所有汉唐以降的名画，全部拿出来令郭熙鉴赏并详定品目。郭熙因之遍阅天府所藏，并一一有所品第。而且神宗还叫郭熙考校天下画生。郭熙也自言："中间吾为试言，出《尧民击壤》题。"（《林泉高致集》）但郭熙更多的时间是作画，凡是宫庭中重要的地方以及难度较大的画，神宗皆要郭熙去画。他曾画一幅《朔风飘雪图》，神宗一见大赏，以为神妙如动，即于内帑取宝花金带赐郭熙，还说："为卿画特奇，故有是赐，他人无此例。"（《林泉高致集·画格拾遗》）睿思殿前后修竹茂林阴森，内臣要把它建成凉殿，当暑而寒。四面屏风上的画，神宗说："非郭熙画不足以称。"（同上）整个宫廷中全是郭熙的画，所以，中贵王有一首宫词云："绕

---

①郭熙为御书院艺学，而不是图画院艺学。《图画见闻志》卷四"郭熙条"记载："今为御书院艺学"。"图画院"全称是"翰林图画院"。《图画见闻志》中"郭熙条"之前，梁忠信"为图院祇侯"，高克明"为翰林待诏"。郭熙条之后，侯封"今为图画院学生"。独郭熙"今为御书院艺学"。似非笔误。又郭熙《林泉高致集·画记》亦有："次蒙白当御书院，宋供奉用臣传圣旨召赴御书院作前屏帐，或大或小，不知其数，即有旨特授本院艺学。"也是御书院的艺学。按御书院的地位一般高于图画院的地位（宋徽宗朝例外）。《宣和画谱》转抄之误，不足为据。再《图画见闻志》所记载的画家只有徐易和郭熙二人属御书院，徐易因为"尤能篆隶"，所以才"为御书院艺学"。其余除王公士大夫及以画自娱等等外，皆属图画院。

殿峰峦合匝青，画中多见郭熙名。"苏东坡见了翰林学士院（玉堂）上的画，诗云："玉堂昼掩春日闭，中有郭公画春山。鸣鸠乳燕初睡起，白波青幛非人间。"黄山谷诗云："玉堂坐对郭熙画，发兴已在青林间。"

郭熙在宫廷作画一直到晚年。黄山谷记郭熙于元丰年末曾为显圣寺悟道院画十二幅两丈高的大屏，图绘"山重水复，不以云物映带"，虽年老犹"笔力不乏"。

在哲宗朝，郭熙的画遭到了厄运。但在画院外，文人士大夫依旧喜爱他的画，他也依旧在作画。黄山谷于哲宗元祐二年三次写诗提到："能作山川远势，白头惟有郭熙。""郭熙年老眼犹明，便意江山取意成。""熙今年老有眼力，尚能弄笔映窗光。"苏辙《书郭熙横卷》诗中也云："皆言古人不复见，不知北门待诏白发垂冠缨。"在哲宗朝初期，保守派权人不欣赏郭熙的画，取"古图"以代之，其时郭熙已年九十左右，不几年后，他也便去世了。

郭熙的儿子郭思，于元丰五年（1082年）就中了进士，有很高的政治地位。政和年间（1111～1117年），徽宗曾因他是郭熙的儿子接待了他，并说了："神宗极喜卿父。"郭思也感慨说："先臣遭遇神宗近二十年。"又云："二十年遭遇神宗，其被眷顾，恩赐宠赉，在流辈无与比者。"郭熙于熙宁元年（1068年）进宫，至哲宗继位的1086年，共19年，徽宗也没有提到哲宗"极喜卿父"，郭思言其父"被眷顾"也仅于神宗治政年间，不及哲宗，乃知郭熙在哲宗朝颇受冷落。

郭熙死后很多年，在绘画上颇有造诣的徽宗皇帝还记起他。郭熙后来被追赠正议大夫，这是文官中较高职衔。

郭思，后来官至龙图阁直学士[1]，颇有文才，他把郭熙生前的著作整理编为《林泉高致集》。郭熙一生创作的山水画特多，他和李成不一

----

①郭思著有《瑶溪集》十卷，《宋史·艺文集》著录。《苕溪渔隐丛话》前集、《竹庄诗话》《能改斋漫录》皆有录存。山东灵岩寺，至今尚有郭思手书碑文。

样，李成寿命短，诗文之余，仅以画自娱，作品不会太多。郭熙寿命长，且为院画家，除了作画自娱外，他必须听命不停地作画。可惜北宋宣和御府中所藏郭熙画不过三十幅。比起其他画家一百至二百余幅者显得太少。其原因，一是哲宗朝权人不好熙画，大量损坏，甚至用他的画"揩拭几案"（《画继》卷十）；二是郭思当官后，"乃重金以收父画，欲晦其迹也"（《墨庄漫录》卷四）。

现存郭熙画将近20幅。以台湾故宫博物院所藏《早春图》最有代表性。画的是早春景色，晓烟迷雾，骄阳初蒸，或聚或散，变态不定，飘摇缭绕于丛林溪谷之间。图中流水潺潺，万木复苏。画左侧有款："早春，壬子年郭熙画"八字。可知其画作于宋神宗熙宁五年（1072年），代表他后期的绘画面貌。从中正可看出他的绘画美学思想以及师法李成的痕迹。图中上留天之位，下留地之位，中间方立意定景。幽深重复的景致体现了郭熙的高远、深远、平远的"三远"境界。山水中有道路、栈道、桥梁，山腰中有楼阁院落。远有深壑、烟岚、奇峰，近有丛林、峭壁、秀水，体现了郭熙"可行、可望、可居、可游"之山水画美学原则，使出入庙堂的人"不下堂筵"也能"坐穷泉壑"，从中得到"泉石啸傲""渔樵隐逸""烟霞之侣""山光水色"的"林泉高致"（引语皆见《林泉高致集》）。

画风上，和记载中李成之法正相类。石如云动，画石的线条随意多变，或粗或细，或曲或直，笔在运行中，或压下，或提起，或疾或徐，蜿蜒曲折，沉雄厚壮。然后，以干笔分披，谓之"卷云皴"和"鬼面石"，再加以王维式的破墨渲染，显示出一种潇洒的风度。《林泉高致集·画记》有云："某画怪石，移时而就。""先子（郭熙）斋嘿数日，一挥而成。"从此画中可以得到印证。郭熙的线条不像北派山水那样劲刚，似乎是柔曲的，但又决不像南方山水画那样线条圆润和轻淡。南方山水画山石的皴法是用圆润轻淡的长、短线条，即长、短披麻皴，北方山水画如范宽等人画山石多用刚硬的钉头、刮刀皴等，郭熙的山石皴法几乎不用线条，乃是用松而毛的笔姿意挥洒，"石似云根"，"圆

宋 王诜 烟江叠嶂图（局部）．绢本设色，45.2cm×167.7cm，上海博物馆藏。

王诜(1048～1104年之后)，字晋卿，山西太原人。驸马都尉。他的画在北宋的文人中颇知名，苏东坡认为他的画是"郑虔三绝君有二，笔势挽回三百年"。

润突起"。远处的山石，也是用曲折多变的线条勾出，然后用淡水墨连扫带写加勾，一遍基本完成，再略加修饰而已。郭熙画树，其树干外轮廓线条灵活多变而见情趣，树身以淡墨空过。节疤处用墨通点，树多虬枝，虬枝上多小枝，如鹰爪、蟹爪，松叶攒针，杂叶夹笔、单笔相半。类李成《读碑窠石图》中树但显得简快一些。画松叶用攒针笔，不染淡，自有荣茂之色，皆近于李成。

郭熙学李成，但用笔和李成却有一定距离。李成用笔"毫锋颖脱"，气格"秀媚"，郭熙用笔壮健而气格雄厚。他有圆笔中锋的含蓄性，不似李成画笔之尖利。且其画境界阔大雄壮，景象繁复苍茫，又有过之而无不及。

台湾故宫博物院所藏郭熙另一幅山水轴《关山春雪图》，款署："熙宁壬子二月，奉王旨画关山春雪之图，臣熙进。"和《早春图》是同一年所作，只因是雪景，皴笔少，卷云皴等遂不显，其余画法气息基本一致。

现藏北京故宫博物院的《窠石平远图》是郭熙存世的较晚作品。画的左侧中有郭熙"窠石平远，元丰戊午年郭熙画"一行字。平远景色，构图空旷简洁奇绝，画法近于《早春图》，尤是"鬼面石"和"卷云皴"，然细部描写则较简略。其树多虬枝小"蟹爪"，树枝上多缠绕长而细的藤条，线条圆转而匀润。水的画法也用圆润线条写出，淡淡波纹，清晰而疏朗。全图有冲融远旷之感。画法较《早春图》益显清润雄壮。

上海博物馆所藏郭熙《幽谷图》轴，南京大学所藏郭熙《山村图》轴，云南省博物馆藏郭熙《溪山访友图》轴，大抵皆是郭熙中年作品，时代当早于《早春图》，其构图高远成分居多。用笔尖颖瘦硬，墨法隐约迷离，符合《图画见闻志》卷四所记的早期画"施为巧赡，位置渊深"的记载。但总的气息和《早春图》相近。

结合记载和画迹，总结郭熙的画，可知他用线有方有圆。早期巧赡尖细，晚期落笔雄壮、阔细不一，灵活多变。用墨则隐约迷离，淋漓秀润，画树多作蟹爪、鹰爪，山石多为"卷云皴"。《格古要论》谓："郭熙山水，其山耸拔盘回，水源高远，多鬼面石，乱云皴，鹰爪树，松叶攒针，杂叶夹笔。单笔相伴，人物以尖笔带点凿，绝佳。"颇为中的。

郭熙虽提出"三远"法，但他自己的画愈至晚年愈有意于平远。他的《林泉高致集·画诀》中亦多言及平远，如"夏山松石平远"，"秋有初秋雨过，平远秋霁"，"秋晚平远"，"平远秋景"，"冬有……雪溪平远，……风雪平远"，"平沙落雁"。《画格拾遗》中记郭熙作"烟生乱山，生绢六幅，皆作平远。亦人之所难。一障乱山，几数百里，烟嶂连绵，矮林小宇，依稀相映，看之令人意兴无穷，此图乃平远之物也"。"朝阳树梢，缣素横长六尺许，作近山远山，……自大山腰横抹以旁达于向后平远"。苏东坡《题郭熙秋山平远图》云："木落骚人已怨秋，不堪平远发诗愁。"皆可以了解到郭熙的山水画尤于"平远"为着意。

现存画迹也可以看出，较早的是高远，稍后则高、平、深、远皆具，晚年则平远。而且也证实了《宣和画谱》卷十所记郭熙的画是较为可信的："初以巧赡致工，既之，又益精深，稍稍取李成之法，布置愈造妙处，然后多所自得。至摅发胸臆，则于高堂素壁，放手作长松巨木，回溪断崖，岩岫崦绝，峰峦秀起，云烟变灭。溪霭之间，千态变化，论者谓熙独步一时，虽年老落笔益壮，如随其年貌焉？"

北宋山水画以学李成为归，据《画鉴》所云，郭熙是李成"弟子中之最著者也"。郭熙之所以最著，就在于他不仅学李成，更能深入大自然，广师造化。这从他的《林泉高致集》中可知，"东南之山多奇秀"，"西北之山多浑厚"，他还说道："嵩山多好溪，华山多好峰；衡山多好岫，常山多好列岫，泰山特好主峰，天台、武夷、庐、霍、雁荡、岷、峨、巫峡、天坛、王屋、林虑、武当……奇崛神秀，莫可穷其要妙，欲夺其造化，则莫神于好，莫精于勤，莫大于饱游饫看。历历罗列于胸中。"郭熙并讲出造成各地山水不同风貌的道理，则他不仅师法大自然，且注意深入研究，他并反复批评那些"所经不众多"的画家："生吴越者，写东南之耸瘦，居咸秦者，貌关陕之壮阔。"

即使在学习传统方面，郭熙虽取法李成者多一些，但也并不排斥对其他名家的学习和研究。他在《林泉高致集》中能正确地分析王维、范宽、李成、关仝等画家的特点，便是明证。他还说："……不局于一家，必兼收并览，广议博证，以使我自成一家，然后为得。"他并认真批评那些"惟摹"的坏风气。所以，郭熙的画，并不完全似李成，其生活气息颇浓厚。由于郭熙的巨大成就，当时画院皆学郭熙之法，他的影响在画院、宫廷贵族、朝野文人士大夫无不推崇备至。苏东坡、苏辙、黄山谷、王诜、文彦博、陈师道、晁补之、张耒以及刘克庄、周必大等等大文人都一咏再咏。后世把他和李成并称，形成了一个"李郭派"。

二、王诜

王诜的画最集中地反映了北宋山水画的发展过程，他的画早期保守李成画法，全是水墨写意；中期"不古不今"；后期复古，全用青绿著色。因之，彻底研究了王诜，也就基本上了解了北宋的山水画。

王诜（1048～1104年之后），字晋卿，山西太原人，后居开封。据《东坡集》卷十七《和王晋卿》诗序所知，王诜是功臣王全彬之后，《宋史》卷二百二十五有《王全彬传》，其附传中有王诜祖父《王凯传》，其中提到王诜"能诗善画，尚蜀国公主①，官至留守。"王诜尚公主后，为驸马都尉。他本来喜读书，于诸子百家无不贯穿。少时曾携文谒见翰林学士郑獬，郑读其文惊叹曰："子所为文，落笔有奇语，异日必有成矣。"（《宣和画谱》卷十二）既长，声名日益籍甚。又善画，富名迹收藏。常和当时的文人学士、书法绘画名家交往。又在自己私第之东筑一"宝绘堂"，除了在这里看画、作画、写字、吟诗外，便和朋友们经常聚会，其中和苏轼、苏辙、黄庭坚、李公麟等人聚会尤多，苏轼还为王诜写了有名的《宝绘堂记》。元丰二年（1079年），苏轼因"乌台诗案"，被神宗下旨逮捕入狱，王诜因收受苏轼"讥讽朝政文字，及遗轼钱物"等罪，也被免官，谪居四川。元丰三年（1080年），公主病重，为了安慰公主之心，又授给王诜庆州刺史，数月后，公主病死。据说公主病重时，王诜在一旁奸妾，神宗大怒，手诏"王诜内则朋淫纵欲无行，外则狎邪罔上不忠……撼诜之罪，义不得赦。"（《宋会要辑稿》帝系八之五一）于是，王诜被贬逐均州（今湖北均县），元丰七年（1084年）移置颍州（今安徽阜阳），元丰八年（1085年），才许回京居住。神宗死后，哲宗继位，因年幼，由太皇太后掌权，起用司马光等人，旧党得势，于是王诜被恢复驸马都尉的名誉。被流放的苏轼等人也相继还朝，王诜又得以和旧友畅叙，研究诗文书画。有一次，苏轼、苏辙、黄庭坚、李公麟等16人在王诜家西园欢聚，李公麟为之画了著名的《西园雅集图》。除了和文士聚会之外，他便在自己的"宝绘

---

① 蜀国公主是宋英宗第二女，封宝安公主。神宗立，进舒国长公主，改蜀国公主；熙宁二年（1069年），嫁王诜，死后追封越国公主，后进封大长公主，累改秦、荆、魏三国。故各种史料中记载有异，实则一人。

堂"中看画、作画，并说："要如宗炳澄怀卧游耳。"当时有人赠给王诜一首诗，颇能表其生平，诗曰："锦囊犀轴堆象床，义竿连幅翻云光。手披横素风飞扬，卷舒终日未用忙。游意淡泊心清凉，属目俊丽神激昂。"

元祐八年（1093年），哲宗亲政，次年改元绍圣，旧党又一次遭到贬逐。王诜虽不在其列，但也颇不得意。哲宗不但不用他，还笑他"薄劣"。王诜"独以图书自娱"。这时，他和端王赵佶（即后来的宋徽宗）来往甚密，二人又皆善书画，后来官至太尉的高俅就是苏轼送给王诜、王诜又转送给赵佶的小史（见《挥麈后录》卷七）。赵佶当上皇帝后，王诜当然比较得意，曾一度出使辽国，官定州观察使，开国公，赠昭化军节度使，死后谥荣安。

王诜精于书法，真、行、草、隶，得钟鼎篆籀用笔之意。于琴棋诗词无所不通，更精于鉴赏，在他的"宝绘堂"中藏有古今法书名画。

王诜的作品遗传至今尚有很多，其中以两幅《烟江叠嶂图》（水墨、设色各一）、《渔村小雪图》《瀛山图》，最为典型。

水墨画《烟江叠嶂图》是一长卷，现藏上海博物馆。画卷后有苏轼的跋诗，末识"右晋卿所画烟江叠嶂图一首，元祐三年十二月十五日子瞻上"，可知画当作于此时之前。约在1089年，王诜40岁时，是存世的王诜最早一画。形式和画法都显然来自李成。江天漠漠，叠嶂缥缥，烟林平远，气象萧疏。用笔虽也毫锋颖脱，但较之李成画法还是显得荒率松散一些。这一则可能是他漫不经心之作，再则可能受了当时文人画中的游戏笔墨的影响。王诜的画也受了郭熙不少影响，但用笔较之郭熙为清爽，用墨较之郭熙为清淡。总起来说，比郭熙的画不是"益壮"，而是更加文秀。因而气格上更近于李成。这当然是王诜的文化修养更高的原因所致。

王诜的《渔村小雪图》长卷，现藏北京故宫博物院。卷前隔水上有宋徽宗"王诜渔村小雪"的题签。画的是雪山疏柳，溪岸渔艇，阔大的江面，空旷的山壑，渔人垂钓，隐者携琴。但反映并非渔民艰苦生活，更非王诜的劳动人民感情，而是表现一位高人逸士对山林渔隐的雅致。画中江天山坳石面以墨青渲染，呈阴冷气氛，又托出山岭坡岸之积雪。杂树叶以水墨点簇而成，松针用笔尖锐，亦受郭熙影响，用笔随意，勾写扫刮，随斫随点。然后用破墨渲淡。《画继》卷二记"东坡谓晋卿得破墨三昧"。验之斯图，果然。又云"所画山水学李成皴法，以金碌为之，似古"。此图中柳杪、芦尖等处皆有金勾描。所以，王诜虽学李成、郭熙，但仍有个人特出之处，其墨法更加明润秀雅，笔法更加尖颖清逸，且又增加了金碌。这一幅画虽是李成法，但已开始在变，加入了李思训的华丽。所以"似古"，这正是当时复古的气氛影响所致。

设色画《烟江叠嶂图》亦是一长卷，亦藏上海博物馆。卷前宋绫隔水上，有宋徽宗赵佶"王诜烟江叠嶂图"的题签。画面上空旷的烟江，平远浩渺，左端现出一片重峦叠嶂。这幅画仍可以看出是学李成的，但和李成有了距离，和郭熙的距离更大。山石的勾线也不似郭熙那样圆润，乃是尖而方的笔意居多，皴笔少，线条不方不圆。用笔轻而缓，简而晰，不像郭熙那样放笔挥扫。王诜已向工谨方面发展了，墨笔勾皴后，淡墨花青渲染，再加以青绿复染，再以重彩复皴，最后点苔。杂树红绿墨相间，繁茂丰富而又和谐，山中雾气虚淡，云气以细勾的线条空勾，似李思训法。王诜这张画，虽然看得出学李成，但已不似李成；看出学李思训，但不像李思训。乃是水墨和青绿结合的作品，即"不古不今"的作品。王诜的画在变。变化中，显示了他个人的文化修养和贵族气息，显示了时代的思潮。

《瀛山图》是大青绿。十分浓艳。已回到唐以前的勾线填色形式。这幅画是不是王诜的真迹，尚有不同意见。但即使不是真迹，也说明王诜必有这类作品。文献记载也证明了这一点。画迹和记载中王诜画有三种面貌：

第一种是水墨，即早期的学李成之作。如水墨画《烟江叠嶂图》等。和王诜同时的米芾说："王诜学李成皴法……作小景亦墨作平远，皆李成法也。"（《画史》《画继》也有同类记载）反映了当时"惟摹"李成的风气。

第二种是水墨和青绿相结合的方法。哲宗朝，兴起一股复古之风。王诜的画也在变，即在李成的水墨画法中加入了李思训的青绿乃至金碌的颜色，进入了"不古不今"的时期。现存的设色《渔村小雪图》只是这种"不古不今"式的早期作品。其格调基本上还是"李成法也"。只不过加一些金碌粉青等颜色而已。但当时的复古气氛颇浓，这种不古不今的画，正在一步步向着色（大青绿）方面走近。苏东坡跋宋子房画云："不古不今，稍出新意，若为之不已，当作着色山也。"现存设色《烟江叠嶂图》，是进一步变化的作品，那种水墨纷披、破墨三昧都已消失了，学李成之潇洒风度也已泯迹，开始走向严谨细秀。青绿颜色也不是点缀，而是占有重要地位，但水墨的基底还存在。这类作品是他"不古不今"式时期的中期作品。王诜应该还有更近于古的作品，即青绿成分更重的作品。

宋 王诜 渔村小雪图卷（局部一）绢本设色，44.4cm×108.2cm. 现藏北京故宫博物院

宋 王诜 渔村小雪图卷（局部二）

王诜是北宋中期从保守走向复古的一个代表画家，作画有多种风貌。这幅画是水墨淡彩一类的，他还有一种大青绿着色山水，师法唐李思训，今已鲜见。

《画继》记其"所画山水，学李成皴法，以金碌为之，似古"。"似古"就是似李将军，黄山谷最为清楚，他说："王晋卿画水石云林，缥缈风埃之外，他日当不愧小李将军。"（《山谷别集》卷八《跋王晋卿墨迹》）《图绘宝鉴》说王诜："又作着色山水，师李将军，不古不今，自成一家。"

综而观之，王诜这种画法是以墨勾、墨皴为基础，而后着青绿色，着色部分似李思训，实际上似李昭道，荆浩《笔法记》有云："随类赋彩，自古而能，如水晕墨章，兴我唐代。"所以"古"是青绿，"今"是水墨，所以又叫"不古不今"。也不完全似李昭道，因为李昭道的画法是吴道子的墨骨加李思训的色彩。而王诜的这类山水画乃是李成的墨骨加李思训的色彩，所以说是"自成一家"。李唐在宣和年间创作的山水画，多取范宽的墨骨，再加浓重的青绿颜色，其风格可能和王诜这种风格有异，然其画法可能受了王诜的启发。北宋后期画院的复古风气，复到李思训式的青绿山水，在王诜画中，已经可以得到一点消息了。

第三种即大青绿着色，即完全"古"的作品，如《瀛山图》一类。此类作品在师法李思训的基础上又有发展。《书画舫》记王诜的画"金碧绯映，风韵动人，不知者谓'李将军思训笔，晋卿题为己作'，殊可笑也"（据《式古堂书画汇考》画部卷十二转引）。《瀛山图》虽非王诜可靠真迹，但仍有参考价值。王诜之后，徽宗画院中出现的大量的青绿山水，如现存的《江山秋色图》卷、《千里江山图》大约就是这类作品的演进。

王诜学古，学今，师传统，也师造化，他谪居四川而有"万里之行"。楼钥就认为他的画"不有南国之行"，是不能达到那样成就的，又说他"若丹青非亲见，景物则难为"（《攻媿集》卷七十《王晋卿江山秋晚图》）。

王诜的画在北宋的文人中颇知名。苏东坡见了他的《烟江叠嶂图》，一题再题，云其"浮空积翠如云烟""水墨自与诗争妍"。苏东坡还认为王诜的画是："郑虔三绝君有二，笔执挽回三百年。"（《集注分类东坡先生诗》卷十二《王晋卿作〈烟江叠嶂图〉，仆赋诗十四韵，晋卿和之，语特奇丽，复次韵，不独纪其书画之美，亦为道其出处契阔之故》）苏子由曾对王维有极高评价，在他的《栾城集》卷十六中，有《题王诜都尉画山水横卷》三首，又把王诜和王维相比拟。北宋后期复古风气中，王诜乃是一位十分重要而又影响重大的人物。

前面说过，中国的绘画大家总是向前代（或古代）看，李成吸收了王维，王诜又吸收了李思训。不仅是绘画方法，还有题材。李思训的画"笔格遒劲，湍濑潺湲，云霞缥缈，时睹神仙之事，窅然岩岭之幽"（《历代名画记》卷九），五代至北宋前期，这类"云霞缥缈，时睹神仙之事"的题材大多都已消失，所画山水画大多是郭熙所说的"可行、可望、可居、可游"之品，如《读碑图》《早春图》《溪山行旅图》等。王诜的画《烟江叠嶂图》《瀛山图》等，又回到了"云霞缥缈，时睹神仙之事，窅然岩岭之幽"的时代。甚至王诜作画用笔遒劲尖硬也来自李思训。此后，隔代继承，元人画不继承南宋，而继承五代和北宋。明初画不继承元代，而继承南宋。明中期之后又继承元代五代，改制者托古，是各领域中从古至今的一种风气。

四、《雪景寒林图》应是范宽作品

　　天津市艺术博物馆藏《雪景寒林图》巨幅（以下简称《雪》），有宋人范宽名款。学术界曾得出一种看法[1]，肯定此画是宋代范派作品，但不认为真出自范宽之手。原因是，范宽名中正，字中（仲）立，"宽"是因性格温厚而得的一个诨号，以诨号为款字，是后人画蛇添足的证明。

　　笔者认为，这一看法是可以商榷的。

　　宋人郭若虚《图画见闻志》卷四范宽条写道："范宽，字中立，华原人，工画山水。"这里并没有说"范宽，名中正，字中（仲）立"。宽其名，中立其字，记载本不含糊。古人的名和字是相配的，名宽配字中立正极合。倒是"名中正，字中（仲）立"有点不配。

　　后人记叙范宽，多根据《图画见闻志》和米芾的《画史》。《图画见闻志》多次提到范宽，皆称其名宽。如卷一《论三家山水》："画山水唯营丘李成，长安关仝，华原范宽……三家鼎峙，百代标程。"卷四范宽条，"纪真、黄怀玉……学范宽逼真"等等，皆用"范宽"名。只

----

　　①《文物》1981年第6期。

是在"范宽"条末，郭若虚加有一个小注曰："或云，名中立，以其性宽，故人呼为范宽也。"这个小注明确地表白是出于传说，且不作正文。后人却以传说非正文为真，而以正文记载为假了。例如元人夏文彦的《图绘宝鉴》记：　"范宽（原注'一作中正'），字中立……性

　　五代宋初　范宽　雪景寒林图　绢本墨笔，193.5cm×160.3cm，现藏天津艺术博物馆。
　　此图是范宽近于晚年的作品，树干画法较之《溪山行旅图》为圆润，缺点是如刘道醇在《圣朝名画评》中指出："树根浮浅，平远多峻。"

五代宋初　范宽　雪山萧寺图　绢本设色，182.4cm×108.2cm，现藏台北故宫博物院。

温宽……有大度，人故以宽名之。"另一元人汤垕的《画鉴》谓："范宽，字中正，以其豁达大度，故以宽名之。"类似的记载，他书亦有，大抵皆根据《图画见闻志》中那一条小注中的传闻。

这种说法，应属误传。米芾是北宋人，不可能不知范宽的名字。他的《画史》所记，皆用"范宽"，显然并不以此为诨号。而最有力的证明，还是范宽自己的作品上的题名。米芾就在丹徒僧房里见到范宽的一轴山水，"于瀑水边题'华原范宽'，乃少年所作"。于是米芾"以一画易之，收以示鉴者"。米芾是大鉴赏家，岂能不辨真假？米芾距范宽时代不远，岂能不知实情？范宽在自己的作品上题"范宽"，宽必是他的名，决非他的诨号。

范宽在自己画上落"范宽"款，还不是孤例。《溪山行旅图》是公认的范宽传世真迹，流传有绪，无可怀疑。近来，台湾学者也在《溪山行旅图》上发现了"范宽"的款字（参见《艺苑掇英》第15期）。

范宽性宽厚，只能说是人如其名，而不能说因性宽而得名，犹如唐代王维，字摩诘，系把佛家弟子维摩诘的名字拆开，维其名，摩诘其字。但王维自中年之后真的好佛道，"焚香独坐，以禅诵为事"，晚年成了"南宗"禅的信徒，这也是人如其名。他少年积极进取时，并不奉佛，但已名维字摩诘了。

从作品风格说，《雪》和诸画史记载的范宽作品风格尚没有不符合之处，和现存的范宽真迹《溪山行旅图》《临流独坐图》等相较，当然是一家之笔，但也不是绝无区别。《雪》的用笔，略显圆而中（和后二者相较而言）。这当是一个画家早、中、晚年用笔变化所致。《画史》记范宽"晚年用墨太多，土石不分"。我们至今还未见到范宽这类作品，但可知他晚年画风是和早年略有不同的。一般的画家，晚年之作都要较早年温和，或者可以说用笔总偏于圆而中。这略别于早期的画风也正是范宽原作的证据之一，表明是他近于晚年之作。如果出于伪造，岂能不注意方、圆笔呢？何况这样的杰作，必出于杰出的画家，北宋范宽之外，其他人真可谓"非所梦见"的了。

《雪》并非绝无缺点，近处的树根下，仅有一小堆浮浅的土石，那样大的树长在上面是不牢的，或者就不可能长出那样大的树。还有远处低小的平远之景，却又画成峻岭：说它是峻岭，却又地处平远。但这都是小瑕，不影响《雪》的艺术价值。宋人刘道醇在《圣朝名画评》中亦指出这个缺点："树根浮浅，平远多峻。"但刘也认为"此皆小瑕，不害精致，亦列神品"。《雪》之"小瑕"，又成了范宽所画的证据，刘的记评，目前也只有从《雪》上得到印证。

范宽《雪景寒林图》风格、名款俱在，如果没有更充分的证据，目前还不能轻易地否认是范宽之作。

（原刊于《文物》1985年第4期）

附记：

这是我学生时代写的一篇文章，1981年投到《文物》，内容是和启功先生商榷的，但我并没有肯定《雪景寒林图》就一定是范宽的作品，只是指出当时几位权威鉴定家的意见不能成立，原文较长。1985年4月发表时，编辑作了删略，并改题目为《〈雪景寒林图〉应是范宽作品》。后来学者们再研究此图时，都把我列为"肯定派"的代表人物了。

又，因原稿不存，此次收入文集，仍是经编辑删改后，正式发表于《文物》上的文章。

五、米友仁生卒年新考

米友仁字元晖，因官至敷文阁直学士，故后人又称之为米敷文，乃宋代著名画家、鉴定家，与其父共创"米氏云山"，世称"二米"或"大小米"，在中国绘画史上具有十分重要的地位。二米又皆为宋代词人，故后世讨论两宋艺、文者多有所涉及，影响非止一端。

余著《中国山水画史》"米芾、米友仁"章时，参阅有关论著百余，观其生卒年之说，大体一致，皆无据，亦皆不能尽如人意。影响最大的乃是一代词宗唐圭璋教授《两宋词人时代先后考》中谓米友仁卒于南宋乾道元年，即公元1165年，享年八十余。

按《画继》卷三记米友仁"享年八十"。

《画继》作者邓椿之父任北宋侍郎，作提举官（《画继》卷十"先君侍郎作提举官"），邓椿于北、南宋之际，曾任通判等职，和米友仁同时同朝为官，所记固不致谬误，故此说向无疑异，仅有少数论者谓其"享年八十余"，故以周岁80计之，若米友仁卒于1165年，则生于1085年。若以"享年八十"计，当生于1086年，文学界多采此说。以前所出众多画史著作无一例外当然采此说法。学术界以孙祖白先生所著《米芾、米友仁》一书，考证甚详，亦谓米友仁生于北宋哲宗元祐元年

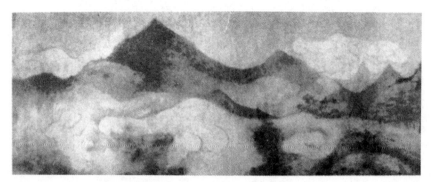

宋 米友仁 潇湘奇观卷（局部一）

米友仁(1072～1151年)，初名尹仁，后改为友仁，米芾（1051～1107年）之子。米芾对一直不受当时世人重视的董源、巨然的山水画加以大张扬，给予最高的评价，并自创“米点皴”。米芾的画在无可靠作品存世的情况下，从其子米友仁的作品可见一斑。

（1086年），卒于南宋孝宗乾道元年（1165年），1982年11月再版修订本《辞源》中：“米友仁，公元1085～1165年。”独1979年版《辞海》作：“米友仁（1074～1153年）。”因未著出据，不知正误与否，故论者仍因前说。1984年3月，文物出版社出版的陈高华编《宋辽金画家史料》最受读者青睐。此书综采百家，择善而从，又有己意。其于《米芾、米友仁》一节中仍谓米友仁生于哲宗元祐元年（1086年），死于孝宗乾道元年（1165年）。陈编史料，于画家介绍中，所著生卒年皆注出处，甚至采用某家说时，仍重加考证，才放心使用，其严谨之至，十分可佩。其于《米芾、米友仁》一节中，米芾的生卒年尚加说明，独于米友仁的生卒年，未加一言说明，更未注出处。

如前所述，这一说法一是无据，二是不能尽如人意。如南宋《梁谿遗稿》卷二《米敷文〈潇湘〉跋》记云：“蔡天启作米襄阳墓志言：元符初，进其子所画《万里长江图》。”“元符”始于公元1098年，止于1100年，“元符初”当为公元1098年无疑，若依前说，友仁作此图仅十二三岁，甚或更早，米芾以十来岁孩子所作之画献给皇帝，颇令人疑叹。虽然，其后亦记云“时元晖年尚少”，然古人所说的年少，如杜甫

宋　米友仁　潇湘奇观卷（局部二）

的"儿童尽东征"，宋刘辰翁词"少年听雨歌楼上，红烛昏罗帐"，决非止十二三岁。

在研究米友仁的生平创作过程中，还有很多问题，似乎皆不合情理，皆有可疑之处，限于篇幅，不一一俱列。仅就二米父子年龄而论吧，米芾与其妻许氏生子女13人，米友仁最长，米芾生于1051年，卒于1107年，若友仁生于1086年，则米芾36岁方生子？！其后十余年，又生了十几个孩子？！故此说颇令人置疑，然无确证可供推倒，更无新说可立，无可如何。

后来我翻译日本人的著作中，发现《建炎以来系年要录》一书，对研究南宋绘画颇有资益，于是便去翻阅。忽见其书卷一百六十二有记："（绍兴）二十一年正月庚子，敷文阁直学士、提举佑神观米友仁卒。"无心的发现，却使我大喜过望，这是明文记载米友仁享年的文献，又是当时人的记载，无可怀疑。

绍兴二十年是公元1151年。以此推之，当生于公元1071年或公元1072年。

以这个说法，把米友仁生年比以前的通说提前15年，其正确性，首先，它是有根据的；其次，依此说，一切可疑处皆可释解，发生在米友仁一生中的很多事也就合理合情了。就以上面所举数例而言，元符初，米友仁当为二十七八岁，虽年少，但因家传，画出像样的画来，米芾进献给皇帝，便未有什么好怀疑的了；再次，米芾生长子时为21岁，这在古代早婚风气下是最合情理的年龄，尔后近30年间，他和妻许氏又生了12个孩子，也无可非议，至少说，比依前说36岁方生子，十余年生了12个孩子要合理得多。其他问题，前不赘，此处亦不赘。读者自可判断。

结论：米友仁生丁1071年，卒丁1151年。

（原刊《中国画》1988年第4期，香港《大公报》转载）

六、《宣和画谱》作者考及其他

　　《宣和画谱》的作者问题，研究家们曾有二说：其一是宋徽宗，但从书中叙述的口气来看，显然不能成立。现在大家基本上不相信此说。其二是童贯。理由是书中把童贯及其他太监吹捧太高。童贯厚颜无耻是否能达到这种地步，姑且不论。不知为什么，大家都忘记了身居高位又特喜书画，而且靠书法起家的蔡京。

　　《宣和画谱》虽不是宋徽宗亲撰，但编于徽宗宣和年间(1119~1125年)，且为官修（或半官修），不能不考虑徽宗的旨意。元人袁桷的《清容居士集》卷四十五《惠崇小景》条下有谓"惠崇作画，荆国王文公屡褒之。京、卞作《宣和画谱》坚黜之"。直认《宣和画谱》为蔡京、蔡卞所作，值得注意。但说蔡京、蔡卞因王安石屡褒惠崇，故"坚黜之"，恐无道理。宣和年间，蔡京最反对的还是司马光。蔡京亲定以司马光为首以及文彦博、苏轼、苏辙120人为"元祐奸党"，由徽宗书写刻石，称"党人碑"。"党人碑"上的人都有永世不得翻身的意味。蔡京是以恢复王安石新法而闻名的，虽然他的新法和王安石不同。而蔡卞（王安石之女婿）更是坚持完全遵循王安石的新法，后期与蔡京不和，被排挤而出朝。但蔡卞毕竟是蔡京之弟。所以，书中并未避之，其《山水·范宽条》下有"蔡卞尝题其画云"等等。《宣和画谱》中绝口不提

宋 苏轼 竹石图卷

苏轼(1037~1101年)，字子瞻，号东坡居士，四川眉山人。苏轼是宋代伟大的文学家，在散文、诗词、书法等方面都取得伟大的成就，在绘画上影响也特大。其诗句"论画以形似，见与儿童邻"影响至今，为董其昌衡量"文人画"标准的理论基础之来源。

"元祐奸党"中人名。虽然多处采用到苏东坡的话，皆或改头换面，或不提苏轼之名，或用"议者谓"字样。但王安石的名字屡见，如《山水二·文臣燕肃》中记有："而王安石于人物慎许可，独题肃之所画《潇湘山水图》诗云：燕公待书燕王府"。又有云："故安石又曰：仁人义士埋黄土，只有粉墨归囊楮。"等等，对王安石还是很服膺和敬重的。说《宣和画谱》为蔡京主持编著，大有可能。

徽宗好书画，蔡京亦好书画。蔡京虽进士出身，然其得宠于徽宗，却和他善书有关。故蔡京作《宣和画谱》以逢迎徽宗所好，乃情理中事。且宣和御府藏画，非蔡京之流亦不得全观。《宣和画谱》作于宣和二年（1120年），是年正是蔡京以太师鲁国公退相位之年，既有空暇，又有资望。即使出于其门人之手，想亦当由蔡京负责，是可知矣。

观此书内容，无不反映蔡京时之政治背景。一般研究家以书中把大太监、六贼之一童贯及其一伙吹捧至极，断为童贯等人所作。其实，童贯之于蔡京，可谓重生父母。蔡京曾一度被朝庭黜废，逐出京城，再次发迹入朝并得宠于徽宗，全是童贯推荐周旋之功。《宋史》称童贯"善策人主微指……蔡京进用，贯实引之。""京既作宰相，用兵青、唐，贯作监军。时人称京为公相，因称贯为媪相。"蔡京对童贯是十分感恩戴德的。二人结为一伙，后亦同名"六贼"。所以，蔡京写是书，不能不大捧童贯一伙。书中对童贯的服膺及感情是极诚的。其言童贯："性简重寡言，而御下宽厚有度量……胸次磅礴，间发其秘。"又言童贯"策功湟、鄯，与夫西鄙拔城而俘馘夷丑。体貌镇重，不严而威"。更言："贯独宽惠慈厚，人率归心。号为'著脚赦书'。盖言其所至推恕有恩惠以及物也。"这些话皆出于蔡京之口而无疑，"策功湟、鄯"等语亦非蔡京而莫敢言。

及金人入侵，北宋将亡，蔡京被目为毁国奸臣的"六贼"之首，举国恨之入骨。后被钦宗放逐赴岭南，死于途中。其书亦因人而隐之不显。故在南宋时期，此书无人问津。元以后方为人所注视。

蔡京之流极善逢迎。北宋危在眼前，书中《叙》还谓"今天

宋 晁补之 老子骑牛图

晁补之(1053～1110年)，字无咎，济北（今属山东）人。晁是文人，自画自题，特别值得注意的是他的画论，突出见解有"遗物以现物""画写物外形"。配合苏轼、二米的绘画理论共同对后世"文人画"产生了巨大的影响。

子廊庙无事，承累圣之基绪，重熙浃洽，玉关沉柝，边燧不烟"云云。书中所反映之美学观点，至少说是不敢违背徽宗的。《宣和画谱》集中秘所藏者，魏晋以来名画，凡231人，计6396轴。析为十门。"山水"被列为第六。《叙目》云："五岳之作镇，四渎之发源，油然作云，沛然下雨。怒涛惊湍，咫尺万里，与夫云烟之惨舒，朝夕之显晦，若夫天造地设焉。故以山水次之。"

第一门是"道释"。徽宗崇黄老、喜道教，亦尊孔崇道学，并依科举制度设立道学，又自称教主道君皇帝。故《宣和画谱·叙目》中就有"先黄老，而后《六经》"之说，且谓"今叙画谱十门，而道释特冠诸篇之首，盖取诸此"，显然是投合徽宗的。

《宣和画谱·山水门》中，认为："自唐至本朝，以画山水得名者，类非画家者流"，"盖昔以泉石膏肓，烟霞痼疾，为幽人隐士之诮，是则山水之于画，市之于康衢，世目未必售也。"编者认为优秀的山水画应该出于山林之士，即出于有一定道家思想影响的高人逸士手中，而不是利禄熏心的人手中。这种思想在叙述画家的条目中也时时有所流露。如：

卢鸿条特谓其为："山林之士也……颇喜写山水平远之趣，非泉石膏肓，烟霞痼疾……未足造此。"

王维条谓："维为高人……至其卜筑辋川，亦在图画中。"

李成条谓其："能以儒道自业……又寓兴于画，精妙初非求售，惟以自娱于其间也。故所画山林……皆吐其胸中而写之笔下。"

宋道条谓其："但乘兴即寓意，非求售也。"

编者认为，山水画的作者，其人虽可以不必是身处山林，而即使身居庙堂也必须具有山林之志，才能画好山水画。如：

李思训条中则谓："讵非技进乎道而不为富贵所埋没，则何能及此荒远闲暇之趣耶？"

又如："内臣罗存，……虽身在京国，而浩然有江湖之思致，不为朝市风埃之所汩没。"画山水要爱山水，要像庄学之士那样结缘于山水方能画好山水画。倘若为了"求售"，把艺术当作商品，那是画不好的。这一点却被编者从另一角度不幸而言中了。

编者更提出"胸中丘壑"的问题。谓："其非胸中自有丘壑，发而见诸形容，未必知此。"（《山水叙论》）此一说法，最为可贵。真正的大山水画家，皆是"胸中自有丘壑"，然后提笔挥洒，一任精神之流露，"发而见诸形容"，方能成为自家精神面貌的山水。否则要"胸无丘壑"，依靠临时去客观世界中捕捉山水形容，身心皆集中于客观山水中，笔下山水也受客观山水之拘约，不是自胸中发出，则精神的流露必受到阻碍，甚至完全没有个人的精神面貌，谈何个人风格。山水画家必须发自自己精神的对山水热爱，然后将山水精神融于自己的精神之中，成为精神的一部分，方可谓"胸中自有丘壑"，这丘壑不再是自然界中的丘壑，而是自然界的丘壑融成意识后注入自己感情而重新铸成的无形丘壑。画家通过物质材料（纸、墨、笔、绢等），把这陋眼看不到的无形丘壑"发而见诸形容"，才是真正的艺术品。编者这一思想在其叙述的出色画家中处处有所流露。

王维："是其胸次所存，无适而不潇洒，移志之于画，过人宜矣。"

李成："……一皆吐其胸中而写之笔下。"

范宽："……吾与其师于物者，未若师诸心。"

高克明："……心期得处即归，燕坐静室，沈屏思虑，几与造化者游，于是落笔则胸中丘壑尽在目前。"

郭熙："至摅发胸臆，则于高堂素壁，放手作长松巨木。"

孙可元："观其命意，则知其无心于物，聊游戏笔墨以玩世者。"

燕肃："其胸次潇洒，每寄心于绘事。"

王诜："如诜者非胸中自有丘壑，其能至此哉。"

童贯："胸次磅礴，间发其秘。"

巨然："盖其胸中富甚，则落笔无穷也。"

这说明了编者对这一问题的认识深沉而坚稳。虽然此说前继古人，然其说得更为清楚、明了，则更能后启来者。

此外，编者还认为创作山水画要"人品高"。其谓唐以降山水画大家"是皆不独画造其妙，而人品甚高若不可及者"。而且文化修养也要高。在论到"以画山水得名者，类非画家者流"之后，接着便说"而多出于缙绅士大夫"。王维被称为"高人"自不必说。张璪"衣冠文行而为一时名流"，"妙龄属辞，长而擢第……文章冠绝当代"。李成也"善属文，气调不凡"。文臣燕肃"文学治行，缙绅推之"。王诜"幼喜读书，长能属文，诸子百家，无不贯穿"。

其次，还有很多文臣，或"进士擢第为郎"，或"于儒学之外，又寓兴丹青"等等。

这一思想在宋徽宗主办的画院和画学中，尤为重要。他要求画家不但要学艺，更重要的是学诗学文，这在《宋史》中都有明文记载（上文已引）。甚至考试都以古诗一句为题。以此考核画家对古诗的理解和记忆程度。

宋徽宗这一旨意影响很大，至南宋邓椿时已有"画者，文之极也……其为人也多文，虽有不晓画者寡矣；其为人也无文，虽有晓画者寡矣"，乃至于南宋的院画家李唐等人皆能诗善文。

（原刊《阜阳师院学报》1986年第2期，又刊于《中国画》1986年第2期）

七、李唐研究

目录

第一章　李唐研究中一些问题之辩正①

第一节　对历来关于李唐生卒年考证的批评

李唐是从北宋画院复入南宋画院的大画家。历来的论者都把他复入南宋画院的时间定为建炎年（1127~1130年）初，年龄为八十岁左右，地点是临安（杭州）。于是，论者又由此推定李唐的生年是1050年，卒年是1130年（即建炎年末）左右，又进而推定李唐于政和年间初入北宋画院时已是六十多岁或近七十岁了。再根据这些线索去研究李唐的作品大约作于何时何地，以及这些作品的政治倾向和风格变化，再根据这些时间联系当时的社会背景，去分析李唐绘画风格形成的社会因素。这是递进式的论证，但如果最基础的一点被推翻了，其他论述也就"无皮可附"焉。

以前的画史研究李唐皆如上述，且不去一一列举。最近看到一些研究和介绍李唐的书籍或论文仍因前人之说，如：

---

①本章主要内容曾用笔名弃病发表在《美术研究》 1984年第4期上（原题《李唐生卒年考》）。在考证李唐生卒年同时也考证了南宋初期并无画院的史实，以及李唐绘画风格之变迁等问题。

《李唐》（1980年，上海人民美术出版社）一书，定李唐生卒年为约1050～1130年，并说："如果李唐在宋高宗建炎年间已'年近八十'的话，那么，这帧《万壑松风图》可能是他七十岁刚刚出头时候的作品了。"把李唐卒年定为约1130年（建炎四年），显然是根据李唐建炎年初进入临安画院年近八十的"史料"。

《宋代杰出画家李唐》（载《美术研究》1981年第2期）云："如果联系李唐逃到杭州时（原注：应在1127年前后）已近八十岁来看，即使他是政和初年进入画院，也已经是六十多岁的老画师了。"

《辞海》（1980年8月，上海辞书出版社出版）"李唐"条："李唐（约1050年～？）……高宗南渡，李唐亦流亡至临安，以成忠郎衔任画院待诏，时年近八十。"这里把李唐生年定为约1050年，显然是以李唐"建炎初复入临安画院，年近八十"作为依据的。

《中国美术家人名辞典》（1981年12月，上海人民美术出版社出版）更直说："李唐……建炎（1127～1130年）间，太尉邵渊荐之，授成忠郎，画院待诏，赐金带，时年八十。"

《中国绘画史》（1982年12月，上海人民美术出版社出版）："李唐（1050～1130年）"；"《万壑松风图》是他七十多岁的晚年精心之作。"

《中国绘画史图录》等书亦然。

这些结论大抵根据以下史料综合得来：

《画继》："李唐……乱离后至临安。年已八十。光尧极喜其山水。"（按：此处并未有说"乱离后"的哪一年到临安）

《画继补遗》："李唐……建炎南渡……唐遂渡江如杭，夤缘得幸高宗，仍入画院。"（按：此条只说李唐"建炎南渡"，到杭州是哪一年，"入画院"是哪一年，皆不得而知）

《图绘宝鉴》："李唐，……建炎间，太尉邵宏渊（按：有的版本作"邵渊"）荐之，奉旨授成忠郎，画院待诏，赐金带，时年近八十。"

于是乎，有的论者或直说，或虽不直说但其意甚明，即李唐建炎初在临安进入画院时，年已八十岁。如果我未有歪曲论者本意的话，我即可断定：这个结论是错误的。

现从几个方面考证、论述，然后，综而观之，找出其中真谛。

且说金人灭掉了北宋，徽、钦二帝和后妃、公主、驸马等亲王之类贵族，还有在京的大臣，以及包括画家在内的技艺、百工、各局待诏、内侍、僧道、倡优等等，凡有一技一艺之长者，全被掳走（李唐是从金军中逃出来的，详后）。皇族中只有"一个半"人得免，一个是康王赵构，因出使在外；半个是元祐皇后孟氏，因早被废，不居皇室，因祸得福，未被掳走。1127年5月，赵构在南京（今河南商丘）由宗泽等人拥戴，元祐皇后"手书告中外"（《宋史》），当上了皇帝，是为宋高宗，改元"建炎"，乃为南宋之始。

建炎年间，宋高宗一伙正被部分武将保护着，在河南、江苏一带逃难。

翻开《宋史》和有关当时记录的文献，即可以看到，全部建炎年间，高宗逃到哪里，金兵赶到哪里，狼狈不堪。建炎年末，他仍在逃难途中。直到绍兴二年（1132年），他才到了临安。这时已不是建炎年号了。兹录《宋史》中《高宗本纪》部分记载以证实之。

卷二十四："建炎元年春正月癸巳，帝（高宗）至东平（今山东省东平）。"

"（建炎）二月庚辰，发东平。癸未，次济州。"

"（夏四月）辛巳，次单州，壬午，次虞城县……癸未，至应天府（今河南商丘，亦当时南京）。"

"冬十月丁巳朔，帝登舟幸淮甸。"

卷二十五《高宗二》有："（建炎）二年春正月丙戌朔，帝在扬州。""三年春……帝在扬州……（金兵）取彭城，间道趣淮甸。"

"（建炎三年）二月……金人焚扬州"，"五月戊寅朔，帝次常州。""十二月乙亥朔……丙子，帝至明州……辛巳，（金兵）陷常州。"

卷二十六《高宗三》："（建炎）四年春正月甲辰朔，御舟碇海中……丙午，帝次台州章安镇。"

"绍兴元年春正月己亥朔，帝在越州……下诏改元。"

至"绍兴二年春正月癸巳朔，帝在绍兴府……丙午，帝至临安府……己未，修临安城。"（《宋史》卷二十二《高宗四》）

把临安正式定为国都，乃是绍兴八年的事了。

建炎年间，高宗全部都在逃难。他两手空空，身无长物，逃来逃去，性命难保，连必要的统治机构都无法设置，还会在招募画家（何况画院中的一切包括画家已全被金人抢走）？

试问，皇帝不在临安，岂会有人去临安投奔他？进而在临安"授成忠郎、待诏，赐金带"的说法，又如何成立呢？

可见，李唐在建炎初复入画院之说不可信。而且建炎乃至绍兴初，南宋朝廷还根本没有画院（详后文）。

皇帝没有带领画院画家南渡，是可以断定的，至少说，李唐没有随皇帝南渡。李唐只身在太行山遇"盗"，即可证明。既然李唐根本不可能在建炎年间入画院，那么，如果说李唐卒于1130年左右，即建炎年末，那也就是明白地说，李唐在南宋并未见到宋高宗就去世了。而事实上，在南宋（临安），李唐却"得幸于高宗"，关系十分密切，他们还共同创作历史画。《画继补遗》记载："予（庄肃）家旧有（李）唐画《胡笳十八拍》，高宗亲书刘商辞，每拍留空绢，俾唐图画。"即高宗先在绢的适当位置上题字，留出空白让李唐作画。现存世的《晋文公复国图》，也是高宗题字，李唐作画，从画面分析，也肯定是当时合作（还可以举出一些例子）。李唐如果死于建炎年末，安得于绍兴二年之后与高宗合作呢？

可以断定：把李唐的卒年定为建炎年末也是错误的。

李唐的画衣被了南宋一代画家，他实际上领导了南宋的画院，系无旁出。如果没有李唐，南宋画院的画史也许要重写，因而李唐的问题必须弄清。而解决李唐生卒年问题是李唐研究乃至南宋绘画研究的一个基础问题。

第二节 关于日本学者铃木敬的结论

日本著名的中国绘画史研究家铃木敬先生曾发表《李唐的南渡、复院及其风格的变迁》一文[①]（连载于日文版《国华》杂志1982年3月及4月号）。铃木敬先生以夏文彦《图绘宝鉴》中"太尉邵宏渊荐李唐入画院"的史料为基础，作了大量精密的考证，得出的结论是：如果李唐是出于邵宏渊的推荐，则李唐进入南宋画院的最早时间是绍兴二十六年（1156年），最晚时间是绍兴三十一年（1161年）。这样，便把李唐的年龄比一般论者考证的结果推后30年。则李唐进入北宋画院时不足40岁，他创作《万壑松风图》则在50岁之前，南渡时为50余岁。这比时下所论60余岁进画院，70余岁创作《万壑松风图》，80岁南渡，要合情合理得多。而且李唐晚期创作的《青溪渔隐图》等作品与早期的《万壑松风图》等作品在风格上的迥异，也容易理解（经过了二三十年的努力之故）。

铃木氏的考证和结论是值得思考的，他的结论倘能成立，则李唐研究中很多疑问皆可以得到解决。但铃木氏的考证中有些地方立基处仍值得商榷，更麻烦的是他以《图绘宝鉴》所记为本，此书是元人夏文彦所写，倘使所记李唐为太尉邵宏渊所荐这一消息有误，则其他所有的考证皆会付之东流，当然其结论也就不能成立了。实际上，在李唐研究中所出现的错误，主要应由夏文彦来负。如前所云，《画继》谓："李唐……乱离后至临安，年已八十。"并没有说李唐哪一年到临安，更没有说他建炎年已八十岁。而且，一般所谓乱离后，乃指南宋。《画继补遗》谓李唐"建炎南渡"是可信的，也没有说他"如杭"是哪一年，且根本没有提及年龄。说李唐在建炎年间，因邵宏渊推荐而入画院时年近八十的便是夏文彦。一般论者多以夏说为基准，我在上面已作考证，夏

①此文已由我译出，刊于《朵云》第十一集。

说是无法成立的。至少是不可全信的（倒是宋祀通过调查谓：李唐在街头卖画，"日甚困"，投谒中使，由中使奏闻皇帝而入画院的说法可信）。况且，李唐入画院是"建炎年间"和"绍兴二十六年之后"，二说皆因于夏文彦。二说必有一误，岂能以其自相矛盾的半句话为依据呢？所以，铃木氏的结论似难完全成立，只能作为参考。尽管如此，铃木氏的这篇论文，仍很值得一读，他的其他论点和提供的研究线索可以引起读者很多有益的思考。

第三节 考南宋画院复置于绍兴十六年之后及李唐生卒年

如前所述，北宋覆灭时，在京城的宋朝皇室和大臣全被掳走。包括画家在内的"诸色人"（各种有一技之长的人）亦全被掳走。只有赵构逃跑在济州，于建炎五月在南京做了皇帝，尔后便是南逃，一面逃，一面派人向金人求和乞降，自称："朝夕諰諰（战战兢兢），然惟冀阁下见哀而赦己也。"又"连奉书，愿削去旧号，是天地之间，皆大金之国而尊无二上，亦何必劳师远涉而后为快哉"。惊恐、可怜到如此程度，哪里还有闲心去招募画家呢？高宗跑到建康（今南京），听到金军南下的消息，急忙又逃到镇江，听说金军攻陷山东登、莱、密等州，又慌忙逃到常州，最后逃到杭州。在此期间，他是不可能重建画院的。而且比画院更重要的太学、教坊等皆因财力不足而拖至绍兴十三年都没有建立。虽然在宋、金第一次和议的绍兴八年之后，经济略有好转，陆续复置了一些机构，那都是统治的急需机构。

建炎、绍兴初，不但被金人驱散、掠夺光了的教坊、书院、画院等机构不可能重建（恐怕还来不及考虑这些事），就连跟随皇帝逃难的官员还要减。据《宋史》所载，建炎至绍兴初，进行了大规模的减官运动，不但减官，还要减机构。这在日人铃木敬的文章里已有详细的论证，可以参看。此外，《宋史》卷一百六十《职官》至卷一百六十五等章和《宋史纪事本末》卷七十五等书中更有明文记载，例甚多，不一一列举。《玉海》亦有同类记载，如卷一二七："（建炎）三年四月庚申，权罢秘书省，废翰林天文局，并宗正寺归太常，省大府司农寺归户部，鸿胪、光禄寺、国子监归礼部……"诚然，在此之前、之后，减官并机构的事也有，但和建炎至绍兴年间大规模的缩节官吏、合并机构的意义不同，前者多出于政治和某种形势的需要，后者完全出于财力不足。高宗在扬州时就因"四方贡赋不以期至"（《宋史纪事本末》卷七十五）而深感困难，乃至于如《宋史》所载"绍兴初，尝以兵革经用不足，有司请募民入赀补官"。

财力不足，不要说恢复画院等机构不可能，乃至于连跟随皇帝逃难的几个大臣的"俸钱"都发不起。《宋史·职官·奉禄》（卷一百七十二）记载清楚："建炎南渡后，奉禄之制……宰执请受权支三分之一，或支三分之二，或支赐一半。""料钱、职钱"，不仅一般官员只发三分之一或一半，连"宰相、枢密使"也"支三分之二，或支赐一半"。这在《宋史》中多处都有详细记载。连几个官员的俸钱都发不起，也穷到一定地步了。

穷到如此程度，不要说再去招募画家重建画院，就连比画院更为重要的太学、教坊、书院皆无人问津，直到绍兴十三年之后，"兵事稍宁"，南宋的经济开始发达起来，这些机构才一一复置起来。

国家稍有财力，太学是不能不有的，"（绍兴）十三年，兵事稍宁，始建太学"（《宋史》卷一百五十七《选举》）。在此之前的绍兴八年，第一次宋金和议之后，也有人提出重建太学，乃因财力要用于"兵兴"为主而未能实施（《宋史》卷一百五十七《选举》："绍兴八年，叶棽上书请建太学，而廷臣皆以兵兴馈运为辞"）。

一般说来，太学比教坊重要，教坊比书院重要，书院比画院重要（虽然它们的性质不完全一样）。太学建置后，其他一些机构才陆续增置。

音乐，对于皇室来说，是太重要了，乃至于是帝王皇族的象征，需要的场合特别多。春秋以降，历朝皇帝对音乐皆特别重视。只有南宋初高宗朝无力重视。《建炎以来朝野杂记》有谓："教坊，今乐也，建炎初省，绍兴十四年复置。"《宋史》卷一百四十二《乐》十七亦同样记载："高宗建炎初，省教坊，绍兴十四年复置。"①所谓"建炎初省"，实并非省，乃为金人倾巢端走而无存。

据《宋会要辑稿》记载：南宋的御书院复置于绍兴十六年。如前所述，书院历来都比画院处于更重要的地位，实际上，书院的作用也较画院为大，古人修书、修史、实录、奏章等等皆需笔写，而且需要特别工整、有工力的书法，翻开《宋史》，从卷一百一十四至卷一百二十五《职官》部分，御史台、秘书省、秘阁、会要所等等，几乎每有一个机构，都有法定的书写家定员名额，所谓"楷书五人""楷书四人""楷书三人"……尤其是"国史实录院""日历所""会要所""集贤院""太史局""宗正寺"（修纂牒、谱、图籍）等等机构，所需书家更多，这些书家书写的内容，有的要存留后代百世，有的要供皇帝审阅，所以不但要有相当的书法基础，还要有相当的文化修养②，所以这些专职书家有的属于吏，有的则属于官。又《宋史》等书中，凡是书、画并提者，皆把书列于画前面③。书院既优遇于画院，则画院不会早建于书院，最多是同时建立。

---

① 教坊于后来，亦有被取消的，但必须是在音乐人才过剩之后。而建炎年间，乐工全被金人掳去，高宗是非常缺乏这样人才的，据《宋史纪事本末》卷六十二所记："绍兴元年……九月辛亥，合祭天地于明堂，太祖、太宗并配，时，初驻会稽，而渡江旧乐复皆铨散，太常奏权用望祭礼。"可见绍兴初，高宗几乎无一乐工。

②《宋史·选举三》："书学生……明《说文》《字说》《尔雅》《博雅》《方言》，兼通《论语》《孟子》义，愿占大经者，篆以古文、大山二篆为法，隶（楷）以二王、欧、虞、颜、柳真行为法。"

③《宋史》卷一百五十七叙述"书学生""习篆隶三体"在前，而后才叙述"画学之业，曰佛、曰人物、曰山水、曰鸟兽、曰花竹、曰屋木"。又"并书学生入翰林书艺局，画学生入翰林图画局"。亦然。但亦有例外者，如宋徽宗朝，书、画院同受优遇，而画院似又略优于书院。《画继》卷十："政、宣间独许书、画院出职人佩鱼，此异数也。""又他局工匠，日支钱谓之食钱，惟两局（书、画二局）则谓之俸直。勘旁支给，不以众工待也。"但是"又诸待诏每立班，则画院为首，书院次之，如琴院、棋、玉、百工皆在下"。可能与宋徽宗本人特好绘画有关。

由上述可知，绍兴十三年建太学，十四年建教坊，十六年置书院，则画院最早也只能建于书院设置的同年，即绍兴十六年(1146年)。

也就是说李唐进入南宋画院最早时间是绍兴十六年。这一年李唐年八十岁左右。从李唐在画院中又创作了大量作品看来，他在画院不会是很短时间便去世的，所以李唐的生年应为1066年左右，卒年应为1150年左右乃至于更晚。

可以肯定，以前论者谓李唐卒于建炎年末是错误的。日人铃木敬谓李唐于绍兴二十六年始入南宋画院，是有值得思考的一面。而李唐于绍兴十六年之后入南宋画院的推算，则不会有什么大问题。问题是绍兴十六年之后的具体哪一年，尚不得确数。故以绍兴十六年计。

第四节 其他

此外，再补充两点，或可引起读者的思考。其一在当时很多文献中，建炎前后也没有画院的记载。徽宗时的宣和画院并没有宣布解散，也没有保留下来，那是在"靖康之乱"中，随着北宋的灭亡而自行灭亡了，这是可以明了的。高宗即位后，一切都是重新开始，他重新任命元帅、宰相和其他大臣，重新安置机构，但据文献记载，他当时主要起用武将，而且很多武将本起于"盗贼"（起义军）（参见《宋史》卷二十四《高宗本纪》）。如："（建炎）己未，募群盗能并灭贼众者官之。"等等。国家在最危机的时候，首先考虑到生存。只有在国家财政稍微缓和时，才能考虑恢复画院，招集画家。绍兴八年之后，"国家"稍安宁，十三年之后，经济已不太紧张，二十年前后，南宋小朝廷开始富裕起来[①]，于是各种机构慢慢地恢复，画院亦在其中。画院恢复，开始招募画家。旧时画家，一时云集而至，据《图绘宝鉴》所记：

---

①据史料所载，经过高宗、孝宗两朝，南宋的人口由1684万（绍兴二十九年统计）增加到2850万（光宗绍熙元年统计）。

宋 李唐 万壑松风图 绢本设色，188.7cm x 139.8cm，台湾故宫博物院。

李唐（约1066～1150年左右），字晞古，河阳（令河南孟县）人：靖康之耻，李和成千上万的北宋诸色人物一起被押往北国：李唐早期在崇古的气氛中创作；南渡后即李唐后期的画，全出于创作：李唐山水画的成就，一是局部特写，一是大斧劈皴，二者皆前无古人。在南宋，全部山水皆出于李唐一系，且系无旁出。此图作于1124年，李58岁左右，此时他的画功在继承，他跃过郭熙而直承范宽的画派，但他自己尚未开宗立派。

杨士贤，宣和待诏，绍兴间至钱塘，复旧职。

李迪，宣和菽职画院，授成忠郎，绍兴间复职画院副使。

李安忠，居宣和画院……绍兴间复职画院。

苏汉臣，宣和画院待诏……绍兴间复官。

朱锐，宣和画院待诏……绍兴间复职。

李端，宣和画院待诏，绍兴间复官。

顾亮，宣和待诏……绍兴间复职。

李从训，宣和待诏，绍兴间复官。

阎仲，宣和百王宫待诏……绍兴间复官。

焦锡，宣和院人，绍兴间复为画院待诏。

……

其他还有很多画家，皆是绍兴及绍兴之后入画院的。《画继补遗》所记李崇训、刘思义、陈善、马兴祖、阎仲、王训成、鲁宗贵、韩祐等皆绍兴画院画手。总之，记载在绍兴之前的建炎年间进入画院的画家除了李唐之外，还不见第二人。所谓"绍兴间"复职，决非指绍兴初。记载中南宋画院最早的画家，李唐之外便是刘宗古，看来《图绘宝鉴》所记南宋画院这一段，在人名顺序安排上是很讲究的，李唐居首，刘宗古其次，杨士贤等人又其次。

"刘宗古，汴京人，宣和间待诏……靖康乱，流落江左，绍兴二年，进车辂式称旨，复旧职，除题举车辂院事。"刘宗古复职最早，不是"绍兴间"，而是绍兴二年，即皇帝刚到临安时，但他的复职，决不因会作画，乃是"进车辂式称旨"。这个车辂式，我疑心是一种放在车上的、可以转动的盘形卜具（古人把《易》《式》并称，"式"又是一种卜具，《史记·日者列传》有记："分策定卦，旋式定棋。"汉末很多文人通《式》，并喜用式定吉凶，决疑难，六朝此类记载亦多。为了使用方便，往往把这种式放在车前，人坐在车上可以随时见示（按：式上有可以转动的指示针）。国家大事、皇室前途、军队进退等等，皆可以用车辂式"预卜吉凶"。在古代，越是危难之际，这种人才和技术越是需要。所以刘宗古和其他画家不同，他早在绍兴二年就复职了。但他的复职与他善画山水人物、佛像无关，复职后也不在画院，乃"除题举（授职）车辂院事"，是负责车辆等项工程技术工作的官（当时同类的机构合并），这正是绍兴初还不曾建画院的活证。

更有趣的是那位萧照，他和李唐一起南渡，师徒相依为命，而他却也是在绍兴中入画院，而不在建炎年间。

绍兴年号历时32年，所谓"绍兴间""绍兴中"，虽未明指其间哪一年，我们从多方面考察，大抵指绍兴十六年前后（正是"中"和"间"），问题不会太大。是否可以说，南宋画院是绍兴中（十六年）恢复的，而首先进入画院的就是北宋画院跑过来的那一批老画家呢？如是，则李唐也是绍兴十六年才进入南宋画院的。不过最引人注目的是他的画艺最高，年龄也最老。

其次，再从李唐作品的风格变化看这一问题，也十分发人深省。《万壑松风图》上有"皇宋

宋　萧照　山腰楼观图轴　绢本墨笔，179.3cm×112.7cm. 台北故宫博物院藏。

萧照，字东生，世传建业（今南京）人，生卒年不可考。当李唐从北国逃回时，途经太行山，受到义军的盘问和检查，萧见其行囊"不过粉衮画笔而已"，于是随李唐南渡，得其"亲炙"。

宣和甲辰（1124年）春，河阳李唐笔"的题款，如按流行说法，李唐建炎初入画院，死于建炎末，即1130年，那么这幅画的创作距离他的死仅6年时间，距离他进入南宋画院仅3年时间。一般又把他的《采薇图》《晋文公复国图》《胡笳十八拍图》《清溪渔隐图》等列为在南宋画院时的作品。以上画，至今尚可看到，风格差距是非常之大的，前者只是五代北宋初期山水画风格的继承，它基本上是北宋风格的画，尤似范宽；后者是李唐独创的大斧劈皴，是南宋山水画的代表面貌。如依常说，前后相距仅三四年，且李唐又于靖康遭乱，建炎南渡（其间又被金人押往北国），万里奔波，留给他的创作时间也只有一年左右，况又垂暮之年，他能完成那么大的风格变异吗？显然不能。李唐入南宋画院实际是绍兴十六年之后，则他创作《万壑松风图》的年龄应是五十多岁，尔后又经过二三十年的努力和变异，形成了他自己的独特画风，于情于理都是说得通的。反之，于情于理，皆难令人同情。

再次，如果说建炎初，李唐80岁的话，那么，从汴京被带往北国，又从北国逃出，（在太行山又遇"盗"）从北国又往南国，并无车马相随，还要自背行囊，翻山越岭，千里迢迢，兵荒马乱，一个80岁老翁有没有这个力量？一个行将就木的人，有没有这个理想，不是大可怀疑的吗？至于有人说李唐初到临安，对当时的小朝廷还抱有怀疑态度，不肯进入画院，而宁肯在街头卖画，此说更难令人置信。李唐冒死南渡，逾河越海，风胼霜胝，备人世之艰辛，极忠臣之冤酷，千里茫茫，抱着唯一的目的，就是投入小朝廷，哪里还会有"怀疑""不肯"之说呢？只能说当时没有画院，他不得不卖画自给以待。

　　　　　　　　　　　　　　　　　1981年秋于南京师院

第二章 李唐南渡的新发现及李唐思想之分析

第一节 李唐被掳后从金营逃出

李唐南渡，途经太行山。这一问题，颇堪注目。据《画继补遗》所载：

> 萧照，世传建业人，颇知书，亦善画。靖康中，中原兵火，流入太行山为盗。一日，群贼掠到李唐，检其行囊，不过粉奁画笔而已，遂知其姓氏，照雅闻唐名，即辞群贼，随唐南渡。

从这一段记载，可以得知，李唐南渡中，经过太行山。在这里最早遇到萧照。

太行山是河北和河东一带人民抗金武装的根据地。李唐在此地遇"盗"即遇到了人民群众自发的抗金武装，这一点并不奇怪。最奇怪的是李唐南渡为什么会北绕太行山，真的是道地的南辕北辙了吗？

李唐是河南人，家在京城开封之西，乘船顺黄河可以直到。他之所以要南渡，显然是不满于金人的统治（下文还要谈到），不忘旧主，南

宋 萧照 中光瑞应图（局部） 绢本设色 每段约26.7cm x137cm 天津市艺术博物馆藏。
　　萧照是一个爱国画家。此图就是借歌颂宋高宗，宣扬大宋必当中兴，以图达到鼓舞煽
动群众斗志，增强、坚定抗金军民决心之目的。

渡寻随高宗，高宗建炎初在南京（河南商丘），南京在开封东南，和太
行山正是相反方向。后来高宗逃跑的几个地方皆在开封之南。至于迁
都，虽然高宗早已把目标定在杭州，但当时尚未说破，朝臣有建康（今
南京）、杭州和蜀地之争①。但不论从哪方面看，方向皆在南。而太行山
在山西省，正处于开封之北，近则三五百里，远则数千里，李唐本为北
宋宣和画院待诏，居京城开封，他要南渡，何苦北绕太行山，而且绕得
那么远，那么艰苦呢？结论只有一个：李唐南渡起点不是皇都开封，而
是太行山之北更远的地方——金人的根据地，今黑龙江流域（宋徽宗死
于五国城，即今黑龙江依兰），或者，最近也是从燕地出发的。

　　李唐又何以到了那么远的地方呢？

　　上节我已触及到一点这个问题，下面再录一点史料以证实之。

　　《宋史纪事本末》卷五十七《二帝北狩》："（靖康二年）戊午，
金索大成乐器，太常礼制器用，以至戏玩图画等物，尽置金营，凡四

----

　　①《宋史纪事本末》卷六十二："（建炎四年）夏四月癸未……吕颐浩曰：'将来
宜驻浙右，徐图入蜀。'范宗尹曰：'若便入蜀，恐两失之。据江表而图关陕，则两得
之。'"（绍兴）六年……时张浚奏：'东南形胜，莫重于建康，实为中兴根本，且使
人主居此，北望中原，常怀愤惕，不敢暇逸。而临安僻在一隅，内则易生玩肆，外则不
足以号召远近，系中原之心，请临建康，抚三军，以图恢复。'"绍兴八年，帝议还临
安，张守言：'建康自六朝为帝王都，气象雄伟，且据都会以经理中原，依险阻以捍御强
敌。'"绍兴八年，高宗还是决定建都临安。

日，乃止。"

"夏四月庚申朔，金人以二帝及太妃、太子宗戚三千人北去。斡离不胁上皇（徽宗）、太后与亲王、皇孙、驸马、公主、妃嫔及康王母韦贤妃、康王夫人邢氏等由滑州去，粘没喝以帝、后、太子、妃嫔、宗室及何㮚……由郑州去……凡法驾、卤簿，皇后以下车辂、卤簿、冠服、礼器、法物、大乐，教坊乐器、祭器、八宝、九鼎、圭璧、浑天仪、铜人、刻漏、古器，景灵宫供器，太清楼、秘阁、三馆书，天下府、州、县图及官吏、内人、内侍、伎艺、工匠、倡优、府库畜积，为之一空。"

《宋史》卷二十三有和以上同样记载。

《三朝北盟会编》卷七十七有记："（靖康二年正月二十五日乙卯）金人求索诸色人（各种职业者）……又要御前后苑作、文思院上下……系笔、和墨、雕刻、图画工匠三百余家……令开封府押赴军前……如此者，日日不绝。"

同上卷七十八记有："（靖康二年正月二十九日己未）又取应拜郊合用仪仗、祭器、朝服、法物，并应御前大辇、内臣、诸局待诏、手艺染行户……文思院等处人匠……并百伎工艺等千余人，赴军中。"这里的诸局待诏，主要是指包括李唐在内的书画院的待诏。

同上还记有："（靖康二年正月三十日）金人又索诸人物，是日，又取画工百人……学士院待诏五人。"

《靖康纪闻》亦有"押内官二十五人及百工伎艺千人"之类的记载。

金人灭北宋，对北宋的绘画作品、文化典籍和对画家、学士是极其重视的。从上述所记载可知，对画家等诸色人的搜罗，可谓无人能免。百人、千人地带走，诸局能有多少人呢？李唐当时正是画院待诏。据《三朝北盟会编》卷七七所记，金人搜罗其所需要的人才，连那些早已散入民间的，都要派人寻找，全部追回。而李唐正在画院，何能免？金人搜罗的各种人才及皇帝、皇亲、王公大臣，皆被带往北国。当然李唐也在其列。

　　高宗即皇帝位南渡后，被押往北国的人逃回不少。大汉奸秦桧也于建炎年末回来，正是借有人从北国逃回这种背景，秦桧"自言杀金人监己者，夺舟而来"（见《宋史纪事本末》卷七十二《秦桧主和》及《宋史》卷二六《高宗纪》）。实际上秦桧是被金人放回来做内奸的。所以他坐船"航海至"，当然速度快得多。

　　李唐南渡不是自开封向南，而是途径太行山向南，这就清楚地说明，他是从北国金营中逃回，而太行山是必经之途，且当时的太行山正是河北和河东一带人民抗金武装的根据地，金人对此颇有忧虑，在追击逃往扬州的高宗时，金军将领还讨论过对它用兵的问题，岳飞部下著名的将领梁兴当年是太行山首领之一，梁兴在太行山一带抗击金兵，直到绍兴八年，才率众投奔岳飞（《建炎以来系年要录》卷一五八记："绍兴十有八年闰八月庚申……亲卫大夫忠州刺史鄂州驻劄御前选锋军同副统制梁兴卒，兴自太行山率其徒奔岳飞于江夏，从军凡十年……"）。太行山抗金英雄主要是抗击金军，一般不随意杀害行人，而从金营中逃出来的人也愿意经此南行。因而李唐的南渡，大约也是在建炎末，而不会像一般论者认为是建炎初。李唐南渡，不像秦桧那样，有金人准备好了的一套舟楫，"自燕至楚二千八百里，逾河越海"（见《宋史》卷二六）。李唐不但没有舟楫，亦无随身干粮（纵有亦无法背运）。他不但要步行，还要背着"行囊"，携带"粉奁画笔"，步行是极慢的，从北国至南国，跋山涉水，越河渡海。他既背着"粉奁画笔"，可以想见他是边走边靠卖画为生的，否则他是无法活下去的。因而，我们可以推知，他的画风的改变就在此时，因为他要靠卖画为生，当时的动乱社会，他的画不可能太贵，他必须多画，如果还像他在北宋宣和画院那样画工整严谨的画，再涂上青绿颜色，再勾金，长期作业，逾月一幅，且耗费太多，他的生活将无从着落。他必须放快速度，侧笔横扫，且不能再用复杂的颜料，也不能再作如北宋时那样三拼大幅，只有这样，他才能多画多卖（李唐后期的画总不像前期那样宽绰，幅度越来越窄，前期的《万壑松风图》纵188厘米，横139.8厘米，后期的《采薇图》不过纵27厘米的小卷，《清溪渔隐图》不过纵25厘米。后期即使画长卷，也很简练，幅度不宽）。

李唐卖画南渡，到了太行山，遇到了萧照，萧照即辞别抗金队伍（可见是一支自愿组织起来的队伍，来去自由），跟随李唐南渡，向李唐学习绘画。至于二人如何走法，经过哪些地方．尚无史料可证。但萧照是建业（今南京）人，估计他们要经过建业，而后投奔临安。何年到临安，亦不得而知，他到了临安，依旧报国无路，归家无门，于是流落街头卖画为生。直至绍兴十六年后，画院恢复了，他才得进入画院，结束了他的动荡不安生活。

第二节　李唐思想管窥

李唐是有民族骨气的人，是爱国主义者。

金人大掳画家、伎艺、百工及有成就的文人、学士，并不是残害他们，而是要使用他们，发挥他们的特长，并给优厚的待遇。对这些学有专长的人物，金人也特别尊重，乃至于他们的子孙都在金人照顾之列。《说岳》上写金兀术把自己敌手北宋大将陆忠之子陆文龙抱回北国抚养的故事，虽系小说，倒也反映了一定的历史事实。《三朝北盟会编》卷六三记载："粘罕在西京，令人广求大臣文集、墨迹、书籍等。又寻富郑公（弼）、文潞公（彦博）、司马温公（光）等子孙，时唯潞公第九子（文）殿撰维申老年杖履先奔走出城，乃遗一妾一婴儿，粘罕既得，抚之良久。"临行时还送给文维申的妾和婴儿很多"衣服珠玉，为压惊"。留在北国的文人画家更是享受很高的待遇，米芾的女婿吴激（？～1142年）就是奉宋命出使金国，被金人扣留，而任翰林待制，吴激精诗、文、字、画，在金国成为文坛上著名人物。和李唐同时的画家还有一位王竞（？～1164年），字无竞。原是北宋宣和时的主簿，被掳往金后，便在金服务，官至金室的礼部尚书。王达也是在北宋灭亡时，留在北方的，后来成为御前承应画家，地位甚高，颇受厚遇。后来的画家王庭筠等在金都颇受优遇。

据《金史》卷五十六记载，金的宫廷机构中"于秘书监下设书画局，又在少府监下设图画署"，在"裁造署中"也设"有画绘之事"，其中画家，大多是从北宋掳或召去的。

李唐只要留在金国，必将受到很高的待遇。他要逃跑，还要遇到杀身的危险。建炎年间，李公麟的书僮，后来成为名画家的赵广就是拒绝为金人作画，而被金兵断去了拇指①。

李唐放弃了优遇而舍命南逃，历尽千辛万苦，表明了他不满于金人的侵略行为。表明了他热爱自己的故国，不贪恋荣华富贵，具有强烈的民族正义感②。

李唐在后来创作的作品中，更明显地表现了这种爱国激情和民族正义感。

他画《采薇图》明白是讽刺那些降金的臣僚，表明自己的爱国气节。他画《晋文公复国图》寄托着驱赶侵略者、恢复宋统治的强烈愿望。这在下面，我还要深入地分析。

---

① 此事系金的下层军人所为。但李唐去北国途中，亦为下层军人所监。

②金虽亦属中国，但当时发动侵略性的战争，却是非正义的。本书对民族关系问题，暂置不论。

第三章　李唐的生活道路

通过上两章的研究——对李唐生卒及思想和生活道路诸问题的辨正和探索，再结合一些文献记载，本章可以为李唐作一小传了。

李唐（约1066～1150年左右），字晞古，亦作希古，河阳（今河南孟县）人。

李唐少年时代是怎样度过的，尚不清楚。但是他学过诗、书，尤精于画，是无疑的。他37岁之前就颇有名气。曾经有一位毕文简公得过一幅唐本的名画《邢和璞悟房次律图》，画中"和璞神凝示悟、房琯沉思如真"，很有历史价值和艺术价值。崇宁二年(1103年)，毕文简公的后人要把此图复制为别本以藏，就去请当时仅三十七岁左右的李唐临摹[①]，李唐完成了这一难度较大的工作。

宋徽宗政和年（1111年～1118年）中，李唐四十八岁左右，赴开封参加当时皇家举办的图画院考试，那一次试题是《竹锁桥边卖酒家》，参加考试的人大多都在酒家上着工夫，惟李唐画桥头竹外挂一酒帘，深

---

① 事见董逌《广川画跋》，董逌在宋宣和年间以考据赏鉴擅名。

得"锁"意。宋徽宗亲自审阅试卷，很喜爱李唐的构思，于是李唐以第一名的成绩被补入画院[1]。从此，李唐就在皇家的画院中学习和创作，成为一名专业画家。

李唐在画院期间，曾经到宋徽宗的第九个儿子赵构那里去过，赵构后来当了皇帝，当时居住在康邸[2]。赵构爱画，尤喜书法，"（李）唐尝获趋事"，大约是为赵构作画，或者指点赵构学画学书。

李唐在北宋，虽然不像后来在南宋那样显赫，但也是一位很知名的画家了。元人宋杞跋李唐《采薇图》有云"唐……在宣靖间，已著名"，当非虚语。李唐于宣和六年甲辰（1124年）创作的《万壑松风图》，现仍存世，可以看出，他在北宋时期的山水画成就，已经大大不同于画院的先辈郭熙了，其画笔已直追范宽、荆浩、李思训。

正当李唐在艺术道路上蓬勃发展的时候，北宋王朝遭到了灭顶之灾。公元1127年（靖康二年），金人攻陷了东京，掳走了徽、钦二帝，

---

[1] 明唐志契《绘事微言》："政和中，徽宗立画院，召诸名工，必摘唐人诗句试之。尝以《竹锁桥边卖酒家》为题，众皆向酒家上著工夫，惟李唐但于桥头竹外挂一酒帘，上（按：指宋徽宗）喜其得'锁'字意。"又：《画继补遗》谓李唐于"宋徽宗朝曾补入画院"。按：有的学者认为，"补入就不是通过考试进入"（见《关于宋代"画家"》载《美术研究》1981年第1期），似非"补入"，除了"特补"和"荐补"外，一般皆指通过考试补入（即使"特补""荐补"，也多要考试。参见《宋史·选举》）。试举《宋史》卷一百五十七《选举》三"补试医学"为例说明之："淳熙十五年，命内外白身医士（指民间医生），经礼部先附铨闱，试脉义一场三道，取其二通者赴次年省试，经义三场一十二道，以五通为合格，五取其一，补医生，俟再赴者试升补，八通翰林医学，六通祗候。"这里的"补入"和"升补"，都是经过反复考试才能补入的。《宋史》中类例甚多。一般说"补入"即"考入"。俞成《萤雪丛说》中说："徽宗政和中，建设画学，用太学法补试四方画工，以古人诗句命题，不知抡选几许人也。尝诗《竹锁桥边卖酒家》。人皆可以形容，无不向酒家上着工夫，惟一善画，但于桥头竹外挂一酒帘，书'酒'字而已，便见酒家在内也。"这里说的补试明白是考试。《宋史》卷一百五十七又有："必俟试中，方许转补。"

[2] 《画继补遗》："高宗时居康邸。唐尝获趋事。"康邸即赵构的官邸（住宅），赵构时封康王，故其官邸称为康邸。《宋史纪事本末》卷五十九记元祐皇后孟氏"手书告中外"中有"……缵康邸之旧藩，嗣宋朝之大统"，亦此意。

同时掳走了所有的宫廷画家及其他伎艺百工，连早已散落在民间的一些艺人也被千方百计地追回，然后押往北国。李唐当时正在画院，他和成千上万的宋朝诸色人物一起被押往北国。

建炎年初（1127年），惟一没被掳走的徽宗第九子康王赵构在南京（河南商丘）登上了皇帝位，是为宋高宗。于是金军立即把攻击的方向指向赵构，赵构开始了几年的逃难生活。已灭亡了的赵家王朝又继续下来了。这时，很多人闻说赵构南渡事，纷纷从金营中逃回，李唐也冒死从北国逃出，长途跋涉，南渡寻投宋高宗。

李唐南渡，经过太行山，这里是梁兴等人率领自发组织的抗金部队的根据地。李唐在这里遭到了抗金部队的盘查，其中有一位从建康（今南京）赶来参加抗金队伍的英雄，名叫萧照，也颇知书，又善画，他发现李唐所背的行囊中，尽是些"粉奁画笔"之类，于是才知道这位南渡的画家就是李唐。李唐在宣靖间已著名，政和中考试又名列前茅，萧照是久仰他的大名的（《画继补遗》："照雅闻唐名。"）。于是，萧照便辞别抗金队伍，跟随李唐南渡，李唐"尽以所能授之"，师生一边南渡，一边切磋画艺。

大约是绍兴初年，李唐和萧照赶到了临安。宋高宗是绍兴二年才到临安的。绍兴初，朝廷忙于军事，财政又特别紧张，不仅很多急需的机构无法设立，就连在皇帝身边的重要谋臣的俸钱也发不起。所以，一时无法恢复画院，李唐只好在街头卖画为生。李唐在北方名气颇大，但在临安却"无所知者"。他的画时人尚不赏识，李唐很苦闷，写了一首诗以发泄胸中块垒，诗曰："雪里烟村雨里滩，看之如易作之难。早知不入时人眼，多买胭脂画牡丹。"

李唐的画销路不好，因而他的生活日加贫困[①]。但一个酷爱艺术的画家，是不愿放弃他的事业的，他依旧在艺术的道路上艰苦地探索着。

---

①宋杞跋文："唐初至杭，无所知者，货楮画以自给，日甚困。"

绍兴十六年之后，南宋朝廷开始富裕起来，于是恢复了书画院，开始招募画家。有中使在杭州发现了李唐的画，甚为惊喜，曰："此待诏作也。"李唐听说画院恢复，也投上一份名帖，希望再进画院，中使闻奏皇帝，于是李唐复入画院[1]，为画院待诏，并赐金带。这时李唐已经是八十岁左右的老画家了。

政和中，李唐初见赵构时，赵构还是个孩子，此时，也已经是四十岁的皇帝了。赵构和李唐的关系甚为密切，他曾在一匹绢上书写《胡笳十八拍》的诗句，每一拍留一段空白，等李唐去根据诗意作画；现存的李唐《晋文公复国图》上，也有宋高宗书写的《左传》文；李唐画的《长夏江寺图》上，高宗还题上"李唐可比唐李思训"几个大字。历来的叙说，高宗是特别喜爱李唐的画的，这倒不仅是因为他们的私人关系好，而且也因李唐的绘画成就确实高超。

北宋末年，所有的绘画遗品全被金人掳去了，而中国绘画又是重视传统，以"传移摹写"为先的，在失去了作为临摹典范的传统绘画情况下，南宋画院的山水画家只好向李唐学习。李唐死后，他们也主要临摹李唐的作品，其中以刘松年、马远、夏珪的成就最卓越。所以，后世称李唐和刘、马、夏为"南宋四大家"。当然，成就最高的还是李唐，他实际上是南宋画院的领袖。

---

①参见宋杞跋文："唐因投谒中使，奏闻，而唐之画杭人即贵之。"按宋杞系杭州人，其跋文出于他的调查。其说："中使推荐。"较为可信。《图绘宝鉴》谓："李唐……建炎间，太尉邵渊（一作邵宏渊）荐之。"似不可靠。太尉是武官的最高衔，而《宋史》无邵名。又，当时新起的武将，除岳飞之外，多不识字，一个武将会推荐一个画家？可疑。故宋杞亲闻之说较合理。

第四章　李唐的作品

李唐是一个全能的画家，人物、花鸟、山水，无所不精。

第一节　李唐的人物画

李唐的人物画，现在存世的尚有《晋文公复国图》和《采薇图》等。

《晋文公复国图》是根据《春秋·左氏传》中鲁僖公二十三、二十四年（公元前637～前636年）的传文意思画出来的，这一段传文记的是晋公子重耳"及于难"奔走于外，经历了狄、卫、齐、曹、宋、郑、楚、秦，历十九年，备受艰辛，最后回到晋国，夺得政权，成为春秋五霸之一的强国。现存的画有六段：

第一段，画的是重耳逃到宋国时，"宋襄公赠之以马二十乘"。

第二段，重耳逃到郑国，郑国国君郑文公不愿接待他（亦不礼貌）。画的是郑国大夫叔詹劝谏郑文公以礼相待，而郑文公不听劝告的情节。

第三段，重耳逃到楚国（楚国国君成王热情招待他——此情节未画出），楚国国君派军车送重耳去秦的场面。

第四段，重耳逃至秦国，秦国国君将五个女儿嫁给重耳。画上五女争相服侍重耳，为之"沃盥"（浇水洗手）。

第五段，鲁僖公二十四年春正月，重耳即将回到晋国，到了黄河边，跟随他共患难的舅父子犯（狐偃）献璧给他，要求告辞。重耳知其意，发誓和子犯同心同德。

第六段，重耳接管了晋国军队，进入曲沃城，"朝于武宫"（朝见祖庙）。

画取的是连环式，每一段都有树石、车马、房屋作配景，每一段都有赵构亲书的《左传》文字。

此图的"箴规"作用，一看便可明白，乃是激劝宋代君臣，不怕艰苦、不计荣辱，为复国而努力。李唐很早就认识赵构，北宋末年，赵构的艰苦经历就颇类重耳。据《宋史》卷二十四《高宗纪》云："宣和四年，始冠，出就外茅。""靖康元年春正月，金人犯京师……帝慷慨请行。遂少宰张邦昌为计议使，与帝俱。金帅斡离不留之军中旬日。""进邦昌为太宰，留质军中，帝始得还。""十一月，诏帝使河北"，"帝由滑、浚至磁州"，"帝率兵离相州"，"帝至东平"等等记载，直至南渡，四处奔波，历尽艰辛，颇类当年的重耳。

此图从选题到取材，画面的取舍，都能体现出李唐的用心。

《采薇图》有款二行，于石壁上，曰："河阳李唐画伯夷叔齐。"内容是根据司马迁《史记》中的《伯夷列传》而画成的[1]。画面表现的是伯夷和叔齐隐于首阳山，"采薇而食之"，宁肯饿死，而不做周的降民。显示了伯夷、叔齐的顽强气节。画面不选伯夷、叔齐互相推让王位和"叩马而谏"阻武王伐纣的场面，而选夷齐"隐于首阳山，采薇而食之"的场面，正如宋杞的跋语谓："意在箴规，表夷、齐不臣于周者，

---

①《孔子》《孟子》《庄子》《吕氏春秋》中，亦提到伯夷、叔齐，内容不一。然此图内容出自《史记》。

为南渡降臣发也。"其箴规用意及表现李唐本人气节，是显而易见的。

下面略谈二图表现手法的特色。

两图皆作于南渡之后，皆是李唐后期之作，但表现了李唐绘画的两种不同风格（详第七章）。一个大画家在同一时期画出截然不同的风格，这在画史上是常见的。我在第七章中也认真地谈了这个问题。古人有所谓"吾尝喜气而写兰，怒气而写竹"，表现了同一个画家在不同心情下的创作意趣。心喜，笔柔而转，适于写出兰的转曲飘逸；心怒，笔刚而猛，易顿易挫，适于写出竹的刚硬挺锐。是画的表现方法，不但和技巧有关，更和画家的心情有关。当然，较低下的艺术品，表现画家的心境情绪是不强的。

《晋文公复国图》的线条是细而匀的，圆而转的，画这种线条心气要尽可能平和，用力平均，速度不迟不速。这种线条主要是对传统线条的继承。李唐曾经学过李公麟，相传《维摩诘像》是李公麟作。如果拿《维摩诘像》和李唐的《晋文公复国图》相比，可以发现确有很多相似之处。李唐也学过唐画，他曾一度崇古（详第五章），所以从此卷中还可以看出自顾恺之以降春蚕吐丝式的传统画法，但李唐似更成熟些，也略有些变化。传世李公麟的画最为可靠的是《五马图》。《五马图》中人物线条和此图中线条亦有些相似之处，但《五马图》中的勾线显然有方而折的地方，线条比较强硬，起止分明，也不像春蚕吐丝那样细匀和柔软。

《采薇图》中的线条倒可以看出受了李公麟一些影响，虽然它是李唐本人的突出面貌。

《采薇图》的线条就是方而折的，刚而硬的，线条本身有起止粗细的变化，尤其是出现了顿挫（以前的线条则不多见），一般称之为"折芦描"。画这种线条，心境则不可能完全平和，必具一定的激情，转折处尤能传达作者的情趣。他下笔很重，勾、勒、转、折，刚中有顿挫，力量不是平均的。既不同于顾恺之"春蚕吐丝"式的温雅平和，也不同于张僧繇、吴道子式的点、斫、曳、拂之豪纵，而是具有一定的刚怒之气。虽然刚性的线条，在李思训的画中已开始出现，但李思训线条的刚性不强，且仍然是均匀的，无起止和粗细的变化，转折处也不像李唐那样猛烈而具有激情，更没有狠力的顿挫。所以，自古论者常谓李唐后期画风"不合古法""欠古法"，从另一方面观之，斯言亦得之矣。

此图中的衣纹勾勒后，又用淡墨重勾一遍，略加渲染，显得很丰富。

在人物性格刻画上，二图尤注意传神和人物身份的表现。《晋文公复国图》第三段，楚成王送重耳去秦一节，端坐在车上的重耳等人态度矜持，凝神静思，显示了一位贵子和未来国君的特有身份。其他侍从人员，或东张西望，或谨慎侍候，或志气昂扬，或伸首曲背，一看便知是侍从的身份。第五段中，快回到晋国了，艰苦即将过去，重耳在秦军帮助下，马上便可以夺得政权，子犯要试探重耳以后将待他如何，于是拿出一块璧来献给重耳，表示自己要离去，子犯躬身捧璧，低着头，却瞪着眼睛偷视重耳，等待重耳的答复，子犯的复杂心理，通过眼神被表达得十分生动。

马的神态亦求变化生动，力破呆板。第一段中，被牵进帐幕内的两匹马，神态安逸，刚跨进帐幕的马低头寻觅，帐幕之前二马挣退、嘶鸣，皆跃然纸上。联系詹景凤《玄览编》所云："李唐《春牧图》，牛欲前行，童子力挽之，势甚奇。"虽然其图今已不可见，亦可知决非虚语。

《采薇图》中，伯夷、叔齐的神态刻画比《晋文公复国图》更进一步。图中正面坐着的当是伯夷，侧面倾身而坐者，当是叔齐。伯夷双手抱膝、头微侧，正在静听叔齐的议论，他忧愤的面容略带沉思。叔齐右手撑地以一只手支持斜倾的身体，左手扬起，伸出二指，似乎在和他的兄长谈说武王伐纣是"以暴易暴兮"。人物的关系、姿势，都达到了传神的良好效果。正如张庚所说："二子席地对坐相话言，其殷殷凄凄之状，若有声出绢素。"（《图画精意识》）

　　环境的衬托及藏与露的安排，也显示了李唐的艺术成就。《晋文公复国图》中第一段，宋襄公所送二十乘马①，并未完全画出，大部分藏在帐幕之后。第三段楚成王派人送重耳去秦，浩大的车马队伍，很大的场面，并未全部画出来，在前面大块的山石及茂密的树丛中隐约露出车马旗仗、人物的一部分，真是"景愈藏景愈大"，事半而功倍，给人感觉是后面还有无穷的队伍。联想李唐画《竹锁桥边卖酒家》，善得"锁"意，看来确是李唐的擅长。第五段，重耳、子犯等人立在黄河岸边，面对空阔的大水，虽是内容的需要，到底也显示了意境的优美。人物、车马藏遮显露，皆各得当。第四段，五女有的半藏于门内，有的遮于他人之后。第五段，赵襄、贾佗隐于石后，重耳、子犯全显于石前，不仅表现了主次，也增加了画面的变化，破除了单调感。

　　《采薇图》用浓重的背景衬托出两个淡色衣着的人物，效果尤为特出。二人前后藤条缠绕的古松，显示了荒山无人的环境，可以使人马上联想到这里似乎是周朝所不管的地方，他们远离人世，只与禽兽为伍，林泉作伴。更衬托出"天下宗周，而伯夷、叔齐耻之，义不食周粟"的决心和气节。两个锄头，一个竹篮，显然是二人用于采薇用的。两个锄头不是铁质的，而是木质的，可以想到是二人逃到首阳山后临时采集木块制造的，这里没有铁，这些都是说明故事内容的必要"语言"。

　　邹迪光题《采薇图》有云："二人对话，酷有生态，一树离奇偃蹇，一树叶欲脱不脱，信腕挥运，自生妙理，真大匠手也。"（《石语斋集》）今天，可以再借用邹迪光语曰："当时之评，固无虚语。"

　　据《画继补遗》记载，李唐还画过《胡笳十八拍》。这是汉末蔡文姬的故事。汉末天下大乱，著名学者蔡邕之女蔡文姬被俘去北匈奴十二年，她生了两个孩子，后来曹操把她赎回，她既盼望回国，又惦记两个

---

　　①按：古所谓"一乘"，乃一车四马，李唐画中一车一马，不合古制。

孩子，《胡笳十八拍》的诗写的就是蔡文姬的不幸遭遇。它反映战争给人民带来的苦难。这种苦难现象在北、南宋之际最是屡见不鲜，连皇帝都被俘往北国，大批的画家、伎艺、文人学士等等被拘往北国，他们怎能不思念家乡，他们怎能不用自己的笔描写自己的心境？所以《胡笳十八拍》或《文姬归汉图》在当时画者特多。现存张瑀的《文姬归汉图》当属此类。此外，台湾故宫博物院还藏有南宋的《文姬归汉图轴》，还有陈居中所作的《文姬归汉图卷》（陈居中曾沦陷于北方）。美国波士顿博物馆尚藏有南宋的《文姬归汉图》（残册）四幅，以及《胡笳十八拍》。南京博物院还藏有明摹本宋人的《胡笳十八拍》，大抵皆是受李唐的影响，也反映了当时人们的共通心境和思想倾向。

据厉鹗所记，李唐所作"托意规讽"的画，还有《观潮图》之类。总之，这个"之类"的作品是颇能反映李唐的爱国思想的。

据各文献记载，李唐也画了不少美化南宋太平、民生安乐的作品，如《村社醉归图》《春牧图》《村庄图》之类，当属李唐最晚期的作品。李唐的传人马远的《踏歌图》亦属这类作品，今日之论者多批评李、马之流不合实际地粉饰太平。其实南宋统治者虽然剥削压榨人民，比较而言，南宋绍兴中后期的经济还是不错的。经过高宗、孝宗两朝，南宋统治下的人口由1984万增长到2850万，这个事实便是明证。北方的战争使一部分人民，尤其是具有一定生产技术的手工业者流入南方，不仅充实了南方的劳动力，也给南方带来了新技术，所以南宋小朝廷还能够富裕。这不仅在画家笔下有所反映，在诗人笔下也有反映。如常见的陆游"莫笑农家腊酒浑，丰年留客足鸡豚"，辛弃疾"稻花香里说丰年""酿成千顷稻花香"等等皆然。

李唐这类画今日不可见，但从元人朱德润《题村社醉归图》诗中可以了解它的内容。朱诗云："村南村北赛田祖，夹岸绿杨闻社鼓。醉翁晚跨牸牛归，老妇倚门儿引路。信知击壤自尧民，季世袭黄不如古。"

李唐的这类作品大量出现，又证实了他复入南宋画院是绍兴十六年之后，卒年当在绍兴二十年之后，因为建炎年间及绍兴初，兵荒马乱，民不聊生，是没有这种太平乐业之景象的。

李唐作画的题材是很丰富的，他画了不少古代题材的作品，如《扁鹊授方图》《问礼图》《击梧图》《虎溪三笑图》《香山九老图》《付岩图》《高逸图》《独钓图》《袁安卧雪图》《高士鼓琴图》《列子乘风图》《桃源图》等等，其中反映隐逸生活的题材也较多。一位专业画家题材丰富，是很易理解的，但反映隐逸的内容居多，是不是也反映了李唐思想中的另一面呢？

隐逸、消极正是南宋爱国画家和爱国诗人激烈情绪的另一面。急切的爱不能实现时，便可能产生恨，极端的热情遭到挫败时，便可能产生冷漠，矛盾的发展总是走向反面，在整个南宋是共通的。伟大的爱国主义诗人陆游高歌"一身报国有万死"，还要"泪洒龙床请北征"，但失望时他又低唱"百年细数半行路，万事不如长醉眠"，"日长似岁闲方觉，事大如天醉亦休"，甚至还说："君看赤壁终陈迹，生子何须似仲谋。"辛弃疾有"金戈铁马，气吞万里如虎""壮岁旌旗拥万夫"，也有"我亦卜居者，岁晚望三闾"。抗金英雄岳飞有"怒发冲冠"，也有"欲将心事付瑶琴，弦断有谁知"。消极、隐逸的作品也许正是奋发积极，即抗金复国的愿望无法实现时的一种副产品。南宋爱国的画家和爱国的诗人们作品的基调是一致的。

南宋小朝廷安于一隅，"无四方志"，李唐们的鼓动、讽谏亦不起作用，使他失望，无可奈何而产生一些消极思想，但却不能掩盖李唐们对国家和人民负有强烈责任感的主流。何况，李唐在复入南宋画院之前，曾度过犹如隐居一样的闲散生活约二十年，他对此颇有体会，画家总爱画自己熟悉的题材，或者说总爱画"自己"。

第二节　李唐的花鸟画

宋代所谓"花鸟画"的范围比较狭窄，仅限于花和鸟。畜兽、竹石、鱼虫皆另立科目（山水中，树石、木屋也是各自立科的）。今日，我们把中国画分为山水、人物、花鸟三大科，则树石、村落、楼观等多半归于山水，兽畜、竹石、蝶虫之类多归于花鸟。花鸟画实则是动、植物画，以花代表植物，以鸟代表动物。我在此节论李唐的花鸟画，是以现在的"花鸟"定义，即包括他画的畜兽在内的。

李唐的花鸟在当时尤为突出。

吴其贞《书画记》中记有李唐《梅竹禽雀图》，并云"甚剥落"，然"精彩尚在"。《严氏书画记》中还记有李唐的《古木寒鸦图》，他自己也说："早知不入时人眼，多买胭脂画牡丹。"可惜这一类作品虽然很精彩，今天已不可见了，记载亦不详，不可言其具体。

据历来的叙说，李唐"尤工画牛"（《图绘宝鉴》），"善作山水人物，最工画牛"（《画继补遗》），等等。则他在当时花鸟画的成就可能大于山水和人物。本来，北宋画院的花鸟画成就就是高于山水的。

记载中，李唐的画牛之作也确实多，如《桃林纵牧图》《放牧图》《春牧图》《秋牧图》《烟林春牧》《风雨归牛图》《三生图》等等。《清河书画舫》所记李唐的《桃林纵牧图》："不知者谓为戴嵩。"戴嵩乃唐代画牛名家，当时及后，皆称韩马戴牛，即韩干的马，戴嵩的牛。李唐的牛被人误认为是戴嵩所画，可见其精彩之至。《清河书画舫》还记"李唐尤工画牛，得戴嵩遗法"。

《东图玄览》记："李唐《春牧图》，牛欲前行，童子力挽之势甚奇。"

吴其贞《书画记》载："李唐《风雨归牛图》……有一牛乘风而奔，气韵如真，为神品。"又记："李唐《牧牛图》绢画一幅，树下有水，牛欲右行，而牧童欲牵左转，两下努力相持，使观者亦自费力。"

以上记载，亦可略见李唐画牛成就之一斑了。

李唐画的牛今日不多见了。《乳牛图》一直传为李唐之作。在传世的宋人画牛图中，似此图者不少，然如此图之精彩者却不多。画中一头大水牛从右边石坡向左奔跑过来，几出于缣素。一头乳牛从右后方追随而至。大水牛背上卧着一位牧童，牧童招呼乳牛，乳牛望着牧童，神情姿态皆栩栩如活。石坡上一片竹林，下有杂草，用笔劲挺瘦硬，似李唐早、晚期之间的画风。从此图中可以看出南宋的其他画牛之作确皆出于李唐。

师法李唐的阎次平所画之牛也有存世，尚可以见到。阎次平是绍兴画院待诏阎仲之子，他的画学李唐。《画继补遗》记："阎次平……写山水、水牛，仿佛李唐。"《图绘宝鉴》说："阎次平……画山水人物，工于画牛，次平仿佛李唐。"阎次平的画虽不逮李唐，从现存的阎次平《牧牛图》看，其画树基本上就是李唐画树的形貌，那么牛似李唐的牛，则是无疑的了。阎次平画的牛形象精确、神态逼真，我们从他的画上不难见到。李唐的牛比阎牛更妙，那就可想而知了。陈衍题阎次平《风林放牧图》云："宋时朱羲、祁序与李唐皆工画牛，得荒闲野趣，右树木笔墨绝似李，而坡石皴法又不类，传云次平学李唐而工画牛，得无是邪？凡鸟兽皆迎风立，画上树叶离披，老牧掩面支策，牛独举首掀鼻当风，其神情融景会趣，盖善得物情非徒粉绘也。"（《大江草堂集》）

现存画迹中，南宋的画牛图还不算太少，形式中皆有一些相同之处，大抵皆受李唐的影响。

李唐的花鸟画，因无很多可靠的作品遗世，这里仅作一些介绍和分析。但我再重说一遍，历来的记载，李唐"尤工画牛"，可见他的花鸟画成就在当时是最高的。不过，对后世的影响，以及奠定李唐在画史上地位的，还是他的山水画。下面，我将用两节篇幅，论述他的山水画。

第三节　李唐的山水画（上）

李唐的绘画对后世产生极大影响的，乃是他的山水画，或者说，李唐流派的形成，主要表现在他的山水画上。

宋 李唐 江山小景图卷（一） 绢本设色，尺寸49.7cm×186.7cm. 台北故宫博物院藏。

李唐的山水画，有两种不同的风格，是以"南渡"为分界的（虽不尽然）。从现存的李唐山水画来看，《万壑松风图》和《江山小景图》以及《奇峰万木图》乃是南渡之前的作品。《清溪渔隐图》和《采薇图》（其中有山水部分），当是南渡之后的作品。

《万壑松风图》，巨幅绢本，纵188.7厘米，横139.8厘米。画中一主峰突兀当中，"上留天""下留地"，主峰左右的远峰（淡墨）上有款一行曰："皇宋宣和甲辰春，河阳李唐笔。"画的当中略下是一群松树，浓密团结，右下有崎岖的小道山路通上，左下有溪水流出，进入左下角的石潭。全图有飞泉四五处，山势雄伟敦厚，石质显得坚硬方直，棱角有尖锐感。山石的外轮廓线刚劲，但因皴法浓密，外轮廓线不像后期那样清晰。所用皴法，短条子、刮刀、钉头、雨点等俱有，总的看来当属小斧劈皴。松树丛紧密沉重，或两株，或三株，或四五株交叉穿插，组织有致，树根多露于石外，树干用鱼鳞皴，节疤浓重，山头皆有或高或低的丛树，主峰树丛尤为浓重，山中有云气。从骨相上看这种画法很显然是来自荆浩和范宽。荆浩的山水画，现存《匡庐图》。米芾《画史》云："范宽师荆浩……却以常法较之，山顶好作密林，自此趋枯老，水际作突兀大石，自此趋劲硬。信荆之弟子也。"此说正和《匡

宋　李唐　江山小景图卷（二）　　北宋的山水在构图上"上留天之位，下留地之位，当中方立意定影"，南宋山水画在构图上往往截取山水景致的一段，上不留天，下不留地，此图正处于二者之间，但已向简易荒率、一角特写等方面发展。

庐图》相符。以《万壑松风图》和《匡庐图》相较，相似处还是不少的，其渊源关系甚为明显。致于范宽的画，存世很多，即如常见的《溪山行旅图》和李唐的《万壑松风图》比较，其师承关系，一目了然。李唐早期的画师法荆浩、范宽，尤近于范。

以上只是从山石的骨相上来论述的。一般读者看到的《万壑松风图》的黑白版印刷品，总误认为此图是纯水墨，因而认为它完全出于范宽，其实这幅画敷有浓重的青绿颜色①。明人曹昭在《格古要论》中谓："李唐山水画初法李思训，其后变化，愈觉清新。"李思训的山水画主要是用略带刚性线条勾勒出山石的轮廓和简单的石纹，质体全靠青绿颜色去表现，说李唐法李思训，是有根据的，不过不是专法李思训一人而已。

李唐的《万壑松风图》作于"宣和六年"，此时李唐五十八岁左右。一般论者说李唐在北宋画院中画名不显著，地位也不高，其实李唐以第一名考入画院，"成名于宣靖间"，可以说他的名字还是显著的，

① 此图在海外有和原作相同的复印本。

只是没有在南宋时那样大而已。此时李唐的画功在继承。他跃过郭熙的画派而直承范宽的画派，但他自己尚未开宗立派，山水画"李成范宽一变也"，"刘、李、马、夏又一变也"。实则主要是李唐一变。李唐在北宋的时候尚谈不上一变，至少说，在北宋时，变化还未有成功。我们可以从这一幅可靠的真迹《万壑松风图》中，找到证据。

李唐的《江山小景图》，其实画幅并不小，纵49.7厘米，横186.7厘米。画的下部一排山峰，高低参差，山峰上密密的丛林中藏有众多宫观楼阁。最堪注视的是那条弯曲的有栏杆的小道，从下右方弯弯曲曲，一直通向山头，仍然体现了郭熙《林泉高致》中所说的"可游可居"的山水境界。画的上部，除右上角有一块滩头树林，再远处隐约有一排小山头之外，一半以上皆水。水法用的仍然是鱼鳞纹，还没有像《格古要录》中所记的"其后水不用鱼鳞纹，有盘涡动荡之势"那样，但此幅中画法较随意，已不像以前那样严谨。山石树，仍类《万壑松风图》，但《万壑松风图》中多用短线条，用笔特密，此幅，虽仍用斧劈皴，但有的线条较长，山石的外轮廓也较《万壑松风图》略嫌清晰，山石的凸亮处和凹深处，对比较强烈。用笔仍是方而硬、刚而坚的。此图仍是荆、范一派，当属李唐前期，但略后于《万壑松风图》的画风。从构图和用

宋　李唐　上石看云图册页（传）　绢本设色，24.2cm×144.7cm，台北故宫博物院藏。
李唐除承袭范宽的浓重笔墨外，又远涉唐李思训青绿山水法。

笔等方面看，虽然留天，已不再留地，且已有向简易荒率、一角特写等方面发展的趋势。而且李唐的画愈近于后期，画幅愈趋于窄长，在此图中也可见到这个趋势。

《奇峰万木图》现藏于台湾故宫博物院，是团扇形山水图。画的中景和远景尽是峻峭的奇峰，插空类剑，下端处于浓云之中，山头山上皆画有很多直立的树木，近景当中一个山头，两边高低大小山头各一，山头上皆画满了直立的树木，故图名叫《奇峰万木图》。

此图画法一如《江山小景图》，有"天"无"地"，石质坚而凝厚，杂树非常茂密，木叶用墨揾，笔势劲利。浓云全如《万壑松风图》中的浓云，远峰和《万壑松风图》如出一辙。

李唐的这些画，虽有很高的艺术水平，但开南宋一代画派的那种崭新的面貌，尚未出现。最能代表他个人开宗立派特征的画，即如今日尚可见到的《清溪渔隐图》及《采薇图》中的山水部分。

第四节 李唐的山水画（下）

《清溪渔隐图》和《采薇图》中的山水树石部分，是大家熟悉的李唐绘画面貌。虽然此类作品存世不多，但我们更多地看到马远、夏珪及其他南宋画家的作品全出于此一系，可以知道李唐这类山水画的影响之大，也可以想见，他后期，尤其是在画院中的绘画面貌皆属此一类。他必有相当数量的此类作品，只是流传至今的，已不十分多了，还有一部分流落在国外。不过，仅此两幅，用来分析他的独创画风，也就够了。

《清溪渔隐图》的画法，可谓前无古人。

首先表现在构图上。李唐之前山水画的构图多是上留天、下留地，景全而繁。郭熙总结前人及当时人的山水画法说："世之笃论，谓山水有可行者，有可望者，有可居者，画凡至此，皆入妙品，但可行可望，不如可居可游之为得。"还说："画者当以此意造，而鉴者又当以此意穷之。"所以他总结并教导后人："凡经营下笔，必合天地，何谓天地，谓如一尺半幅之上，上留天之位，下留地之位，中间方立意定景。"这种经营（构图）法，一直到李唐本人早期的画多是如此。

李唐山水画构图的变化是从上留天、下留地，到上留天、下不留地，再到上不留天、下不留地，从《万壑松风图》到《江山小景图》到《清溪渔隐图》，正能看出此中变化。

李唐早期山水画和北宋的所有画家一样，山水中皆有小路通向山顶，而且山里基本上都有楼观，表现了可游可居的境界。这类画虽然境界甚佳，上天下地，楼台道路，应有尽有，读者如略不注意，也许会视而不见，如认真寻觅画上一景一物，亦颇吃力。虽然看上去画面很丰富，但并不能引起观者丰富的想像，一切景物皆在画上，也无想象的余地。

《清溪渔隐图》，既不留天，又不留地，只截取景物的一小段，这是一个大的创举，彻底变革了以前的构图法，给人以极新的面貌。山水，荆关董巨一变、李成范宽一变，皆不如李唐一变彻底。从艺术效果分析，艺术作品要以有限的笔墨给人以无限的向往和思考，或如后人所说的以少少许胜多多许。一角特写，景虽有限，但给人的回味却是无限的，它更符合艺术的规律。犹如《清溪渔隐图》中的树，虽只画其根，而树梢、树枝已在览者想象中矣。司空图论诗："不着一字，尽得风流。"正是此意。

唐文凤的《西湖志余》中有《题马远山水图》，其中谈到李唐画，最能知其中三昧："……随赋形迹，略另点染，不待经营而神会天然，自成一家矣，宋李唐得其不传之妙，为马远师，及远又出新意，极简淡之趣，号马半边。今此幅得李唐法，世人以肉眼观之，无足取也，若以道眼观之，则形不足而意有余矣。"

其次在用笔上也是前无古人的。五代、北宋的山水画，不论是荆浩、关仝，还是李成、范宽，或是江南的董源、巨然，作一幅山水画，多是层层积累，先勾轮廓，然后反复皴擦，累百计千笔而为一石，累千计万笔而成一幅。李唐的《清溪渔隐图》中的山石，基本上是一遍成

宋 李唐 清溪渔隐图（二）

其画法可谓前无古人。在构图上，大胆舍弃，下不留地，只截取景物的一小段。在用笔上，山石基本上是一遍成功的，用大笔头饱蘸墨水，一扫而过，线条挺拔而显得十分刚劲。画水也一变古法"鱼鳞纹"以长线条随水势勾出，有回环、漩涡激荡诸势。

功，用大笔头饱蘸墨水按下去，一扫而过，或者略加渲染，或者完全不假修饰，不加渲染。由于皴笔简练，外轮廓线特别清晰，所以挺拔而无柔性的线条显得特别刚劲、犀利。陆地的表现法也是放笔横扫，颇得天趣。我以为梁楷的《泼墨仙人图》的用墨法、笔法，就是从李唐的画法中得到启示的。只要把二图放在一起略加比较，不难看出其中的一致性。

李唐画水也一变古法，独创一格。李唐以前的画水法多是鱼鳞纹，装饰味极重。他自己的《江山小景图》中依旧是此法。《清溪渔隐图》当中一带水流，水纹以长线条随水势勾出，有回还、漩涡、激荡诸势。《格古要论》中说李唐画水"不用鱼鳞纹，有盘涡动荡之势"，在此图中得到了印证。

树干的画法是以方而直的线条勾出轮廓，以淡墨渲染，树叶以笔头蘸水墨点染而成，既不勾勒，也不像以前画树叶那样以小笔点簇而成，和他的大斧劈皴法的精神气质以及笔墨情调是一致的。此种画法也是前所未有的。

《采薇图》虽系人物画，然则山水树石的成分居多。山石是以方直且粗细不匀的线条勾出形体，阳面和地面着色不皴，阴面或侧面，则蘸墨用侧锋横扫（留飞白，见笔），分出立体的面来。是所谓大斧劈皴，再不用短条或长条去反复地勾皴了。

树的画法，更开一新面，由于局部特写，树往往更加清晰。在以前全景的山水画中，树的比例不可能太大。此图中，树的干、枝、叶皆清晰，比较起来线条特别醒目。以左前那一棵杂树为例，其树干和树叶皆以浓重而粗阔的墨笔勾出，然后填以淡色。浓淡相比，突出了线条的分量，缠藤亦如此。只有那棵大松树干，勾后加鱼鳞皴并染浓淡不同的颜色。松叶针犹如钢针一般，勾后再用青绿色加勾，如衣纹法，显得丰富而多层次。

李唐前后期山水画的比较：

前期的画具体繁复，后期的画概括简练。

前期的画给人的感觉是山石的坚硬、凝重，后期的画给人的感觉是笔墨的清刚、猛激。

前期的画笔墨隐于山石的皴法之中，后期的画山石的皴法隐于笔墨之中。

山水画从成熟期的五代北宋，经南宋至元代，主观的东西愈来愈强烈、明显，这在李唐一个人身上有集中的反映。李唐早期山水画客观成分居多，其皴法、用笔、用墨，皆为了表现客观的山水。后期的山水画主观的成分居多，山石、树木，似乎只是借以传达主观情绪的工具，留给人的最显著印象更多的是大斧劈皴的笔墨气势。当然，前者不是没有主观的情绪，后者不是没有客观的形态，只是其突出点略别而已。

李唐的画愈到后期愈显示出画家的内在气质和精神状态。这我将在

宋 李唐 濠梁秋水图（一） 绢本设色，24cm×114.5cm，天津市艺术博物馆藏。

第六章详作分析。

元人饶自然《山水家法》评："李唐山水大劈斧皴带披麻头，小笔作人物、屋宇，描画整齐。画水尤得势，与众不同。南渡以来，推为独步，自成家数。"可谓是对李唐最好的总结和评价。

记载中，李唐的山水画最惹人注目的是《长夏江寺图》。此图尚藏在故宫博物院[①]。卷首有宋高宗赵构亲题"长夏江寺"四字，卷尾又有赵构题"李唐可比唐李思训"八字。山的近处有大石块、老树。主峰在画面中部，向左右两边延伸，峰起峭拔，高低参差，山中树木茂密、岩石嶙峋、山道崎岖，寺观层楼、泉水小桥，既丰富，又有整体感。左方的山愈来愈低，渐渐临近水面，远处有隐约山峰，右方的高崖陡然下降，显然江面开阔。此图虽属青绿山水，但仍以墨笔勾皴为骨，先以挺拔刚劲的带方折的线条勾勒，然后用大斧劈皴法横扫，豪纵磊落，然后施以青绿颜色。是大斧劈皴和"青绿"的结合。

高士奇观李唐《长夏江寺图》诗云："山下深红千顷碧，山腰松栝势百尺。古寺楼台杳霭间，浓阴覆地书掩关。远岸蒲帆疾如马，何不此地销长夏。李唐清兴殊激昂，山盘水阔开洪荒。炎风扑面气蒸郁，展卷飒飒生微凉。"（《苑西集》）张英题云："墨光透纸金痕字，笔陈横秋斧劈皴。"二诗确也道出了此卷的实情。

赵构题"李唐可比唐李思训"，主要是惊讶于李唐的艺术成就，认为他在宋代画坛的地位可比唐李思训。这样比是正确的。但李唐的绘画技法实在是李思训不可梦见的。大斧劈皴是出于李唐的独创，在画史上的成就是十分显赫的。当然青绿设色，也可能取法李思训，这也是很易想象的。

此外，李唐的《秋江潮汐图》，据《书画记》记载："图之右角，画松风楼阁观潮之意，左边皆烟水潮浪如山奔，舟楫浮沉出没，使观者神情震骇。"

---

①《长夏江寺图》因年代久远，破损太甚，每展观一次，皆有剥落，且很难拍照。

宋 李唐 濠梁秋水图（二）

图中所画乃是庄子和惠子在濠梁观鱼论道之景，典出《庄子·秋水篇》。其山水部分是以"一角""半边"入画的。

《书画记》还记《万松宫阙图》："绢画一大幅，画群松于壑内，两边斗立方块峻峰，左低而右高，左有水流下松壑而出，右有水流下宫阙而出，下段石坡皆为斧劈皴，上段峰顶盖用侧笔直皴，画法清润，结构高妙。为李之神品。"又云："李唐《雪溪捕鱼图》，绢画一幅，运笔苍健，气韵生动，为宋代神品。"

"李唐《雪天运粮图》一小幅，画法纵横，草草而成，多得天趣。"

又有王逢题李唐《长江雨霁图》诗云："烟雨楼台掩映间，画图浑是浙江山。"

伪托书《宝绘录》记俞和书李唐《关山行旅图》云："树石苍劲，全用焦墨，而布置深远，人物生动。"

以上记载，其画虽不可见，但结合尚可见到的李唐画迹，可以了解李唐绘画的概况和一贯作风。他画山，也画水，且作大幅的水；画寺观，也画楼船；他画过北方雄峻的山，也画南方奇秀的山；他的画愈趋近晚年，画风愈简率、清刚、纵横、草草，多得天趣，个人的风格也愈突出。

连最反对南宋画风的赵孟頫，面对李唐的画，也不得不赞叹："自南渡以来，未有能及者。"（都穆《铁网珊瑚》）

第五章 李唐的崇古和独创以及南宋山水画"系无旁出"析

第一节 李唐的崇古

李唐，字晞古，一作希古①，唐已古矣，希古之意为对古的怀念和敬仰。和李唐同时及其前后的画家有郑希古、刘宗古、侯宗古、马宗古、张宗古、李崇古、王希古、宋复古、李遵古，其后还有贾师古等等。此外还有叫苏汉臣、胡舜臣、夏禹玉、马兴祖等等（参见《图绘宝鉴》《画继》《画继补遗》《金史》等）。

从这些画家的名字看来，当时恐怕有一股崇古的风气，实际上正如此。

不过，这股崇古风气并非坏事，为了谈清这个问题，不妨多说几句，先简略地回顾一下当时画坛的状况：

中国山水画到了五代宋初，其艺术成就达到了一个史无前例的高峰。其中有两个人物很关键。一是唐末的孙位，因为避乱，从长安逃到

---

①《图绘宝鉴》记作："李唐，字希古。"按：古人名与字，一定要相配，名可以随便取，字一定要配名。

蜀地，专意于画。经过他的努力，山水的画法进入成熟境界，蜀地的画家皆出于他的门下。可惜孙位的画至今只剩下一幅《高逸图》，但此图中几块石头，也足以见其成熟之程度。由于蜀地处于中国的西南，宋代又建都于北方，文化的中心也转移至北方。当时北方盛行的山水画派是荆浩一系（甚至连在元、明、清产生巨大影响的董源画派——产生于今南京——在有宋一代，都无甚大影响）。

荆浩是唐末五代初的山水画坛上一个关键人物，也是中国山水画史上一位划时代的人物，他在艺术实践上和理论上都有巨大成就，从荆浩开始，中国的山水画居画坛首位。当时的山水画三大家①关仝、李成、范宽皆出于荆浩的门下，被后人称为"三家鼎峙，百代标程"（《图画见闻志》卷一《论三家山水》），以至于宋中期"齐鲁之士，惟摹营丘；关陕之士，惟摹范宽"（郭熙《林泉高致》）。但也正如郭熙所指出的："一己之学，犹为蹈袭，况今齐鲁关陕，幅员数千里，州州县县，人人作之哉？专门之学，自古为病，正谓出于一律。"（同上）这话是不错的。历史上任何画派也和统治阶级一样，当它开始兴起时，蓬勃向上，到了一定的高度，便会走下坡路，必须进行新的变革。画派的成熟也便是它的尽头，再继续下去，便会出现流弊。

唐末五代宋初的山水画达到了高峰，孙位、荆浩、关仝、李成、范宽、董源、巨然，还有卫贤、赵干、郭忠恕、惠崇等画家皆出于这个高潮时期，北宋中后期就再也没有出现这样的大家。只有米芾变出一点花样，但米氏的笔墨游戏，自己亦曰"墨戏"，终非山水画之正宗。这就是北宋初的山水画发展到成熟之后的流弊。郭熙认识到这个流弊——这一问题，我下面再接着谈，这里先插入几句题外话，把流弊的问题讲完——李唐正是用他的新法挽救这个流弊，而建立起新的画派，用简括、流畅、清刚的画风代替繁复、凝厚、雄强的画风，在画史上留下不

———————————

①一般史家称"北宋三大家"，不妥，关仝为五代人，李成也主要活动于五代，死于宋初。以后史家易关仝为董源，董源也是五代人，未尝居宋一日。

朽的地位。李唐的画派兴起，又风靡南宋一代，到了马、夏辈，这个画派也算到了尽头。马、夏之后，这个画派也确实不能再产生大家，"半边""一角"几根刚劲的线条，简到一定程度，刚劲到一定程度也就无法再简、再刚，流弊便出现了。元初赵孟𫖯又出来挽救这一流弊，赵托古改制，把一直不受人注视的、冷落了几百年的董源画派搬出来，这个画派是以自然天趣、温润柔曲、全景平远见长，正好代替简括、清刚、一角、半边的画风，令人耳目一新。赵孟𫖯之后，产生了"元四家"，于是这一派也基本上到了尽头，以温润柔曲为特征的画派发展到穷极之地，再继续下去，便是软、俗、甜、熟，流弊不会太小。所以明初的浙派又用刚劲而有气势的作风反运它，完全是为了救软、俗、甜、熟的流弊，但浙派仅是袭用南宋的流风，只新鲜一阵子，当人们清醒过来，发现它不过是重捡久被抛弃的南宋画风，这一画派的流弊也就无法掩藏，其实这一画派还没来得及充分发展。对立于它的又是董源画派，反复变化，当时的画家都在苦闷中。吴门诸家并非全法董、巨，吴门四家有二家还在吸收南宋画法，唐寅考进士遇到挫折，心里有一点怨气，他主要还是学南宋。明末的董其昌更在古代各流派中摸索，对于前代各家都学，从董、巨到李、刘、马、夏，从二米到文、仇，一一探索，他"行年五十，方知此一画派（指李唐、马、夏一派）殊不可习"，大约是"其术太苦"，于是他倡"南北宗论"，实际上是煽动大家认真学董、巨。这时大家都忘了师法造化。到了清代，这一画派的流弊就更深，毫无生气，非变不可，石涛出来力图挽救这一流弊。石涛又是实践，又是理论，但"四王"这一派势力太大，又为宫廷支持，石涛的大声疾呼，反应甚小，无法动摇这一势力。任其流弊发展，任其走向灭亡。所以清初之后，中国山水画开始衰败，在画史上留下的几乎是空白。清中期一开始，画的主流由山水转向花鸟。当时在画坛上有一点生气的画家，如"扬州八怪"等，几乎都是画花鸟的。直至清末，产生任伯年、赵之谦、吴昌硕那样的大家，花鸟画面目一新，左右一个时代。但是山水画却依旧默默无闻，偶然出现一些山水画家和较好的山水作品，都无力扭转一代局面。

以上所说的，画派发展到成熟之后，再沿老路走下去，便会出现流弊，便会走下坡路。五代宋初的山水画成熟后，中期便开始走下坡路。当时的郭熙认识到这一流弊（现在再接着上面谈），他发现到处学范宽、学李成，"正谓出于一律"。范宽的画风风靡关陕，有成就的画家却无几。李成的画风影响更大，翟院深、李宗成、许道宁三家是专学李成而各得一体的画家，成就终究不大。郭熙也学李成，后来开始变革，李成的画笔"毫锋颖脱"，"画松叶谓之攒针"（《图画见闻志》卷一），乃是笔圆而锋尖挺拔，有一种清旷感，瘦峭而气格爽利。但郭熙的画笔则壮健线阔，气格雄厚，无清瘦感。更为特别的是宋初的山水画，皴法极为成熟，雨点皴、钉头皴、短条皴……范宽、李成等画家皆主要以皴法成熟超越前代。郭熙的一些山水画（比如常见的《窠石平远图》）却不用勾斫之法，山石的轮廓勾好之后，用水墨渲淡，即用淡水墨渲染出石的阴阳面来，这有些近于王维的画法了。郭熙是主张取法古人的，从其《林泉高致》中看，他研究过王维、王洽等唐人画风。只是他主张取法古人，要求"必兼收并览，广议博考，以使我自成一家，然后为得"。而且他又主张取资"晋唐古今诗什""古人清篇秀句""有发于佳思"。郭熙能在一片模仿李成、范宽的画风中跳出来，与他广师多家，并取法自然有关，所以神宗时代，郭熙的画在画院中成就最高。"论者谓熙独步一时"（《宣和画谱》）。郭熙的画在当时也给人耳目一新的感觉，所以神宗时代，宫廷、画院全挂郭熙的画，画院中学生都转向学郭熙（无疑，专学郭熙，要想成为大家，那就更难。实际上，学郭熙的画家成就更小）。

郭熙学古人，其成就如何呢？至少说，他的画连宋初的范宽都不及。郭熙在当时的贡献和在画史上的地位，主要是画论。他的取法古人的主张在画院开始流行。

恰好碰到一位赵煦替代神宗当上了皇帝，是为宋哲宗。这位哲宗却一意好古，《画继》卷十有记："昔神宗好熙笔，一殿专背熙作，上

（指宋哲宗）即位后，易以古图。"①

宋哲宗好"古图"，这对画院创作的影响最大。画院画家就是宫廷御用画家，他一定要按皇帝的旨意去创作，所以董其昌之流认为画院画家的人格不高。实际上，画院画家受制于人，仰抑人意，人格无法高。《画继》卷十记得非常清楚："图画院，四方召试者源源而来，多有不合而去者，盖一时所尚，专以形似，苟有自得，不免放逸，则谓不合法度，或无师承，故所作止众工之事，不能高也。"源源而来的四方画家，又离去者，是因为画院中不能自由创作，必须按皇帝的意思去画。因此，哲宗好古、崇古，也就是画院画家的崇古。凡是准备考试的画家，也就必须取法古人，方能以求一试。李唐学画时正处在哲宗好"古图"的时代，他崇古是必然的。他在进入画院前临摹古画即有一定成就，否则，崇宁二年，毕文简公的后人就不会找寻他去临摹那张珍贵的唐画"为别本以藏"（见第三章）。

至徽宗登位后，对画院的过问更多，徽宗"好画"，"独于翎毛，尤为注意"（《画继》），可知他干涉花鸟画创作特别多，画史所记"孔雀升墩""月季……作春时日中"等等皆是，对于山水画，徽宗过问不多，一任哲宗时所尚，而画史记载徽宗令画院画家学古画者比比皆是。

所以哲宗以降，郭熙的画，在画院受到冷遇，甚至被退到内藏库退材所中作擦布用。画院画家虽重师承，此时也只好按哲宗的旨意学古不学今（郭熙），上追到郭熙的前代范宽、荆浩、王维，还不肯止，直追到唐初的李思训，非大青绿不谓古也。盖水墨山水画自中唐兴起，唐末五代大盛，一般画家皆弃"青绿"而作"水墨"，《宣和画谱》记董源画"水墨"亦画"著色"（青绿）山水，其原因是"当时著色山水未多，能效思训者亦少也，故特以此得名于时"。五代时，能画青绿山水的就不多了，宋初几乎无人问津，郭熙也不作"青绿"。所以，在哲

---

①时下有谓，哲宗撤去郭熙的画，是出于某种政治背景，对于这种臆测，笔者不取，限于篇幅，此处亦不作辨。

宗、徽宗时期的复古风气下，大青绿开始时髦。

现存的山水画迹中，属于哲宗、徽宗时代的院画（其中的山水画），只有几幅了，《千里江山图》《江山秋色图》《万壑松风图》《江山小景图》等等，皆是着色画，而非水墨画。《千里江山图》是在徽宗直接指导下的画学生王希孟所创作的巨幅，大青绿设色，山石不见勾皴墨骨。《江山秋色图》以前被认为是赵千里所作，近来学者定为北宋末画院中的高手所作，真有识之论也，这正是当年复古气氛下的产物。此图亦巨幅，青绿设色，全似李思训画法（其艺术成就高于李思训，皴法亦成熟）。《万壑松风图》是李唐在徽宗画院时所作，浓墨重色，上面的大青绿颜色很重。此外，还有李唐的《长夏江寺图》，现藏故宫博物院，绢地，青绿重彩，此画勾勒挺健而多断折，皴笔横砍竖劈，墨笔和青绿着色俱重。从遗存的这些画迹中，也可以印证当时的复古、崇古气氛。无怪乎，连画家的名字也带有崇古的气氛。

李唐的崇古、希古，不是一味的摹古。正如郭熙所说的："必兼收并览，广议博考，以使我自成一家。"从《万壑松风图》来看，其墨骨和取景构图是法荆浩、范宽的，此图的黑白版印刷品就颇似范宽的《溪山行旅图》和《雪景寒林图》，用笔尤似范宽晚年之作。而大青绿设色显然是取法唐初李思训和李昭道的，历来的叙说"李唐山水画初法李思训，其后变化"，"李唐《海山图》绢画一卷，古雅效李思训"（吴其贞《书画记》），都是可信的，历来的叙说李唐取法荆浩、范宽，更是可信的。这都是当时复古气氛中，李唐越过郭熙而上追宋初、五代乃至唐初的结果。

第二节 李唐的独创

李唐的画在北宋画院中就和其他人不一样。他既不是单纯的大青绿，也不是单纯的水墨，而是二者结合，这在画史上也是少见的。不过此时，他的画仍属古画的凑合，虽然面貌少见，但一一寻求，皆可找出其中画笔的似古人处。个人独特的面貌其实不多，这固然是李唐崇古的结果，恐怕画院的限制更为重要。画院的规定，作画既要有古法，又要有师承，"上时时临幸，少不如意，即加漫垩，别令命思"（《画继》）。作画还要先呈粉稿给皇帝审查，然后才能正式落稿，可以想象，李唐如果一直在北宋画院中，他的天才是无法发挥的。实际上北宋画院中并没有培养出多少著名的画家。

金人入侵，北宋灭亡，画院被破坏了，然而"国家不幸画家幸"，国家遇难，人民遇难，皇室遇难，李唐本人遇难，但李唐的艺术天才却遇幸。他可以完全摆脱古法，直抒胸臆，放笔如风旋水泻，作大斧劈皴，以表现他人格中的刚猛之气和不折之节。南渡后，李唐的画，全出于创新，李唐的画在，毋容多辩。历来攻击李唐的论家，总是说李唐的画无古法，惟欠古意，说过了。如果硬说李唐后期的画某

宋　马远　踏歌图　绢本水墨，192.5cm x 111cm. 故宫博物院藏。

马远（1140年前后～1225年之后），字遥父，号钦山，祖籍河中（今山西永济），生于杭州。"南宋四大家"中的马远、夏珪，被后人列为"北宗骨干"。从他们传世的画作中可以得见与李唐的渊源关系。此图画上方有宁宗赵扩的题诗："宿雨清畿甸，朝阳丽帝城。丰年人乐业，垅上踏歌行"。附小字："赐王都提举"。

宋 马远 踏歌图（局部）

此画的山石用细劲刚硬的线条勾出
轮廓和石头内部的结构，然后加以大斧
劈皴，大石头用侧笔刷扫，落笔重，起
笔轻，笔与笔之间，自然地留出空白。
画法似李唐《清溪渔隐图》。

些地方是从某些画中变来的，总有点牵强。李唐后期的画确实出于他的独创，它是前无古人的。

从崇古、摹古、全似古法到独创、全无古法，这就是李唐的艺术道路。

李唐复入南宋画院，南宋的皇帝一般不大干涉画家的创作，宋高宗又极喜李唐的画（《画继》："光尧极喜其山水"），亲自品览并加题字，赞扬不止。李唐的艺术创作，失去了限制，是李唐后期成功的一个重要因素。

北宋的画家多出于院外，南宋的画家多出于院内。皇帝的干涉与不干涉，乃是其中一个重要原因。不过，南宋的皇帝并非完全不干涉画家的艺术活动，而是因为他们"极喜"李唐的山水，他的"干涉"倒促进了南宋画院学李唐。

第三节　南宋山水画"系无旁出"析

南宋之外，任何一个时代画风都是多样的，即使有一种画风占主要地位，其他画风也还是存在的。拿五代宋初来说吧，北方有荆、关一系，李成一系，范宽一系；南方有董、巨一系，而卫贤、赵干又面目不同。北宋中期，二米、燕文贵、高克明、郭熙、王诜、二赵等等不一。历代的画院画家除南宋外，其风格也并非完全一致，其师承也并非完全出于一家。惟有南宋画院，一百多年中山水画全出于李唐一系，而系无旁出，其中原因，不可不去探究。

在第二章中，我列举了很多资料，证明了北宋灭亡时，所有的绘画遗品全被金人掳去，没有一张画留给南宋小朝廷。南宋时代如果还有北宋及以前的绘画的话，那只能是民间收藏品，数量将是极少极少的。

北宋御府所藏的画被金人掳去后，颇为金国皇帝所欣赏。金亡于元，这些画全为元人所得。这些在文献上都有确切的记载。

南宋画院既然没有绘画遗品，那就失去了画家临摹学习的典范。中国画是重视传统的，中国的画人学画总是从临摹开始。画院画家尤重临摹及师承。一幅画有临摹至数百遍者。《画继》有载，画院中"每旬日，蒙恩出御府图轴两匣，命中贵押送院，以示学人……故一时作者，咸竭尽精力，以副上意"。至今流传的唐人画迹中，其实大多是宋代画院画家的临摹品。又谓画院中"不合法度，或无师承"者，皆去之。所以说画院画家尤重临摹古法和重师承。但南宋画院画家临摹哪些画？师承谁呢？

南宋画院复置时，原北宋画院的画家回到画院者不是太少，但其中年纪最大、水平最高的当首推李唐。再加上宋高宗极喜李唐的山水画——这一条恐有决定作用。无疑，李唐的画就成为画院画家们临摹的典范，而李唐也将成为新入画院画家的拜师对象。南宋画院一直没有输入更优秀的山水画时，李唐和他的画就成为惟一的宗师。第二代的画家全是崇师李唐的，无疑第三代又是李唐的再传，第四代又是李唐第三代的再传，其中虽有变化，但终不出李唐法门。其他朝代，例如元、明、清，虽主要崇法董、巨，但也同时兼学荆、关、李、范以及唐人，所以面貌总有异处，但南宋画人纵使想学李唐之外的一些名家名作，也没有这个条件。他们只能在李唐的基础上加以变化。刘松年的画比李唐的画稍微细腻一些，马、夏的画比李唐的画更加刚强，更加简括，其精神面貌并无多大变化。马、夏在当时也都是"独步一朝""无出其右"的画家。马、夏之后的画家崇法马、夏，至今流传的南宋一些无名氏之作，酷似马、夏，有的就被定为马、夏之作，其实多出于画院画家之手。

李唐画系，支配南宋一代，系无旁出，正是那个时代的特有产物。

第六章 李唐艺术风格形成之分析

凡属最高艺术，必自艺术家本人的精神气质中来，所谓"诗如其人，书如其人"，画亦如其人，其实是不错的，连外国人也懂得这个道理，而且说得更简单、干脆："风格即人。"这都是真正懂得艺术的人说出来的话，画史也证实了这一点。吴道子早年浪迹江湖，是一个豪爽的人，他"好酒使气，每欲挥毫，必须酣饮"，甚至要观人舞剑以壮其气才作画，所以他的画"雄放""气势磊落"（参见《历代名画记》）。李思训是皇族，过惯了纸醉金迷的生活，他的性格是和富贵豪华、艳丽堂皇相通的，所以他的山水画也富丽堂皇，青绿艳丽，即使李思训处于王维之后，也画不出绝佳的水墨画。王维半官半隐，实则是一个全隐士，"中年唯好道，万事不关心"，"安史之乱"造就了杜甫那样伟大的诗人，而在王维的文集中，除了那首"百官何日再朝天"外，更无一语道及这次重大事件。王晚年成为南禅宗的信徒，他的弟弟是宰相，但他隐居辋川时，"室中只有茶铛、药臼、经案、绳床"（《旧唐书》），无世俗荣华富豪之心，恬淡寡欲，性格柔和静谧，所以尽管他学过李思训的金碧山水，但形成他自己独特风格的，仍是以柔曲的线条勾出物状，然后以水墨渲淡。最高的艺术必是艺术家真性情的流露，而

宋　马远　雪景图卷（传）（局部）纸本设色. 15 .2cm×60.lcm. 图分四段，现藏上海博物馆。

《雪景图》四段，充分地表现了南宋画"一角"和"半边"的特色，以少胜多。

且"心手不能相欺"。郭若虚云："气韵，本乎游心。"心，乃技巧不及之地啊。

但艺术家的精神气质、思想意识倘能和时代合拍，那将是伟大的精神、高超的气质，必将流露出伟大的艺术、高超的艺术。屈原、李白、杜甫等人皆然，李唐亦然。

李唐绘画艺术风格的形成乃是南宋社会政治和他本人精神气质、思想意识的共同产物。所以分析李唐的艺术风格之形成，先要分析当时的社会，然后再分析他本人。任何时代的画家，尽管各有各的风格，但任何时代的艺术也总有它的基本面貌和共通之处，道理也就在这里。不然，我们怎么能辨别出唐画、元画、南宋画和北宋画呢？

且说宋代，虽然结束了五代十国的割据状态，但被石晋割让给辽的燕云十六州一直未能收回。国家统一了，但疆土和汉、唐比，大大地缩小了，宋人在感情上总有怏怏之状，宋统治者没有"四方之志"，对辽、西夏、金人的侵扰又无能为力，经常丧师失地，以至对外族侵略者由"奉之如骄子"到"敬之如兄长"，乃至于最后"事之如君父"。南宋的高宗一直向金国称臣、称侄皇帝，年年进贡，将大批金银财宝、美女名马，源源不断送往敌国，以求一时苟安。宋人的内心都一直怀有不可忍耐的遗憾。早在北宋末年，统治阶级为长期以来的表面繁荣的虚假之象所迷惑，日日沉醉于歌舞升平之中，宋徽宗就是这样一个只知舞文

宋　马远　山径春行册页　绢本设色，27.4cm×43.1cm，台北故宫博物院藏。

弄墨、玩花观石而不理朝政的昏君，他任凭奸臣弄权，弄到一触即溃的地步。此时北方的金人，兵强马壮，乃以排山倒海之势，向南冲击，很快拿下了东京，俘掳了二帝。面对破壁江山，有志之士更是"怒发冲冠""狂呼猛叫""拔剑砍石"，人民群众更不甘屈服，纷纷组织义军，分头抗击金军。南宋的大诗人、大画家参加抵抗第一线者不计其数，画家萧照和后来的词人辛弃疾等都是典型。所以当赵构准备组织抵抗时，霎时间，"帅府官军及群盗来归者，号百万人"（《宋史》卷二十四《高宗纪》）。"号百万人"中主要是"盗"，即义军。梁兴等人组织义军在太行山抗金，金人不敢侧目。所以赵构逃到南方，一时获得很多人的拥护，希望皆寄托在这个小朝廷。所以，李唐也冒死逃跑，涉水跋山、风尘仆仆地奔往临安，为的是抗御外侮，雪耻报仇。所以他的作品，有的为了激励最高统治者，有的为了鼓励抗金志士，有的为"南渡降臣发"。在南宋，这类作品一直是不绝的，画家中萧照有《中兴瑞应图》《应祯图》《光武渡河图》，刘松年画《中兴四将图》等等。任何伟大的艺术品都必须是时代精神的反映，在南宋那种社会中，爱国主义的作家和作品特别突出，悲壮激昂，忧愤抑郁的基调特别突出。

反映在文学上是岳飞的"壮志饥餐胡虏肉，笑谈渴饮匈奴血"；是陆游的"孤剑床头铿有声"，"铁马秋风大散关"；是辛弃疾的"沙场秋点兵"，"夜半狂歌悲风起，听铮铮阵马檐间铁"；是陈亮的"推倒一世之智勇，开拓万古之心胸"。皆慷慨淋漓、骨干磊落、气势豪纵，而不作"妖语媚语"。

反映在绘画上，则如李、刘、马、夏之刚劲坚硬、宁折不曲，或如梁楷一路的天风晦雨逼人之豪气。总之，他们不作精细的描画，皆未有丝毫的柔弱之气。

这是时代的风尚、时代的需要、时代的结晶。诗歌也好，绘画也好，给人是精神的影响，本身也是精神的产品。大敌当前，山河危机，志士至死高喊"杀贼、杀贼"，至死大叫"渡河、渡河"，至死盼望"王师北定中原日"，有多少人去欣赏柔弱之情、清淡之风？雄健的绘画，发人振奋，李唐的画正是时代所欣赏的风格。

李唐是一个爱国主义画家，在他的心中奔跃着爱国的热血，在他的思想中，想的是复国大计，他的情绪是激烈的，血气是刚猛的，所以，出现在他笔下是刚性的线条、急促的顿挫、猛烈的大斧劈皴，而不可能出现柔弱的、清淡的、萎靡的线条（偶一为之，不能代表他的面貌）。那种柔而曲的，圆而转的线条需要心气和平，不急不躁，慢悠悠的心境，才能画出，稍有激情，就会产生变化，那是隐士式的线条。李唐不具备这种心境和气质。

当然，以自己的精神写出自己的艺术风格者，是对具有一定基础的人来说的。李唐南渡之前，学过荆、关、李思训、范宽等，而不是白手起家。他的大斧劈皴，废除了繁复的皴擦，基本上一次成功，可能也受到了一点米芾的启示。董其昌说他："若灭若没，寓二米墨戏于笔端。"（《画禅室随笔》）

前云以自己的精神写艺术，乃是真艺术，如果艺术家的精神和时代的精神合拍，以整个时代充实自己的精神，他的精神将是伟大的，他的艺术品也必是伟大的。又，任何伟大的艺术家必须是时代的歌手、时代精神的受动者和能动者，李唐正是如此。所以他的作品是最高的艺术、伟大的艺术。所以，以他为首的南宋院画能代表南宋绘画的最高水平和南宋绘画的基本面貌，也正是如此。所以后人学习他而不能超过他，也正是如此——缺少时代精神的充实和个人的真性情。或者说缺少受动力，能动力亦无强大的本源，所以南宋的画也不易学①。

当然，形成李唐艺术风格的其他原因也还有，包括我在上几章中已披露的一些重要的原因，但那些都不是主要的，不是决定性的。艺术是精神的产品，宋汪藻《浮丘集》有云，"精神还仗精神觅"，虞集《道园学古录》中有《题江贯道江山平远图》一诗谓，"江生精神作此山"，皆真言，艺术应该主要从精神上去寻觅。李唐刚强大气的艺术品的产生，当然是出于他刚强大气的品质和精神，他的精神和品质也产生他的艺术。

---

① 日本人铃木敬说："浙派的绘画究极之处，仅是视觉印象的组合。"此说颇有参考价值。

第七章 李唐绘画成就和影响

中国的山水画，六朝时期基本上还是一个幼稚阶段。萌芽于晋的山水画，之后便是一段停滞，隋末唐初因摆脱宫观的附属地位而有所发展，青绿山水至李思训而发展到一个高峰，但李思训的山水画仍只是勾线填色。吴道子奋起变革，至李昭道而成①。王维又变之，张璪等人在树石上又作出了巨大贡献。至唐末五代时期，荆浩实是山水画走向成熟的代表人物。荆浩之后，直至宋初，很多画家，虽然有的在艺术造诣上超过了荆浩，但无不从荆浩那里取得营养。荆浩之后，使山水画出现了一个新的面貌者，莫过于北宋的米芾，米芾的山水画，既不勾，也不皴，直以湿笔横点，米点山水又被称为"墨戏"，米芾的画决非艺术家所走的正路，正如宋赵希鹄《洞天清录》所说的："米南宫……其初本不能画，后以目所见，目渐模仿之，遂得天趣，其作墨趣……"王世贞《艺苑卮言》也说："画家中目无前辈，高自标树，毋如米元章。"但是他马上机锋一转，接着便说："此君但有气韵，不过一端之学，半日之功耳。"米芾之画，不过"半日之功"，所以董其昌虽把米芾作为最理想

———————————

①详见拙作《"山水之变，始于吴，成于二李"》。

宋 刘松年 四景山水图卷（局部一）绢本设色，共四段，每段41cm×68cm。

的"南宋"画家，但他自己"不学米画，恐流入率易"（《画旨》）。
北、南宋的山水画家虽然成就不一，有的造诣极深，但对传统山水画奋
起进行大的变革者，不能不首推李唐。

李唐集众所善，又胆敢独创。人物画，他能认真继承六朝以来的优
秀传统，尤其受李公麟的影响为大，所谓"绝类伯时"（《云烟过眼
录》）。

花鸟画，他得"戴嵩遗法"…

我这里主要谈他的山水画。

中国山水画的斧劈皴乃是最常用的一种皴法，斧劈皴即成熟于李
唐，大斧劈皴尤是李唐的独创。自李唐的斧劈皴创立之后，其影响直至
今天都不曾消失。李唐以后，山水画领域中，李唐的影响可占"半壁江
山"；而在南宋，几乎是"李家天下"，系无旁出。

李唐的突出贡献和最大影响：一是局部特写，一是清刚利爽的大斧
劈皴。二者皆前无古人。局部特写改变了以前那种上留天，下留地，景

宋　刘松年　四景山水图卷（局部二）
刘松年是钱塘人，"南宋四大家"之一，画师法张训礼，与李唐一脉相承。《四景山水图卷》，画春、夏、秋、冬四景。刘松年的画较之李唐要滋润且细谨，他没有发展李后期山水画简笔、奔放的作风。

全而繁的传统，以有限之景给人以无限之思，以简练的笔墨表现繁多的内容。大斧劈皴，阔大而杂以侧锋的笔法，刚劲犀利，如飘风猛雨，豪放洒脱，气势雄健，易于表达作者一种激烈的感情，使观画者精神振奋，意气爽锐。皆前人所无及。

南宋时代最早追随李唐的画家，如前所述，乃是萧照。萧照亦是当时颇有名气的画家，他的画今天尚可见，确是酷似李唐的。据《画继补遗》记载："萧照……随唐南渡，得以亲炙，唐……尽以所能授之，后亦补入画院。照比唐笔法潇洒超逸。予（庄肃）家旧有照画扇头，高宗题十四字云：'白云断处斜阳转，几面遥山献翠屏。'"萧照在建炎年间就跟随李唐，"得以亲炙"，所以他的画还有点似李唐前期的作风。

李唐之后，著名的画家有张训礼，据《画继补遗》记载："张训礼……学李唐，山水人物，恬洁滋润，时辈不及。"

刘松年被后人称为"南宋四大家"之一，他的画是学张训礼的，《图绘宝鉴》载："刘松年……淳熙画院学生，绍熙年待诏，师张训礼，工画人物、山水，神气精妙，名过于师……院中人，绝品也。"实际上也是学李唐，是李唐的再传弟子。

"南宋四大家"中的马远、夏珪，其一"院人中独步也"，其二"李唐以下，无出其右者也"。二人皆被后人评为"北宗骨干"，更明显的是师法李唐，这从他们的作品中可以清楚地寻见其渊源关系。南宋之后的绘画文献中，屡屡可见。

"夏珪师李唐。"（《妮古录》）

"夏珪师李唐，更加简率。"（《画禅室随笔》）

"马远……画师李唐，工山水、人物、花鸟，独步画院。"（《画史会要》）

"马远师李唐，下笔严整……"（《格古要论》）

"马远画师李唐，笔数整齐……"（《山水家法》）

"……宋李唐得其不传之妙，为马远父子师。"（《西湖志余》）

马、夏主要师法李唐后期简率刚劲的风格，强调李唐尖细的一面，显得更加爽利、清癯。从马、夏的画中可以看出，他们把李唐这种刚性线条、刚性的斧劈皴推到了刚性的极端。所以，"南北宗论"的鼓吹者们，都一致称之为"马、夏辈"，把马、夏作为刚性画风的代表。南宋画院于光宗、宁宗之后，多学马远，理宗之后，多学马远和夏珪。现存的南宋有名和无名的山水画作品，基本上都和李唐、马远、夏珪一个模样。因之，其受李唐直接和间接的影响而甚明。

元初赵孟頫是极力排斥南宋画法的，但他对李唐的画也十分赞叹，其跋《长江雨霁图》云："李唐山水落笔老苍……自南渡以来，未有能及者，为可宝也。"他说李唐画"所恨乏古意耳"，这正从反面证实了李唐的独创（引文皆见都穆《铁网珊瑚》）。

元代主流画风的画家虽然不从李唐一系的画法上发展，但也不完

宋 夏珪 山水图

　　夏珪，字禹玉，钱塘人，和马远同时而略为后出。历来论者"马、夏"并称，二人画风基本相同，人称"马一角，夏半边"。此幅山水图正可见其构图、笔法，绝似李唐。

全拒绝吸收李唐一系的画法，赵孟頫本人就采用李唐的画法作过山水画，王蒙画中也不乏李唐一系的笔意，不过他们都化刚劲为柔和了。正面继承李唐一系画风的画家从元初至元末一直大有人在，元初有著名画家孙君泽、刘贯道等人，元末明初有著名画家王履等人。

　　董其昌在《容台别集》卷四《画旨》中提出"文人画"和"南北宗论"两个概念，时下皆认为这是一个意思两个名称，实则是略有区别的（我将另外讨论）。董谓："文人之画，自王右丞始……若马、夏及李唐、刘松年，又是大李将军之派……"但他提到"南北二宗"时，又把李唐、刘松年去掉，只以马、夏为代表："禅家有南北二宗，唐时始分。画之南北二宗，亦唐时分也……北宗则李思训父子著色山水，流传而为宋之赵干、赵伯驹、赵伯骕，以至马、夏辈……""文人画"的对立面提到马、夏及李、刘，"南宗画"的对立面只以"马、夏"为代表，实是看出了马、夏出于李唐，但比李唐的画风更加刚猛、尖硬。

　　李唐的画派，在明代前期又一

次笼罩了当时的山水画坛。戴进等人力学李唐、马、夏，卓有成就，影响甚大，从学者甚众，形成了画史上第一个以地区为名的画派——"浙派"。"浙派"乃是李、马、夏画派的延续。明中期，吴伟、张路、蒋嵩等也力学李、马、夏，形成了"江夏派"，"江夏派"属"浙派"一路，乃因其祖源皆出于李唐一系。

以上是从画派来说的，如果从李唐创立的斧劈皴和刚劲方折的线条等技法来看，如前所云，自李唐至今都为很多山水画家所借鉴。他们在不同方面接受李唐的影响，只要以分析的眼光去观察，那是触目可见的。

董其昌出于自己的审美情趣，虽然道出了"北宗画"不可学的问题，但他对李唐的画也曾作过认真地研究。他屡次提到李唐："……北方盘车骡网，必用李晞古。""李唐写中州山。"他虽然说"行年五十，方知此一派画，殊不可习"，乃因他五十岁后，觉得此一派画其术近苦，方道出"殊不可习"的话来，也说明他五十岁之前，学过此一派画。陈继儒的《泥

宋 夏珪 春波钓艇图

宋 夏硅 西湖柳艇图 绢本设色，107.2cm×59.3cm，台北故宫博物院藏。

此图是夏珪的较精致作品，写柳堤湖舍整齐严谨，远处的人物亦刻画逼真，笔调沉着含蓄，明媚秀润，与他一贯的刚硬纵横的画法倒是大异其趣。

古录》等书，也时时提及李唐。

董其昌所服膺的"元四家"和"明四家"，也无一不推崇李唐。

倪云林跋夏珪《千岩竞秀图》云："夏珪所作……非庸工俗吏所能造也。盖李唐者，其源亦出于范、荆之间，夏珪、马远辈又法李唐。"（《清闷阁集》）

《书画汇考》记："李唐《雪山楼阁图》《沧浪濯足图》，文征明曾仿之。"

吴镇谓："南渡画院中人固多，而惟李晞古为最。体格具备古人，若取法荆、关，盖可见矣。近来士人有院画之议，岂足谓深知晞古者哉。"

明文征明云："余早岁即寄兴绘事，吾友唐子畏（寅）同志互相推让商榷，谓李晞古为南宋画院之冠，其丘壑布置，虽唐人亦未有过之者，若余辈初学，不可不专力于斯。"（《宝绘录》）

至于其他画家、史论家对李唐的赞美，可谓"史不绝书"。明人王世贞《艺苑卮言》中说过："山水，大小李一变也；荆、关、董、巨一变也；李成、范宽一变也；刘、李、马、夏又一变也。"王诐尚有可商榷余地。即如刘、李、马、夏之变，实则力变而开其风者，主要是李唐，其余皆受李唐的影响。总之，李唐在画史上的贡献是巨大的，是十一世纪至十二世纪中最有影响的伟大画家。研究南宋以后的绘画，不了解李唐，是很难知之深透的。

还要补充介绍的是：李唐画派影响远及日本，尤其是到了十五世纪前后，李唐画派在日本的影响愈大。原为明人、应永中渡海赴日本九州、后至日本京都的僧如拙在日本传播绘画，即是以李唐、马、夏为宗的。十五世纪中期，李唐画派在日本特别受到尊崇。如拙的传人是画僧天章周文，周文和他的弟子形成一个画派，在画史上颇负盛名。周文的高足是雪舟，雪舟（1402~1506年）是中国读者所熟悉的一位日本著名画家。他对中国古代山水画特感兴趣，于1467至1469年曾来中国长期旅行。他在中国南方港口宁波登陆，这里正是李唐画派的继承者"浙派"绘画的势力范围。后来他去了北京，依据他自己的记述，他去北京的目的本想采访一些绘画大师，但他仅见到一些平庸的画家。的确，十五世纪中后期，北京是没有什么绘画大师的。雪舟来中国前，随周文学画是宗法李唐、夏珪、马远的，他到了中国宁波，又首先在李唐画派的延续——"浙派"绘画中得到熏染。我们从雪舟的画中，可以清楚地看出：无论是构图、用笔、用墨，都绝似李唐、马远和夏珪的画派。由于雪舟的努力所造成的气氛，李唐画派的画风在日本形成了影响最强烈、时间最长的画派之一。直至十六世纪的雪村（1504~1589年）还完全继承雪舟的艺术精神。我们也可以直接从他们的画中看出李唐画派的传承。

第八章 李唐的两幅画

　　李唐遗留下来的画，至今可见者尚不十分少。本章只介绍他的《晋文公复国图》和《采薇图》两幅。关于此两图的艺术表现方面内容，在本书第四章中已作分析。这里介绍的是第四章中所未涉及或虽涉及而不十分详细的内容。尤其是《晋文公复国图》，已不在国内，加之所画的《左传》中故事内容头绪纷繁，非要查阅很多资料才能清楚。我把有关文献也附录于此，并加注译，或可给深入研究的读者带来一些方便。

宋 阎次平 牧牛图（局部） 南京博物馆藏
　　阎次平的画学李唐，善画山水，尤工画牛。此图分春、夏、秋、冬四景，从中可以看出乃是李唐传派。

第一节 《晋文公复国图》

《晋文公复国图》现藏美国纽约大都会艺术博物馆。本在北京的故宫，后被清朝末代皇帝溥仪等一伙人盗运至伪满洲皇宫，然后又从皇宫中佚出。

此图系李唐之作，是没有疑问的。但也曾出现过一段争论。画是李唐所作，上有宋高宗的题字，本来就很清楚的。早在宋末元初人周密的《云烟过眼录》中就已经记得清楚："李唐画《晋文公复国图》缺下卷。其上有思陵（高宗）御题（按：果然——今有图可证），并三御玺。所作人物、树石，绝类伯时。寻常以李唐为院画史忽之，乃知名下无虚士如此。元属王子庆，今属乔仲山。"周密在宋末官至丰储仓所检察，学问渊雅，为时人所知，且距李唐时代并不太远。他说此卷藏乔仲山家，确是事实。乔仲山名篑成，仲山是其字，又作"中山"。他收藏此卷时，还在卷后题跋云："右图晋文公复国故实，间书《左氏传》于左。始于宋襄赠马，至朝于武宫而止。前革跋谓为

宋 叶肖岩 西湖十景册页
李唐传派"一角""半边"构图
刚硬线条运施。

吴元瑜画，黄鲁直书。余谛观笔法，图乃李唐、书乃思陵，不可诬也。且余家向藏《晋公子复国图》一卷，为晞古妙笔，前有'奔狄'、'过卫'、'适齐'、'及曹'四事，其后布景则同而无书。此则逸其前而书《左传》于后，盖思陵少年书学鲁直，后刘豫令能书者为间，遂改学六朝人法，自成一家。无怪乎后人之误评耳。余乃削其跋，正其名，而著语于后，世必有趣余言者。北燕乔篑成识。"乔氏定此卷李唐之作，并讲出这些道理，是经得起考验的。历代鉴定其乃宋高宗笔，而非黄山谷（鲁直）笔。

这幅图卷后来传到安徽歙县一位姓吴的家中，再传至司马张肖甫家。张肖甫去世，其子求当时著名文人王世贞（1526～1588年）撰写墓志，乃以此卷为赘礼。于是此卷始藏于王世贞家。当时轰动不少专家来欣赏，可是大家都忘记了周密在《云烟过眼录》中的著录，也不注意乔氏的题跋，于是仅就画面各抒己见。王谷祥认为是李公麟真迹；詹景凤在《东观玄览》中定此卷名为《晋公子重耳出亡图》，他列举许多理由，不赞同王谷祥之说，指出此图："笔法皆佳、趣高。骨气不逮，法不精深。"詹氏断为李公麟同时人摹本。但詹氏之说颇成问题，似乎他自己也糊里糊涂，他说："今卷非不宛然肖之（李公麟）……中多草草苟且之笔，故不堪咀嚼，而认为李之当时人临耳。"但他马上又说："要又非后人手指可办。"既然"宛然肖之"，又"非后人手指可办"，凭什么说它不是李公麟所作呢？既然"中多草草苟且之笔"，又怎么能"宛然肖之"呢（按：画中并无草草苟且之笔，詹氏之论，可谓不实）？詹氏又就画中人物衣折，认为"纯是（李）伯时故吾"。他忽而又说："树石则率半羊毫尖水笔刷成。"与他平生所见李伯时画法完全不一样。忽而又说："当时伯时亦有此种树石也。"詹氏的论点似乎不成体统。所以，只好置之不论。

此卷在王世贞家不知多久，后来转入严世蕃家。文嘉在所录《严氏书画记》中有"无名氏画晋文公春秋"一语，指的即此卷。

明人当中有一位张丑却是一位细心的鉴赏家，他很重视周密的结论和乔仲山的题跋，指出此卷的作者实为李唐，图名为《晋文公复国图》。他在所著的《清河书画舫》中谓："李唐《晋文公复国图》卷，在严氏，即文休承（嘉）所谓无名氏画晋文公春秋者也。"他并指出："按《云烟过眼录》云云，今谨叙次如此，休承岂亦未见前书也。"张丑并几次提到此卷，都直认为李唐之作，他在《铭心籍》诗中，还写了一首诗云："晞古丹青得正传，晋文复国写前贤。院人雅有昂霄意，何事声名次大年。"（见《真迹日录》）

明代一部分粗心的鉴赏家，争议一番后，经张丑的鉴定和辨正，又恢复了它的本来面目，因为事实俱在，鉴赏无误，张丑之后，至今再也无人提出怀疑。

关于此卷的名称，除上几家之说外，还有赵孟頫《松雪集》的题咏里谓为《晋公子奔狄图》，赵并有诗云："阽隍居浦日，艰难奔狄时，天方与霸者，数子实从之。岁久丹青暗，人贤简册悲，至今绵上路，尤忆介之推。"

至于上、下卷问题，在很多著录和题跋中也经常提及。按《晋文公复国图》是根据《左传》中"鲁僖公二十三年"和"鲁僖公二十四年"的传文画出的，内容选自《晋文公霸业》中的《秦纳晋文公》，主要是出奔（狄）和复国——自"晋公子重耳之及于难"到"奔狄""过卫""及齐""及曹""及宋""及郑"……最后"复国"。但现存此卷是从"及宋"开始的。缺"及于难""奔狄""过卫""及齐""及曹"几段。据乔中山说，他家还藏有一卷，"为晞古妙笔，前有'奔狄'、'过卫'、'适齐'、'及曹'四事"，可能是"上卷"，那么现存此卷"及宋"至"复国"，则应是下卷，而不应是上卷。

赵孟頫所咏《晋公子奔狄图》可能指上卷，下卷（即此卷）是没有"奔狄"的部分。从《左传》记载来看，"奔狄"主要是逃难，不"奔狄"，重耳就有可能被杀死。但重耳在狄娶了年轻美貌的妻子，本来可以很好地活下去，但他仍要离开，以后虽然还属逃难性质，但更重要的是为复国做准备。所以"及宋"至"入于晋师""朝于武宫"，他已复了国。所以还是叫《晋文公复国图》较恰当。

张丑之后，此图见于著录的是清《石渠宝笈初编》，谓之《李唐晋文公复国图》。后从清室流出，至伪满洲皇宫，再佚至美国纽约大都会艺术博物馆。在《故宫已佚出画目》中，此卷亦据《石渠宝笈初编》名为《李唐晋文公复国图》。

《晋文公复国图》的绘画和题字是当时计算好了的，可谓合作，是无疑的。作为连环画的形式，书与画必须同时进行，否则是不可能的，至少说不可能有现在这个样子。从高宗的书法看，不属于他晚年退居德寿宫做太上皇时所书的老辣作风，应属早期之书（各专家鉴定亦然）。这样成熟的书法，说是早期，也应是三十八九岁到四十岁那个样子。从

宋 李唐 晋文公复国图（局部） 绢本设色，29.4×83.1cm，美国纽约大都会博物馆藏。

李唐是一个全能画家，他的这幅画是借春秋时晋文公复国故事起"箴规"作用，激劝宋代君臣，不怕艰苦、不计荣辱，为复国而努力。此图从选题到取材、画面的取舍，均可见李唐的用心。

书体中可以看出，虽然有黄、米遗意，但更多的掺有六朝书风，书体比黄、米温润平和。高宗于二十来岁当皇帝，他的书本出于黄山谷。绍兴年间，伪齐皇帝、汉奸刘豫令能书者伪造他的书体，于是高宗开始"改学六朝人法"。此卷书法显然有"六朝人法"，决不是二十多岁青年所能写出来的，也确实不是高宗绍兴初年的书体。所以此图也决不会作于绍兴初年。

绍兴十六年，高宗三十九周岁，李唐刚入画院，此图此书大约作于此时。

然而此图和李唐晚年的突出风貌很不一致，李唐晚年的作品以《采薇图》最有代表性。用线刚性强、柔曲少、方折多。但大画家在同一时期内可以有不同的风貌出现，例子太多了。董源可以同时画青绿和水墨两种，且一似王维，一似李思训。孙位可以同时画工细和放逸两种。石恪、梁楷等皆然。梁楷在画院画工细的画线条圆折、十分工谨，"院人敬伏"，他另画《六祖图》等则线方折如刀斫；他画《泼墨仙人图》又淋漓墨汁如天风晦雨。吴道子作疏体，时见缺落，其细画又甚稠密。所以大画家同时期内能画几种风格的画是常见的。

李唐平时有一般刚猛之气，发而为画，线条刚猛，但他承命制图，不可不小心，况且他又曾认真学过李伯时，出现这样的他早年曾用过的画风，是完全可能的。显然，其精工成熟之程度，也决非早年可达。

下面再谈谈此卷的创作意图等问题。

谢赫说："图绘者，莫不明劝戒，著升沉，千载寂寥，披图可鉴。"此图卷可谓全具有了。

春秋时代晋国遇到了大难，公子重耳逃跑在外，历尽辛苦，最后复了国，而且成为春秋五霸之一。北宋末年，金人入侵，赵家天下也遇到了大难，赵家后代康王构逃跑在外，颇类晋公子重耳出逃。百姓和他自己以及宗室、王公大臣们也都希望赵构能重演晋文公复国的故实，甚至当时人们就把赵构看作重耳，看成是中兴的象征，据说乃是天意安排。元祐皇后孟氏"手书告中外"中也直言："……缵康邸之旧藩，嗣宋朝

宋　李唐　晋文公复国图（局部）

之大统。汉家之厄十世，宜光武（刘秀）之中兴（按：赵构是宋朝第十代皇帝）。献公之子九人，唯重耳之尚在（按：赵构是徽宗第九子）。兹惟天意，夫岂人谋……用敷告于多方，其深明于吾意。"（《宋史纪事本末》卷五十九）据说"靖康"年号又是预兆着"康王之登基"，赵构逃至南京（商丘），又是"艺祖兴王之地"。

如是，则作此图的意图也就基本上可以明了了。

高宗即位后，不得不宣扬"中兴"，而且，"中兴"之议，在南宋一直未有停止过。且众议、己意皆以重耳目之，他自然需要这样的作品，歌颂重耳，实际上是歌颂他赵构。但这样的内容，确实也反映了南宋军民和画家本人的愿望，对高宗本人也起到激励的作用。

下面再介绍画中的具体情节。

第一段

屋中席地而坐者二人，左者当是重耳，右者当是宋襄公。他们在商讨"赠之以马二十乘"的事宜。门前所立四人，当是守护人员。二十乘马，全画者六匹，其一正套在车上（按：古制，"一乘"是一车四马，此图误）。半藏半露者五匹，其余皆藏在帐幕之后。

宋 李唐 晋文公复国图（局部）

段左（末）题字曰："及宋，宋襄公赠之以马二十乘。"（原题无标点，此处标点为笔者所加，下同）

第二段

因为郑文公"不礼"重耳，重耳坐在车中继续奔逃（右部）。屋中二人，站立老者是郑文公，似有不满之意；打躬请求者是郑国大夫叔詹，叔詹陈告重耳是"天之所启"者，劝郑文公以礼相待，郑文公"弗听"。

段左题字："及郑，郑文公亦不礼焉……弗听。"（中略文字，参看本节附录《左传》文。下同）

第三段

重耳至楚，楚成王盛情招待，后派车送重耳一伙去秦国，图中第一车坐的是重耳，第二车坐的当是狐偃（重耳之舅），最后两车坐的当是赵衰和贾佗。其余人隐于石后。图中人、马、车，巧妙地用山、石、树掩遮。

段左题字："及楚，楚子飨之……乃送诸秦。"

第四段

宋 李唐 晋文公复国图（局部）

秦穆公把五个女儿嫁给重耳，其中包括曾经嫁给重耳的侄儿晋怀公的怀嬴在内。图一女立于门，另四女，有疏有密，重耳正在洗手，一女捧着匜（如盘，盥洗用具），一女捧巾以待，正在给重耳浇水的那个女子当是怀嬴。

段左题字："秦伯纳女五人，怀嬴与焉，奉匜沃盥……重耳敢不拜。"

第五段

图中，最前一挂剑直立者是重耳，挂剑躬身献璧者乃是重耳之舅狐偃（子犯）。因为快回到自己的国土，艰苦即将过去，"子犯以璧授公子"，表示自己一路负罪甚多，现在要离开。重耳知其意，发誓一定要和子犯同心同德。隐于大石之后二人当是赵衰、贾佗。还画有准备渡黄河，秦所派的随从人员在整顿车马。

段左题字："及河，子犯以璧授公子……投其璧于河。"

第六段

重耳已接管了晋军（"入于晋师"），画的是进入曲沃城，朝于武宫的场面。此时颇有威仪，而不同于以前之寒酸。

段左（最末）题字："济河，围令狐，入桑泉……朝于武官。"

附录：《左传·秦纳晋文公》及注译

《晋文公复国图》是根据《左传》中"鲁僖公二十三年（公元前637年）和鲁僖公二十四年的传文内容画出的。此段内容选自《晋文公霸业》中的《秦纳晋文公》部分。兹录原文如下：

秦纳晋文公

鲁僖公二十三年

晋公子重耳之及于难也，晋人伐诸蒲城①。蒲城人欲战，重耳不可，曰："保君父之命而享其生禄，于是乎得人，有人而校，罪莫大焉！吾其奔也。"遂奔狄②，从者狐偃、③赵衰④、颠颉、魏武子、司空季子。

狄人伐廧咎如⑤，获其二女——叔隗、季隗，⑥纳诸公子。公子娶季隗，生伯儵、叔刘。以叔隗妻赵衰，生盾。将适齐，谓季隗曰："待我二十五年，不来而后嫁。"对曰："我二十五年矣，又如是而

---

①本篇以下注释重在史实、人名、地名等，部分注释参阅了《左传选》。最后我再把它译成白话文。

及于难是遭到危难，指骊姬之乱。晋献公年老，宠爱妃子骊姬，强立为夫人，生奚齐，骊姬为奚齐继位，逼杀大子申生，又准备害重耳和夷吾，于是重耳奔蒲、夷吾奔屈，晋献公又派兵打二地，于是重耳奔狄、夷吾奔梁（事见鲁僖公四年、五年、六年传文）。由是晋国衰败。

蒲城是重耳的封地，在今山西省隰县西北。

②狄，当时的少数民族，在晋国西北。

③狐偃，重耳舅父，是重耳的主要谋臣，又称子犯、舅犯。

④赵衰（音催cuī），后为晋国执政大臣，又称成季、赵成子、孟子余。

⑤廧咎如（音墙高如qiáng gāo rú），狄族之一支。

⑥叔隗、季隗，隗是姓。兄弟姐妹中大小排行是伯、仲、叔，亦有作伯、叔、季的。据下文"生伯儵，叔刘，"可知则伯为老大，叔为老二，叔隗、季隗即是隗姓二姑娘、三姑娘。

嫁，则就木焉，请待子。"处狄十二年而行。

过卫，卫文公不礼焉。出于五鹿[①]，乞食于野人，野人与之块[②]。公子怒，欲鞭之。子犯曰："天赐也。"[③]稽首受而载之。

及齐，齐桓公妻之，有马二十乘。公子安之，从者以为不可。将行，谋于桑下。蚕妾[④]在其上，以告姜氏[⑤]。姜氏杀之，而谓公子曰："子有四方之志，其闻之者，吾杀之矣。"公子曰："无之。"姜曰："行也，怀与安，实败名。"[⑥]公子不可。姜与子犯谋，醉而遣之，醒，以戈逐子犯。

及曹，曹共公闻其骈胁[⑦]，欲观其裸。浴，薄而观之。僖负羁[⑧]之妻曰："吾观晋公子之从者，皆足以相国。若以相夫子，必反其国。反其国，必得志于诸侯。得志于诸侯而诛无礼，曹其首也。子盍蚤自贰焉。"[⑨]乃馈盘飧，置璧焉。公子受飧，反璧。

及宋，宋襄公赠之以马二十乘[⑩]。

及郑，郑文公亦不礼焉。叔詹[⑪]谏曰："臣闻天之所启，人弗及也。晋公子有三焉，天其或者将建诸？君其礼焉。男女同姓，其生不蕃。晋公子姬姓也，而至于今，一也；离外之患，而天不靖晋国，殆将启之，二也；有三士足以上人[⑫]，而从之，三也。晋、郑同侪，其过子弟，固将礼焉，况天之所启乎！"弗听。

---

① 五鹿，此处指地名，今河南省濮阳县南。
② 块，土块。
③ 以土块为天赐土地的预兆。
④ 蚕妾，采桑的女奴隶。
⑤ 姜氏，齐桓公嫁给重耳的齐女（她怕消息泄露，影响重耳返国，故杀人灭口）。
⑥ 贪恋享乐和安于现状，实在会损坏人的功名。
⑦ 骈胁，腋下肋骨连成一片。
⑧ 僖负羁，曹国大夫。
⑨ 蚤同早。自贰，在对待重耳的礼节上，表示与曹君不同。劝其认真招待。
⑩ 乘：驾着四匹马的车子。二十乘即八十匹马（按：李唐画一马一车，不合古实）。
⑪ 叔詹：郑国大夫。
⑫ 三士指犯偃、赵衰、贾佗。人，才略过人。

及楚，楚子①飨之，曰："公子若反晋国，则何以报不谷？②"
对曰："子女玉帛，则君有之。羽毛齿革，则君地生焉。其波及晋国
者，君之余也。其何以报君？"曰："虽然，何以报我？"对曰：
"若以君之灵，得反晋国。晋、楚治兵，遇于中原，其辟君三舍。③
若不获命，其左执鞭弭，右属櫜鞬，以与君周旋。"子玉④请杀之。
楚子曰："晋公子广而俭，文而有礼。其从者肃而宽，忠而能力。晋
侯无亲，外内恶之。吾闻姬姓，唐叔之后，其后衰者也，其将由晋公
子乎。天将兴之，谁能废之，违天必有大咎。"乃送诸秦。

秦伯⑤纳女五人，怀嬴与焉⑥。奉匜沃盥，既而挥之。⑦怒曰：
"秦、晋匹也，何以卑我？"公子惧，降服而囚。他日，公享之。
子犯曰："吾不如衰之文也，请使衰从。"公子赋《河水》⑧，公赋
《六月》⑨。赵衰曰："重耳拜赐。"公子降拜稽首，公降一级而辞
焉。衰曰："君称所以佐天子者命重耳，重耳敢不拜。"

二十四年春，王正月，秦伯纳之。不书，不告入也⑩。及河⑪，子
犯以璧授公子曰："臣负羁绁从君巡于天下，臣之罪甚多矣。臣犹知
之，而况君乎。请由此亡。"公子曰："所不与舅氏同心者，有如白

---

① 楚子指楚国国君楚成王。

② 不谷，国君自称。

③ 辟同避；一舍是三十里。

④ 子玉，楚国大夫。

⑤ 秦伯指秦国国君穆公。

⑥ 怀嬴是秦穆公之女，曾嫁给晋怀公（重耳之侄）。与音预(yu)，在其中。

⑦ 奉同捧。匜音夷(yí)，浇水容器。沃，淋水。盥音贯（guàn），洗手。挥，挥手
使之去，不以礼貌相待。

⑧《河水》，《河水》篇已不传，一说即《诗经·小雅·鸿雁之什·沔水》。诗言水
流归于大海，如重耳之游天下之至秦。

⑨《六月》即《诗经·小雅·南有嘉鱼之什》的一篇，叙述伊吉甫辅佐周宣王讨伐俨
狁的武功。有寓颂重耳之意，故下文重耳拜。

⑩ 不书，指《春秋》经文未记载。不告入也，解释经文未记的原因是晋国未通告文公
入国这件事。

⑪ 河，指黄河。

水。"投其璧于河。济河，围令狐，入桑泉，取白衰。二月甲午，晋师军于庐柳①秦伯使公子絷②如晋师，师退，军于郇。壬寅，公子入于晋师③。丙午，入于曲沃。丁未，朝于武宫④。戊申，使杀怀公于高梁。

……⑤

（以上选自中华书局1979年3月版《左传选》，但《左传选》中选录的内容实际上是节录。因而略省的文字，我又根据《春秋经传集解》本补入。）

译文：

晋公子重耳遇到大难，（他逃回自己的封地蒲城去）（晋献公又听信骊姬的谗言，派）晋军讨伐于蒲城，蒲城人要抵抗，重耳不准许，说："凭借君父的指命而享其供养，于是得到民众，有了民众而与之较量，这是最大的犯罪！我还是出逃躲避。"于是奔向狄国，跟随者有狐偃、赵衰、颠颉、魏武子、司空季子。

狄人攻打廧咎如，得到两个姑娘——叔隗和季隗，于是把这两个姑娘送给公子重耳。公子娶了季隗，生下伯鯈和叔刘。把叔隗嫁给赵衰，生下赵盾。（重耳一伙人）准备到齐国去。（重耳）对季隗说："等待我二十五年，我不回来你再改嫁。"（季隗）回答说："我已二十五岁了，再这样等你二十五年之后改嫁，我就进棺材了，让我等着你吧。"（重耳一伙）在狄国十二年才走。

---

① 晋师，指晋怀公派来抵抗重耳的军队。
② 公子絷，秦国大夫。
③ 晋军支持重耳返国，故重耳入统晋军。
④ 武宫是重耳祖父晋武公的庙。
⑤ 以下内容和《晋文公复国图》无关，故不录。

　　经过卫国，卫文公不接待他们。走到五鹿这个地方，讨饭于农村的老百姓，这个老百姓送一土块给他。公子大怒，要用鞭子打这个人。子犯说："这正是老天要赏赐给您国土的象征啊。"（重耳）磕头感谢接了土块载于车上。

　　到了齐国，齐桓公（把齐国的一位姓姜的姑娘）嫁给重耳，并送给二十套车马，公子安于此地。跟随他的人以为不可这样在此享乐，准备离开，于是在桑树下计谋。有一个采桑的女奴正好在桑树上，她把重耳的随从计谋之事告诉姜氏。姜氏把这个女奴杀了，而后对公子说："您有四方之志，准备离开这里，听到这个计划的人，被我杀了。"公子说："我没有要走。"姜氏说："走吧，贪恋享乐和安于现状，实在是会毁坏您的。"公子还是不准备走。姜氏与子犯计谋，（于是把重耳）用酒灌醉，用车子把他拉走。重耳酒醒，（气得）用戈戳子犯。

　　到了曹国，曹共公听说重耳的肋骨是连成一片的，欲观看其裸体。重耳洗浴时，曹共公竟迫近而观看（没有礼貌）。僖负羁的妻子对僖负羁说："我看晋公子的随从人员，皆足以为辅佐国家的大臣，若以这些人辅佐公子，公子必能返其国。返回其国，必能称霸于诸侯。称霸于诸侯而诛杀无礼于他的国家，曹国恐怕是第一个。您何不早一点采取和共公不一样的态度而以礼待之呢？"于是僖负羁送去一盘精美的食品，并放一宝玉。公子接受了食品，送回了宝玉。

　　到了宋国，宋襄公赠送给重耳车马二十套。

　　到了郑国，郑文公也不接待重耳。叔詹劝说："我听说老天所要帮助的人，是一般人所不能及的。晋公子有三条，大概是老天要成全他的，您应该以礼相待。同族的男女结婚，其生育的后代不会昌盛健全的。晋公子的父、母都姓姬，是同族的，他却到现在，这是其一；晋公子逃离在外，而天不使晋国安宁，这大概是天故意如此，准备让重耳回去治理，此二也；有三个能臣其计谋才略都很超众，又都跟随他，此其三也。晋、郑是同辈诸侯，晋国子弟经过我们这里，本该以礼相待。何况他又是老天所托负重任的人呢？"（但这一席话）郑文公不听。

到了楚国，楚成王设宴招待重耳。问重耳："公子如果返回晋国，则何以报答我呢？"重耳回答："美女玉帛，则您是有的。高级的羽毛、象牙和兽皮，本生于您的国土，其波及晋国的部分，实是您不要了的。我用什么报答您呢？"楚成王说："虽然如此，您到底用什么来报答我呢？"重耳说："如果托您的福，我能返回晋国，以后晋、楚发生战争，两军相遇于中原，我将退避三舍（即我退避九十里，让您进军）。如果让您进军三舍还得不到您停止进攻的命令，那我只好左手执鞭和弓，右手带弓囊、箭袋，和您较量一番了。"大夫子玉请求楚成王杀掉重耳。成王说："晋公子志大而不放纵，文雅而有礼貌。其随从人员庄重而又宽厚，愿为他尽力而又有能力。现在晋国国君（指晋怀公）失道寡助，里里外外都讨厌他。我闻听姬姓中，唐叔之后，这一氏将是最后衰亡的，恐怕就是由于有这位晋公子吧。天意将兴它，谁能使它衰败，违犯天命必有大灾难。"于是把重耳送到秦国。

秦穆公把女儿五人都嫁给重耳，怀嬴在其中。（五人服侍重耳）捧着盆，给他浇水洗手，重耳洗毕，一挥手叫她们离开。怀嬴怒曰："秦、晋是同等的国家，为什么这样小看我。"公子自知理亏，脱去衣冠，低头认罪。有一天，秦穆公宴请重耳。子犯对重耳说："我不如赵衰会讲话，请让赵衰跟随您去吧。"（到了宴会上）公子朗诵《河水》以颂秦国，秦穆公朗颂《六月》寓颂公子，其中有希望晋公子将来振兴晋国、辅佐周天子的意思。赵衰说："重耳拜赐。"公子下了台阶，向秦穆公磕头致谢，秦穆公也下了台阶表示辞谢。赵衰说："您声称能够辅佐天子者是重耳，重耳敢不拜谢。"

鲁僖公二十四年春，周王正月，秦穆公派军队护送重耳去晋国。《春秋》经文未记载，解释经文未记的原因是晋国未通告文公入国这件事。重耳一伙到了黄河，子犯把一块宝玉献给公子，说："我牵马御车跟随您巡游天下，我的罪甚多，我自己都知道，何况是您呢？而今大功告成，请让我走吧。"公子发誓说："以后如果不与舅舅同心同德，有如白水。"于是把那块宝玉投向黄河。渡过黄河，围攻下令狐，进入了

桑泉，夺取了臼衰。二月四日，晋怀公派来晋师在庐柳，准备抵挡重
耳。秦穆公派公子絷去劝说他们不要抵抗，晋军退师，驻扎于郇城。辛
丑（二月十一日），狐偃及秦、晋两国大夫盟于郇城。壬寅（二月十二
日），因晋军支持重耳返国，重耳入统晋军。丙午（二月十六日），重
耳率晋军进入曲沃。丁未（二月十七日），重耳朝拜祖庙武宫。戊申
（二月十八日），重耳派人杀死逃亡的晋怀公于高梁。

第二节　《采薇图》

《采薇图》今藏故宫博物院。此图表现李唐晚期的风貌极为突出。
且卷上有"河阳李唐画伯夷叔齐"的款记（款字题在左前面大树向左弯
曲的树干下、石壁上，二行），历来对此图卷没有产生过争议，且著录
有绪。吴荣光《辛丑销夏记》载："宋李唐画《采薇图》卷，绢本，高
八寸七分，长二尺八寸三分。图写伯夷抱膝与叔齐对坐苍藤古树之阴，
夷目光炯然注视齐，齐一手据地、一手作舒掌放歌状。前置筐一、锄

宋 李唐 采薇图（局部） 绢本设色，27.5cm x 91cm 现藏故宫博物院。
《采薇图》是根据司马迁《史记》中的《伯夷列传》而画成的。画面表现伯夷、叔齐
耻食周粟而隐于首阳山，"采薇而食之"的故实。其意仍在"箴规"，"表夷、齐不臣于
周者，为南渡降臣发也"。

宋 李唐 采薇图（局部）

二，盖采薇小憩时景也。李唐字晞古，河阳三城人，建炎间为画院待诏（按此据《图绘宝鉴》，误），山水人物，高宗以之比唐李思训。此卷貌古人而得其真逸状于笔墨之外，能为太史公列传添颊上毫，不得仅以画院名流概之也。"

此画《珊瑚网》《佩文斋书画谱》《式古堂书画汇考》等书皆有著录。画卷之末至今尚有宋杞、俞允文、项元汴、永瑆、翁方纲、蔡之定、阮元、林则徐、吴荣光等九人题跋，有的是一题、再题、三题。诸跋中以宋杞之题最有史料价值（见附录）。其余大抵言些伯夷、叔齐之事和观画之状。

画卷绢本，折今纵27厘米，横90厘米，淡设色。画的故事情节取材于司马迁的《史记》。伯夷、叔齐本是商纣的臣子，周王伐纣时，二人极力阻止。但周王最后还是打败了纣王，灭掉了商，并建立了周王朝，于是"天下宗周"。伯夷、叔齐为了表示自己的气节，决不做新王朝周室的臣子，而且"耻食周粟"，躲到首阳山隐居，采薇（野菜）而食。最后，将要饿死时，还作歌痛斥周室，歌曰："登彼西山

兮，采其薇矣，以暴易暴兮，不知其非兮……"二人直至饿死，都没有
去做周朝之臣。历来的文人、史家歌颂伯夷、叔齐的气节者甚多。

　　北宋被金人毁灭时，能像伯夷、叔齐那样保持民族气节的大臣并不
是太多。据《宋史记事本末》卷五十七载：　"金人相与言曰：'辽国之
亡，死义者十数，南朝惟李侍郎（若水）一人①。'"成千上万人被押往
金国，有的大臣投降，有的大臣做了金国立起的傀儡皇帝，有的大臣做
了金人的奸细……当然奋起反抗者亦不少。

　　李唐是有骨气、有民族气节的人，他从金营中逃跑，宁死不做降
臣，历尽千辛万苦，南渡投奔宋室。他画此图的用意是不言而喻的——
当然是讽刺抨击那些没有气节的宋臣，而同时也歌颂、激励那些忠于宋
室的朝臣。

　　李唐画伯夷、叔齐，不画兄弟推让王位，不画二人"叩马而谏"武
王，而画二人"义不食周粟，隐于首阳山，采薇而食之"，其意是极为
明显的。

　　正因为李唐具有刚强的民族气节，鼓励复国，鼓励抗战，反对投
降，才有这样的作品。其一是投降派、缺乏民族气节的人不会对这样题
材感兴趣。其二是软骨头不会创造出这样刚强的线条（见上章）。

　　《采薇图》创作于何时，确切日期虽不可知，但可以断定是创作于
南渡之后，不论是内容还是技法都很明显。兹不赘考。

附录：《史记·伯夷列传》及注译

　　《采薇图》亦称《伯夷、叔齐采薇图》。取材于司马迁《史记》

---

　　① 《宋史纪事本末》载："李若水抱帝哭，诋金人为狗辈，金人曳若水出，击之，
败面……若水绝不食，或勉之曰：'事无不可为者，公今日顺从，明日富贵矣。'若水叹
曰：'天无二日，若水宁有二主哉？'其仆亦慰解之曰：'公父母春秋高，若少屈，冀得
一归觐。'若水叱之曰：'吾不当复顾家矣！'"又"若水反顾，骂（金人）益甚，监军
挝破其唇，噀血复骂，以至刀裂颈断舌而死。"（卷五十七）

中的《伯夷列传》。在司马迁之前，孔子、孟子都赞美过伯夷和叔齐，但未及耻食周粟而饿死首阳山之事。《庄子·让王篇》方有"二子北至于首阳之山，遂饿而死焉"。而《吕氏春秋》等书的材料可能来源于《庄子》。但"义不食周粟"的字样及夷、齐作歌皆始自司马迁《史记·伯夷列传》。李唐的《采薇图》取材于《史记》是无疑的。此处仅录《史记·伯夷列传》中和伯夷、叔齐有关文字：

伯夷、叔齐，孤竹①君之二子也。父欲立叔齐。及父卒，叔齐让伯夷。伯夷曰："父命也。"遂逃去。叔齐亦不肯立而逃之。国人立其中子②。于是伯夷、叔齐闻西伯昌③善养老。"盍往归焉"。及至，西伯卒，武王载木主④，号为"文王"，东伐纣。伯夷、叔齐叩马而谏曰："父死不葬，爰及干戈⑤，可谓孝乎？以臣弑君⑥，可谓仁乎？"左右欲兵之，太公⑦曰："此义人也。"扶而去之。武王已平殷乱，天下宗周。而伯夷、叔齐耻之，义不食周粟，隐于首阳山⑧，采薇⑨而食之。及饿且死，作歌，其辞曰："登彼西山兮，采其薇矣。以暴易暴兮，不知其非矣。神农、虞、夏⑩忽焉没兮，我安适归矣。于嗟徂兮，命之衰矣。"遂饿死于首阳山……

① 孤竹，国名。乃商汤所封。则孤竹君及其子伯夷、叔齐皆纣商之臣。
② 中子，此处指第二个儿子，亦即仲子。伯夷是老大，叔齐是老三，中子乃指老二。
③ 西伯昌，指周文王姬昌，时为西伯，乃西方诸侯之首。
④ 武王，名发，姬昌之子。木主，文王的牌位。
⑤ 爰，于是。干戈，此处指战争。
⑥ 以臣弑君，西伯昌本是商朝的臣子，其子起兵伐纣，故曰以臣弑君。
⑦ 太公，即吕尚，又名姜子牙，故又称姜太公。是武王的重要谋士。
⑧ 首阳山在今山西省永济县。
⑨ 薇，一种野菜。
⑩ 神农、虞、夏，皆古代帝王。

译文：

伯夷、叔齐二人，是孤竹国国君的两个儿子。其父欲使叔齐继承王位，及至父死，叔齐让位给老大伯夷。伯夷说："这是父亲叫您继承王位的啊。"于是伯夷逃跑了。叔齐也不肯继承王位而逃之。国人便立其中子。伯夷、叔齐逃后闻听西方诸侯领袖姬昌善养老，说："何不去投奔他。"及至到了那里，姬昌死了，姬昌的儿子自立为周武王，给其父姬昌设立一个牌位，称其为"文王"，于是便率兵伐纣。伯夷和叔齐扣住马缰绳，阻其进兵，劝谏道："父死不葬，就动及干戈去作战，能叫孝顺吗？作为一个臣子去弑君主，能叫仁义吗？"武王的部下要杀他们，太公说："他们是义人啊。"于是把他们拉过去了。武王已经消灭了殷纣势力，建立周朝，天下都归顺周朝。而伯夷、叔齐二人却耻于向周称臣，并出于义愤而不食周朝的粮食，隐居在首阳山，采集野菜充饥。及至饿得快要死了，作一首诗。其歌辞是："登那个西山哟，采山上薇呀。以暴虐代替暴虐哟，还不知其过错呀。神农、虞、夏的圣世忽地过去了哟，我到哪里去找我的归处呀。唉呀，只有死去哟，我的身体已不能支持了呀！"于是二人就饿死在首阳山……

第九章 论李唐的南渡、复院及其风格变迁（上）[①]

（日）铃木敬原著　陈传席译

第一节 迄今为止的研究经过

在昭和二十七年（1952年）三月的《美术研究》一六五号上，由岛田修二郎教授报道了这样一个事实：从高桐院所藏的传为吴道子所画的三幅图（中观音，左右山水图）中的山水画上，发现了"李唐画"的落款。而且，这幅山水画的主要部分，即构图和皴法部分，明显地接近于作为南宋院体山水画的主流——夏珪、马远及马远一家的绘画风格，因而被认为"可能是南宋最早期的作品"。当这个观点被提出来之后，就派生出了许多问题。由于在过去，参观故宫博物院（此指台湾的故宫博物院。后同——译者）的藏画是会遇到很大困难的，而现在这一状况

①本文于1981年翻译完毕，并寄往上海书画出版社《朵云》编辑部，但迟至第11集中发表，并被编辑改题为《李唐研究》。

改变了，看到博物院内的藏品比以前容易得多。因此，在对照故宫博物院所藏的署有"皇宋宣和甲辰（六年）（1124年）河阳李唐笔"款记的《万壑松风图》和"高桐院山水图"之间，可看出同一作者在不同时期作画风格上的不同点。这种见解占据了支配地位。可也有很多论者认为：肯定其中一幅是李唐所作，就必须否定另一幅（因为二者风格差距太大）。

明确地表白了这一不同见解的，是在1961年至1962年，台北（当时的台中）的"国立故宫博物院"和"国立中央博物院"的所藏品去美国四个美术馆巡回展出之时。展览结束之后，于10月4日至10月5日两天，在纽约市召开的讨论会上，对上述两件作品，提出了以上两种不同的见解。因为已将讨论会的内容摘要作为副本散发给了中国美术史研究者，因此就可大体上知道一些。可是如果要引用这个副本的话，还必须得到发言者的同意。然而，现在距那次讨论会已有十余年了，当时发言者的意见又有所不同了。因而，我想如果认为这些发言是中国绘画史研究开创时期的一项成果，那么应该说是具有一定时效的。因此，不管是谁发的言，我们不必一一披露其姓名，只极其简要地记下其主要见解，表现出中国绘画史研究史的一个侧面，从这一点来看，亦绝非毫无意义。所以，我特意地以被人忽视了的注意事项之形式来作一介绍。

(1)《万壑松风图》（以下简称《松风图》），曾被传为北宋燕文贵之笔。后来，经凯·比尔教授用与李唐的画作比定，发现具有李唐的团扇山水图（即《奇峰万木图》）的主要特色——结晶体状的岩石。

(2)据文献上的记载，说李唐是学习了唐代绘画家李思训的。这幅画上，水的处理方法就是古代的。

(3)应该是北、南宋交替时期的作品，而不是像周臣那样专门从事摹写的明代画家的作品[这一见解在(10)中表出]。并可以断定《松风图》的年记以及确是出自李唐之笔。

(4)《松风图》和《江山小景图卷》（以下简称《小景图卷》。台北国立故宫博物院所藏，传为李唐真迹，无款），尽管形式和大小有所不同，但很可能是同出于一人之手。《松风图》上的岩石表现手法明显地比《小景图卷》上的岩石表现手法显得刚劲。其差别就像郭熙所画的《早春图》和佛利亚美术馆所藏的《溪山秋霁图卷》之间的差别那样。

(5)《松风图》是李唐的杰作，但磨损得很厉害。《小景图卷》中，岩石上用金泥点的部分遭到严重的腐蚀，而且还继续受到腐蚀。这就证明了画上的线描是无意义的，大概画上被人加了笔，也可能是再制作之物了。

(6)《松风图》是李唐的代表作，从其风格上看也是不可不相信的。而制作期稍晚了一些，也有可能是精密的摹写品。

(7)《松风图》接近于"国立故宫博物院"收藏的所谓范宽的画。《小景图卷》和册页以及《松风图》可能是二组，也可能出自两个作者之手。

(8)《松风图》是正笔。颜料的变化，引起了画的变化。

(9)"高桐院山水图"上的两个人物，与南宋时期的绘画风格不符。与其说是枯燥无味的，不如说是没有宋代画风那么明快。不过也许是宋代的，而画中的人物只不过是一种大胆、果敢的设计。因此不能把"高桐院"和故宫的李唐画作为同时期的李唐画。在《松风图》画上的岩石皴法，看上去像刀刮一样的效果，完全是北宋的画风。款记是1124年（宣和六年），画上没有任何一点与此相违背。不过的确使人认为画中有像周臣（明代所谓院体派画家，仇英的老师）那样的影绘的树木。

(10)"国立故宫博物院"的李唐画正是周臣画风的典型。过于强调斧劈皴。一般落款和所谓"隐蔽落款"，在文献上是经常见到的。然而，这幅画的落款却具有古怪的性格。而这种古怪的性格，可以说直到元代都是不常见的。

(11)"高桐院山水图"是南宋时代的作品。虽然是紧接李唐时期的作品，但并不是杰作。

(12)界线的质和手法上既没有强调，也没有变化，显得平板。乃是南宋时代很平凡的李唐后继者所作。

(13)全面地看，高桐院画缺少画家那样的气质，将要成为巨匠的作者的作品之强有力的自发性，没有显示出来。

以上归纳，是否恰当，还不太有把握。但是让大家从总体上去看一看20世纪60年代初期的中国绘画史研究状况，从这一点看，是具有很深意义的。这是因为当时中国绘画史研究已进入了全体就绪的阶段。如果我自己也出席当时的讨论会的话，大概也要提出和以上诸说不尽相同的意见的。

此后，发表的论文有马科斯·雷亚教授的《带有宋代印记的中国画》①（《东方学杂志》1961年第4期）。他认为《松风图》这幅杰出的作品所具有的浓烈的、生动的，并极有修炼的构思，很难和其他一些同样标有李唐记号的作品联系在一起。但却显示着密接马远、夏珪派广范围的种种墨法艺术风格。引用希雷氏的《中国绘画》就得出了这样一个结论：其展示了李唐艺术风格发展的中间阶段。再引用威廉·威利兹的《中国美术》（《中国艺术》第二卷，摘自《一只塘鹅的书》，1958年）②，则又介绍了岛田教授对《松风图》的否定论。

自岛田的论文发表以来到现在为止所发表的有关李唐山水画的论文当中，最值得一读的文章要算理查德·贝哈特教授的《李唐和高桐院山水画》③。〔李唐（C. 1050—C. 1130）and KOTO——in《风景雕刻杂志》1972年5月〕贝哈特教授将现在的高桐院山水画右幅"对话观瀑"换为左幅④，作为找出《松风图》和"高桐院山水图"在构思上所不同的

---

① *Chinese painting with Sung dated Inscriptions* By Max Lohn Arts Orientalis IV. 1961.

② *Chinese Art* 2Vols. By William Willetts.A Pelican Book. 1958.

③ *Li Tang (C. 1050—C. 1130) and KOTO – in landscape*. By Rrichard Bamhart *the Burington magazine*, May1972.

④ 意思是：把高桐院三幅画中的右边一幅放到左边一幅的左边，可以看出两幅画本是一幅。——译者：此论颇有见地。

方法，从而，他得出一个假想，即高桐院山水画是离合山水形式①。如果再想到由于改装，画幅多少有些缩小了，就更会相信，如贝哈特教授所推断的那样：高桐院山水画的两幅本来就是离合形式。大概后来有人在中间上方添画了一座大山。他以假想的原来形式作为依据，指出现藏于库里威朗脱美术馆的传为周文笔的《夏冬山水图》屏风，就可能使用了这一格调。无论是山还是水的形状都明显地是从高桐院山水画上模仿来的。另外，以"耻食周粟"而隐居于首阳山上、靠采薇度日、最终饿死的伯夷、叔齐的故事为主题而创作的《采薇图》，传说是金军占领北方之后，李唐所作。由于在画法上和"高桐院山水画"相似，也许是宋高宗南渡后，绍兴年中期的作品。当然，这一作品，也已在岛田的论文中，以追记的形式提到了。

从《松风图》《采薇图卷》和"高桐院山水图"中可以看出，在李唐艺术的幅度变化中，他是逐渐减少画幅的宽度，贝哈特把这个作为结论，是颇有说服力的。高桐院的两幅山水图，在日本也被说成是离合形式，假若去掉被认为是"对话观瀑"幅上部的补绢，并且向上提起到和另一幅平并的话，下面的岩石、树木等就更巧妙地连接起来了。后来，对高桐院的两幅画本来是不是屏风装这个问题产生了疑问。在日本，中国的屏风从被认为是模仿了唐朝形式的旧东寺藏山水屏风，直到近代日本的所谓贴交屏风，曾是主要的。而现在很常见的通景屏风则是较少的。

但是我现在要论述的，并不仅仅是追求《松风图》和其他两点的故宫本李唐画、"高桐院山水图"两幅、《采薇图卷》《晋文公复国图卷》等等在风格和形式上的关连，而是想推定一下李唐从宋徽宗朝的宣和画院到南宋的高宗画院期间究竟是什么时候复职的问题。据文献记载，李唐南渡，复职时的年龄是八十岁左右。假定他在八十岁时，于高

---

① 所谓离合形式，指把一幅大画割开成二幅或数幅，再分别装裱成统一形式，挂在一起，即可"合"成一幅，如果"离"开，又可单独成幅。如果分别装在屏风上，数块屏风放在一起，亦有统一感。——译者。

宗朝初期进入画院的话，《松风图》就是在他七十多岁所作。已经是这样高龄的画家，会在这样短期内实现由《松风图》到"高桐院山水图"那样大的风格上的变化吗？因此我认为这个疑问肯定会萦回在许多持有"认定两幅画中一幅是李唐所作，就要否定另一幅"的论者头脑里，至少我自己就被这种前人的观点支配着。虽然贝哈特教授把《采薇图卷》说成是绍兴中所作，然而他并没有摆出这个推定的根据。并没有说大体上是绍兴年间的何时所作。所谓绍兴年号，从1131年改元以后到1163年宋高宗让位给宋孝宗（赵昚）的三十二年之间一直使用着，乃是宋代使用最长的一个年号。

第二节 有关李唐的文献

有关李唐的文献资料，和其他南宋画院画家大体上一样的是同时代的记录皆无。比较可信的是宋末元初人庄肃所著的《画继补遗》，上面有如下记载：

"李唐，字晞古，河南人，宋徽宗朝曾补入画院。高宗时在康邸，唐尝获趋事（为高宗办事），建炎（1127~1130年）南渡，中原扰攘，唐遂渡江如杭，夤缘（依靠权势或者贿略）得幸高宗，仍入画院，善作山水人物，最工画牛。予家旧有唐画《胡笳十八拍》，高宗亲书刘商辞，每拍留空绢，俾唐图画。亦尝见高宗称题唐画《晋文公复国图》横卷，有以见高宗雅爱（李唐）画也（《中国美术论著丛书》所收，排印本）。

关于李唐去到临安（杭州）一事，宋末的邓椿在其《画继》卷六中也有简单的记载：

李唐，河阳（河南省孟县）人，乱离（北、南宋交替时）后，至临安，年已八十。光尧（高宗）极喜其山水（《画史丛书》所收，排印本）。

把李唐南归的年龄说成八十岁，在这里还是第一次出现。正如众所周知的那样：《画继》是继《图画见闻志》后的一本画史书，记载着从北宋熙宁末到孝宗乾道三年（1167年）之间的画家，与李唐的活跃时期比较接近，因此我认为说李唐八十岁是可以相信的。

夏文彦的《图绘宝鉴》（以下简称《宝鉴》）虽说不是全面可信的文献①，但所记载的画家传略却是以上二书不能与之相比的，其记李唐如下：

李唐，字晞古，河阳三城（河南）人。徽宗朝曾补入画院。建炎年间（1127～1131年）太尉邵宏渊荐之，奉旨授成忠郎、画院待诏（是最高的荣誉），赐金带，时年近八十，善画（山水）②人物，笔意不凡，尤工画牛，高宗雅爱之。尝题李唐所画《长夏江寺卷》云：李唐可比唐李思训（《南宋院画录》，《画史丛书》本及光绪十年钱唐丁氏竹书堂刊本）。

但是在《国学基本丛书》《津逮秘书》本所收的《图绘宝鉴》中，邵宏渊却成了邵渊。这大概是厉鹗编辑《南宋院画录》时在各书中都没有看见太尉邵渊的名字，于是才改写成邵宏渊的吧。但是，这个邵宏渊在《宋史》本传中也是没有记载的。那么这样一个人物怎么能作为李唐的推荐者而出现呢？我想元末夏文彦时代是有作为典据的内容的。

庄肃说李唐在高宗即位前，只是个跑腿的，高宗出生时间是宋徽宗

---

①关于《图绘宝鉴》，在拙著《中国绘画史（上）》（吉川弘文馆，1981年）的"参考文献"之(28)中，也有若干阐述，可以参看。（下略）

② 译者根据原著加。

大观元年五月乙巳（1107年），这和宣和初年（1119年）之间，已相
差12年。而李唐南渡后，因为依靠夤缘，即依附权贵或使用贿赂而进入
高宗的画院。这一说法是《画继补遗》上的，从当时发迹的武臣行状上
看，很有可能和邵宏渊有关。张安治先生（译者：中国中央美术学院教
授）在《宋代杰出画家李唐》（载《美术研究》1981年第2期）一文中
也认为官僚内臣看到了"待诏工作"，认识了正在卖画中的李唐，奏闻
皇帝后，让李唐进入了画院，这是有可能的。从《采薇图卷》上宋杞的
跋文中可以想象到李唐进入画院是正当的，并没有夤缘之事。假定认为
李唐进入画院是近乎绍兴年之末的话，在宣和六年（1124年）创作《松
风图》时也只有五十岁左右。此后的三十多年，在画坛所发生的变化，
以及画家所处的社会环境的激变，从而影响了绘画等诸条件的变动，这
就可能直接或间接地引起了李唐画风的变革，因为在那数十年间，从上
到下都是一个大骚乱的时代，是一切的一切，乃至于连所有的价值观都
完全变得乱七八糟、一塌糊涂的年代。

第三节 金对开封的占领以及画院和绘画遗品的去向

粘罕率领的金军长时期进攻开封城，开封终于靖康二年（1127年）二月
失守。此后，从金对宋所采取的政策来看，金不仅全部清查、掠夺了金银
宝玩，并对中国传统文化十分憧憬，急忙进行掠夺。假如要叙述和绘画有
关问题，则在金的元好问所代表的题画文学的盛行，以及以王庭筠所代表
的继承文与可、苏东坡一派画风所创作的《枯木竹石图》之类一批作品
里，显示了高度的文化素质的形成。在这样一个背景里，北支那被占领，
特别是随着开封和西京洛阳的被占领，庞大数目的书画就被押收并送往北
方，自然也有被强行拉走的各种伎艺人所积蓄起来的"文化"。

金的这一对宋政策，首先在紧接着开封失陷后而失陷的西京洛阳
全面施行。记载这一事实的有南宋徐梦莘（靖康元年至开禧三年，即
1126年~1207年）的《三朝北盟会编》（文海出版社排印本，以下简

称《会编》），该书卷六三"靖康元年十一月十八日"的条文里记有：

"粘罕在西京广求（宋朝的）大臣文集、墨迹、书籍等，并访寻富郑公（弼）、文潞公（彦博）、司马温公（光）等子孙。"据说："当时只打听到文彦博的第九子殿撰（文）维申的下落，但是他已年老，挂着拐杖，早已离城出奔而去了。仅留下一妾、一婴儿。粘罕得到这个婴儿，久久地扶摸着他的头，并送给他们衣服珠宝。因看他们恐怖和惊慌，又让他们返回家中了。"①

《会编》卷七十三，靖康元年十二月二十三日记有：

"金人收集了监（国子监）（太学）书、（大）藏经、苏（轼）黄（庭坚）之文及古文书籍、《资治通鉴》等等。金人指名索取的书籍甚多。另外还掠取了苏、黄之文、墨迹和古文书籍。并要开封府支出现钱来收买或直接从书铺中购买。"在这些记载中，所做之人是被人视为野蛮的女真人，这一点就连笔者徐梦莘自己也感到惊讶，在文章内是隐隐可见的。

在同书的靖康二年正月二十五日的一条②里记有金人寻求各种艺人

---

① "（靖康元年十一月十八日己卯）粘罕在西京，令人广求大臣文集、墨迹、书籍等，又寻富郑公、文潞公、司马温公子孙，时唯潞公第九子殿撰（文）维申，老年杖履先奔走出城，乃遗一妾一婴儿。粘罕既得，抚之良久，衣服珠玉为压惊，复令旧宅。"（《会编》卷六三）

译者按：著者对中国有关古籍的理解基本上是正确的。然用日文表达出来，有时亦有和原著微异的地方，译者依原文译出，不再更改。下同。

② "（靖康二年正月二十五日乙卯）金人求索诸色人（各种各样职业的人——指有一定的技巧），求索御前祗候、方脉医人、教坊乐人、内侍官四十五人。露台祗候、妓女千人，蔡京、童贯、王黼、梁师成等家歌舞及宫女数百人，先是权贵家歌舞及内侍人，自上（指宋钦宗）即位后，皆散出民间。令开封府勒牙婆媒人追寻，又要御前后苑作、文思院上下界、明堂所、修内司、军器监工匠、广固塔材兵，三千余人；做腰带帽子、打造金银、制笔、和墨、雕刻、图画工匠三百余家，令开封府押赴军前，开封府公人，笔持文牒、乱取人口、掠夺财物，自城中发赴军前者，皆先破碎其家计，然后扶老携幼、竭室以行。亲戚故旧，涕泣叙离别，相送而去，哭泣之声，遍于里巷，如此者，日日不绝。"（《会编》卷七七）（字下有黑点者，乃笔者所加）。

之事："御前祗候、方脉医人、教坊乐人、内侍官等四十五人，露台祗候、妓女千人，蔡京、童贯、王黼、梁师成等家的歌舞及宫女数百人，散在民间的御前后苑作、文思院上下界、修内司等等工匠、兵员三千余人，打造金银、制笔、和墨、雕刻、图画工匠三百余家以及其他方面的艺人一百五十余家，都被金人强行驱出开封府而赶赴金军军前。其亲戚故旧洒泪诉别，像这样的惨状每日不断。"

　　另外，在同月二十九日一条①中记有："将诸局的待诏、手艺染行户、少府监、将作监、文思院等处匠人、百伎工艺等千余人赶赴军中"。

　　在三十日一条②中记有："又押送了画工百人，学士院待诏五人、金银匠八十人、后苑作五十人等。"

　　这些记载都不会是捏造的，因为这都和丁特起的《靖康纪闻》中的二十九③记事大体上相合，而《靖康纪闻》是出自作者"目击而亲闻"，故不致有误，这是很清楚的。当然金军所押送的不仅是人，强行掠取的古画、教坊乐器等自不用说了④。押送各种伎艺人之事，在其他的城市里也

---

　　①"（靖康二年正月二十九己未）（略）又取应拜郊合用仪仗、祭器、朝服、法物，并应御前大辇、内臣、诸局待诏、手艺染行户，少府监、将作监、文思院等处人匠，（略）又押内官二人，又十六人，后又十人，并百伎工艺等千余人，赴军中，哀号之声，震恸天地，民情极皇皇（惶惶），迫于冻馁，又多剖剥者，悬五十（千）贯以止，绝域不戢。"（《会编》卷七八）

　　②"（靖康二年正月三十日）（略）金人又索诸人物，是日，又取画工百人（略），学士院待诏五人，筑邠供奉五人，金银匠八十人，吏人五十人，八作务五十人，后苑作五十人（略）。"（《会编》卷七八）

　　③"（靖康二年正月二十九日）押内官二十五人及百工伎艺千人，悉赴军中，哀号之声，震动天地，是日民情极惶惶，迫于冻馁，又有剖剥食人者，开封府榜云："街市尸首暴露，擅敢剥剔者，许人告首，赏钱五千贯（《靖康纪闻》）。

　　④"（靖康二年二十七日）（略）上皇（指徽宗）平时好玩珍宝，有司及军前莫能知也。内侍梁平、王仍辈，曲奉金人指所在而取之，真珠（珍珠）、水晶、帘绣、珠翠、步障、红牙、火匣、龙麝、沉香、乐器、犀玉、雕镂、屏榻、古书、珍画络绎不绝于路（略）。"（《会编》）卷七九

不断发生。总之，中国的文化，人也好，物也好，都几乎被掠夺一空。

此后，以徽宗、钦宗二帝为首的诸王和诸姬被押送北方，大宋的中国文物也源源不断地运往北方。在此期间，还由于徽宗的一时疯狂，将偌好的"长岳"和充满情热的"五岳观"分别给毁了和烧了（靖康元年十一月二十七日）。而被视为充满着神宗的情热的元丰之官制大改革的象征之一的尚书省也被烧了（靖康元年十二月十五日）。当时的开封府一片遗骸。如果说那时候还留下什么的话，大概就是郭熙所画的《玉堂（学士院）秋山平远图》壁画之类吧①。

基于上述诸缘因，即使在中国绘画史上出现了断绝的现象，也是不足为奇的。因为中国画是讲究传统的，中国的画家之修业是以"传模移写"（摹写）为始的，作为传统的艺术——传模的依据——古典的绘画作品全部失去了，被称为大师的画家也几乎都失去了，所以说在中国绘画史上出现了断绝现象并不足奇。

再后，继承了帝位而又名不副实的宋高宗开始了长期的逃难。因为连天子都逃跑了，军队的将士只要一听到金军来了，便马上弃城而四处逃散。而这些逃亡的游兵散勇往往随即变成了群盗。

天子也是逃了又逃。建炎四年（1130年）正月二十五日行幸（逃跑也还算是行幸之一）②到靠近浙江省南端的温州，把临安（浙江的杭州）定为行在③，时是绍兴二年(1132年)正月的事。直到宋金第一次签定和议书的绍兴八年十二月，高宗也就在临安静静地度过了这一段时间。然而他也自然没有闲心去乐于那些他生来就喜好的风流韵事了。有些书如庄肃的《画继补遗》卷中就写到："高宗即使在天下大乱之际，也会聚精

---

① 参照《铃木先生还历纪念论文集》所收，小川裕充的《院中的名画》。

② 行幸：皇帝出行叫行幸——译者。

③ 行在：古代封建皇帝所在的地方，亦叫"行在所"。南宋把首都临安称为"行在"，乃取不忘旧都东京开封而以临安为行都之意。——译者。

会神地从事绘画。"①然而我却不相信高宗避难外逃还会将那样多的时间沉溺于书画之中。

《图绘宝鉴》中所说的"建炎年间（1127～1130年），太尉邵宏渊所荐"云云，也许是夏文彦一流的臆说吧。在当时要建成太平逸乐之果的画院等等是既没有时间，也没有金钱。首先为了制作大量的兵器甲胄，就必须提高税收。为了在困难时期削减冗费，厉行节约，建炎年间，进行了大规模的缩减官吏（《玉海》卷一二七）②。南宋初年，连教坊（教习乐、舞之场所）也被废止了（南宋李心传撰《建炎以来朝野杂记》甲集卷三③《学津讨原》所收，以下简称《杂记》）。即使是宴乐，也和教给艺者宴会用的三味线和手舞（简单的舞）的地方不同，当然喽，宴乐是国立的一个像样的机构，它是在公众的宴会和祭祀上所必要的，自孔子以来，就很受重视，具有很大的影响。到了这个时候，也只好去掉了。当教坊被重新设置的时候，已是绍兴十四年矣。并在建炎三年四月庚申中将少府、将作、军器监都划属工部（李心传撰《建炎以来系年要录》卷二三④，《国学基本丛书》所收，排印本，以下简称《要

---

① 此出于《画继补遗》"赵伯驹"条——译者。

② "（建炎）三年四月庚申，权罢秘书省，废翰林天文局，亦宗正寺归太常，省大府司农寺归户部，鸿胪光禄寺国子监归礼部，（略）又减尚书六曹吏，定为九百二十人，分按捴为一百七十有之（此字恐误——译者），丙子，定两省吏额为一百三十八人，丁丑，定尚书省吏额凡二百二十四人（略）。"（《玉海》卷一二七。"官制"的官数、省官之条，但被废止的官，大多数从绍兴三年至二十五年间又复置了，省官、复置，常为政治状况所左右）

③ "教坊，今乐也。建炎初省，绍兴十四年复置。凡乐工四百有六十人，以内侍充铃辖，绍兴末，复省（略）。"（《建炎以来朝野杂记》甲集卷三）

④ "（建炎三年夏四月庚申）宰相吕颐浩、知枢院事张浚言：'今天下多事，乞命庶僚各举内外官及布衣隐士材堪大用之才，擢为辅弼，协济大功，诏行在职事官，举所知以闻，权罢秘书省（绍兴元年二月，丙戌，复置），废翰林天文局（绍兴二年正月，壬寅，复置）（略），少府、将作、军器归工部（绍兴三年十一月庚戌，复将作军器二监，惟少府监不复）。"（《要录》卷二二）

录》）。在这些机构当中，将作、军器二监，于绍兴三年十一月复置，而少府监却依旧不复。

基于以上那些情况，画院的设置，最早也要在绍兴二年以后。也就是在皇帝决定建都临安之后。如果考虑到靖康中，几乎所有的画工都被带到了北方和南宋对金政策的推行的话，按常识就无需考虑画院的设置最早会在绍兴十年的什么时候。从绍兴十二年起到绍兴十九年间，实行了增加税收的各种政策，例如经界法被施行期间，是不可能建造画院等等的，但是日本人却认为：实际上作为传统文化的最高保护者天子看来，也许要以尽快的速度设置、实现。不过，作为官制，也许图画局（院、画院）是继承北宋之末的。据《会编》卷一〇七建炎元年六月五日癸亥所记，借助张邦昌而在短时期内建立起来了伪楚国，又同何志同等差人（最低级的小吏）看了押收的翰林书艺局著缘艺学李恭佐的书状①。但此事根本不能成为推测南宋初建炎初年翰林书艺局被复置的证据②。这不过是因为被捉到贼（金）寨里待了很长时间的北宋宣和书艺局里的艺学，偶得窍门，拼命地从贼掌中逃了出来。

高宗建炎以后，这种北宋的官制大概被保留下来了。但是是否进行实际工作或活动，那还是个疑问。虽说为了减少冗费，厉行节约，而实行减官，可是对于无有一人在里工作的场所，当然也就不会成为减官的对象了。

---

① "（建炎元年六月五日癸亥）又同何志同等人押李恭佐，状曰：责到翰林书艺局著缘艺学李恭佐，于二月初五日大金军前，取出青城见说（略），又小贴子、徐文忠、李恭佐，久在贼寨，备知虏情（略）。"（《会编》卷一〇七，参照《四库珍本》所收，但是"著缘"是什么意思，我还不明白）

译者按：此段文字原标点误，译者改正。

② 御书院，于绍兴十六年十一月复置（参照《会要》"职官"三六"翰林院"以及岛田英诚氏的《关于徽宗朝的画学》，载《铃木敬先生还历纪念中国绘画史论集》1981年12月1日，吉川弘文馆）。但是，有宋一代，御书院比起图画院，总是更加优遇（按：其他朝代亦然）。

倘若画院要充实能够作画的画家的话，那也必须是在精通金人内情的秦桧执政期间，第一次和议出现的绍兴八年以后。

在战争处于高潮期间，文臣的发言权就相对地减弱了。然而，一旦恢复了和平，具有传统的文治主义的中国，自然是文臣的主张居于重要地位。当时的武将，究其根源的话，他们过去是不是盗贼或是不是强盗一类的人物，就不得而知了。反正，只要他刚勇而又有统制力，具有大量的部卒，也要以必要的"忠义"作为旗帜就行。而且当时的武将也都很年轻。就连中兴最大的功臣之一，被封为郡王的韩世忠，其出身都不十分清楚，只要有非常超众的勇敢，当然也多少要有点兵略。至于像文臣所具有的那种教养，他们基本上是零。对当时情况很清楚的王明清（南宋初人），在《挥麈后录》卷一一"绍兴十二年"（1142年）的条文里写道："我不识字，此乃解潜为之，使某上耳。"[1]据说就为此触怒了秦桧，便将解潜贬为单门（江苏）的团练副使，后又被赶到南安军（江西、大庾），一直没有容许他回来，最终死在岭外。此类事，再要看看《要录》的绍兴二十一年壬申的条文中，作为处于危笃状态[2]之时的韩世忠的自身告白，其中有云："我本是布衣之身，经历了众多的战

---

[1] "绍兴壬戌（十二年），罢三大帅兵柄，时韩世忠为枢密使，语马帅解潜曰：'虽讲和，敌性难测，不若姑留大军之半于江之北，观其衅（事端，朕兆），公其为我草奏，以陈此事。解（潜）用其指为劄子，韩上之，已而付出，秦桧之语韩云：'何不素告我，而遽为是邪？'韩觉秦词色稍异，仓卒皇恐，即云：'世忠不识字，此乃解潜为之，使某上也。'秦大怒，翌日贬（解）潜单州团练副使，南安军安置，竟死岭外（张子韶云）。"（《挥麈后录》卷一一，《学津讨原》所收）。

译者按：此段文字原标点有很多错误，译者改正。

[2] "（绍兴二十有一年秋八月壬申）是日，（韩）世忠薨于赐第，年六十三。始世忠得疾，上饬太医驰视，问访之使，相属于道，将吏问疾卧内，世忠曰："吾以布衣，百战致位公王，（略）世忠少时为省仓负米之役，慓悍绝人，不用鞭辔，能骑生马驹。家贫无生业，嗜酒豪纵，不拘绳检，呼为泼韩五（略），年十八，始隶军籍，（略）十指仅全四，不能动，身被金疮如画，晚以王公奉请，绝口不言功名（略）。"（《要录》卷一六二）

斗，而位列王公。"看了这样的话，也就非常清楚了，作为中兴功臣之一的张俊，原也为盗贼之首。在文臣之中，也有不识字、依靠侥幸和夤缘（依附权贵）而成为知县、知州者。可见太尉邵宏渊也就是在这样的困乱之中和常规的秩序崩溃之时登上政治舞台中的一个。然而，伴随着和平的到来，文臣开始了对武臣的攻击。他们仅因一些不足取的理由和诬告，便会被降职，或者在无可奈何的情况下辞去了职务，甚至像名将岳飞那样冤死在大理狱中。

只要稍微一瞥这样的南宋政权内幕，也就可以知道：画院开设的时期是在秦桧一伙独揽朝政的时期，即在第一次宋、金和约达成的绍兴十一年到秦桧死后的绍兴二十五年（1155年）十月之间，只有在这段时间内是比较合适的。当时，国内虽有盗贼出没等等，但总的来说内治政策是成功的。"和约"又使兵粮等费用节减了。因此，直到金军第二次开始南下的绍兴三十一年（1161年）九月，这段时间是南宋统治者暂时偷安的时期。从北宋画院来而复职于南宋画院的画家，除李唐外，都被记为绍兴年间。根据《南宋院画录》的记录来看：

刘宗古，汴京人，宣和间待诏，成忠郎。绍兴二年，进车辂式称旨，复旧职，除提举车辂院事。（《图绘宝鉴》，以下简称《宝鉴》）

杨士贤，宣和待诏。绍兴间至钱塘，复旧职。（《宝鉴》）

李迪，宣和画院，成忠郎。绍兴间复职画院。历事孝、光二朝。（《宝鉴》）

李安忠，居宣和画院，官成忠郎。绍兴间复职画院。（《宝鉴》）

苏汉臣，开封人，宣和画院待诏。绍兴间复官，孝宗朝隆兴初承信郎。（《续宝鉴》）

朱锐，河北人，宣和画院待诏。绍兴间复职。（《宝鉴》）

李端，汴人，宣和画院待诏。绍兴间复职。（《宝鉴》）

张浃，同上。

顾亮，同上。

李从训，宣和待诏。绍兴间复官，补承直郎，画院待诏。（《画

鉴》）

阎仲，宣和百王宫待诏。绍兴间复官，补承直郎。画院待诏。（《宝鉴》）

周仪，宣和画院待诏。绍兴间复官。（《宝鉴》）

焦锡，宣和院人。绍兴间复为画院待诏。（《宝鉴》）

以上主要是摘自《宝鉴》，和《画继》以及《画继补遗》上的记述有不同之处。另外，在《南宋院画录》卷二上所载的画家中，胡舜臣、张著二人是不是从宣和画院复职到绍兴画院的，尚不明确。这样包括李唐在内是三个人，除此之外，其他的画家全部都复职到绍兴画院。

另外，卷二中所记载的大部分画家，也都是绍兴画院的待诏。特别有意义的是萧照的传略。《画史会要》卷三上（见《南宋院画录》所收），有如下的记载："萧照，濩泽（山西）人，靖康中，流入太行山中为盗，一日，掠至李唐，检其行囊，不过粉奁画笔而已。"萧照已久闻李唐之名，因此便随李唐南渡。李唐也就将自己所长，全部毫无保留地传授给了萧照。萧照于绍兴中进入画院，成为迪功郎、画院待诏。现存的崇祯四年豫章朱氏刊本中的《画史会要》卷三上所写的，虽和本书所记颇不相同，但在绍兴中进入画院的部分却是一样的。

在被送往北方的三千汉人[据明·陈邦瞻撰《宋史纪事本末》（华世出版社，排印本），人数过少了些］中，大概有很多人逃跑出来了。这些人，虽不清楚北还的详细道路，但大都认为大概是出了开封府的北青城之后，要横过太行山脉，再从山西省的一带折向太和岭或云中（山西大同）东，径由河北省的蓟地到达韩州（吉林省）（《宋史纪事本末》）。由此看来，太行山脉对于逃亡者逃跑来说，毫无疑问是个恰好的地方，但也是盗贼袭击这些逃亡者的隐蔽之地。在《要录》卷一五八，绍兴十八年闰八月庚申条①中有如下的记载：

---

① "（绍兴十有八年闰八月庚申）亲卫大夫忠州刺史鄂州驻劄御前选锋军同副统制梁兴卒，（梁）兴自太行山率其徒，奔岳飞于江夏，从军凡十年。"（《要录》卷一五八）

"亲卫大夫，忠州刺史、鄂州（湖北武昌）驻劄御前选锋军同副统制梁兴死了。梁兴是曾经从太行山率其同伙投奔江夏（武昌）的岳飞所在之处的，从军凡十年。"在率领其同伙这样的话中，包含着什么呢，是很奇怪的，难道不可以写成率领盗贼团吗？这种推测亦是很有可能的。

这样看来，只有李唐一人，从宣和画院复职到了南宋最初期的建炎画院。

那么，在《宝鉴》中所记的，作为李唐推荐者的太尉邵宏渊究竟是个什么样的人物呢？

第四节 关于太尉邵宏渊

前文所说的，《南宋院画录》所收本以外的《宝鉴》中，称作太尉邵渊是错误的，叫邵宏渊才是正确的。

可是官至太尉的邵宏渊之名，却不见于《宋史》诸传中，仅散见于以《宋史本纪》为主的《会编》《宝录》《宋会要辑稿》（以下简称《会要》）等书里。除此之外，在《杂记》（聚珍版所收）、明代钱士升的《南宋书》中的《李显忠列传》里，可见到有关他的一点事迹。并且在南宋的史浩、周必大的文集里，记载着除、任诏的全文。从这些记事中可以得出一个结论，可以说：即使邵渊就是邵宏渊的话，那他也不是太尉。《宝鉴》的著者夏文彦是根据什么来作李唐传的呢？至今也只是个谜，究竟是其出典错误，还是夏文彦误写，也还不清楚。可是作者既然提到了像邵宏渊这样并不那么知名的人物，想必也有提起到他的理由。

可能有一个被误认为是邵宏渊的武臣。在绍兴三十一年三月丁未，金军陷落濠州（安徽凤阳）之时，有位叫邵宏的，进退维谷，依城投拜，然后投降了金。但是这个人物，在其后几乎所有的记录里都没有再出现过。也许这个邵宏并不是被人错误地认为是太尉邵宏渊那个人物吧。

据《宋人传记资料索引》（鼎文书局）中记载，邵宏渊是大名（河

北）人士。因韩世忠的推荐，被授为阁门舍人。绍兴年中和金人在真州
作战获大胜，被称为中兴十三战功之一，从而成为定远节度使。可以我
浅薄的学识所知，并没有发现有关他是阁门（赞宣）舍人、大名出身、
当过定远节度使等的文献。然而这个"索引"记事却一直保存在《中国
人名大辞典》里。

如果邵宏渊因韩世忠的推荐（在绍兴初年，韩世忠积极地举荐）而
成了阁门舍人（宣赞舍人）的话，那就是在韩世忠死前的绍兴二十一
年以前的事了。然而身居这样官职的邵宏渊会举荐一个画家？不能不
使人产生怀疑。据《要录》卷一七五[①]中记载，邵宏渊在绍兴二十六年
（1156年）十月丙子，由拱卫大夫忠州防御史、两浙西路兵马钤辖变成
为殿前司前军统制。邵宏渊之名也就是在这个纪事中才初次出现的。此
后，邵宏渊连连升官晋级。在同年十月壬辰[②]，由于屡立战功，升为宣州
观察使。二十九年九月辛巳[③]已是殿前司中军都统制的邵宏渊，又被添
差为荆湖北路马步军总管，罢从军，既而殿中侍御史汪澈奉诏荐：宏渊
奋不顾身，真万人敌，乃移江东总管。绍兴三十一年十月丙辰[④]又记：
步军司左（右）军统制邵宏渊与池州都统制李显忠夹攻金军。由于共同

---

① "（绍兴二十有六年冬十月丙子）拱卫大夫忠州防御使，两浙西路马钤辖邵宏渊，
为殿前军统制。"（《要录》卷一七五）

② "（绍兴二十有六年十月一月壬辰）诏，拱卫大夫忠州防御使殿前司左军统制邵宏
渊累立战功，所待补官，资来经收，使可特转宣州观察使。"（《要录》卷一七五）

③ "（绍兴二十有九年九月辛巳朔）展殿司中军都中统制邵宏渊，添差荆湖北路马步
军总管，罢从军，既而殿中侍御史汪澈奉诏荐：宏渊奋不顾身，真万人敌，乃移江东总管
（十二月癸酉移江东）。"（《要录》卷一八三）

④ "（绍兴三十有一年冬十月丙辰）侍卫步军司右军统制邵宏渊，以左右二军，至真
州，（略）令步军司左军统制邵宏渊出其右，池州都统制李显忠出其左，夹攻之，（虞）
允文等立辨其不然，且言，（王）权必为走计，（宋）偌等犹以为不然，乙巳，得报，王
权果败归，中外大震，上召太副和义郡王杨存中同宰执对于内殿，上论，以欲散百官，浮
海避敌，左仆射陈康伯曰：不可。（杨）存中言：敌空国远来，已犯淮甸，此正贤知驰骛
不足之时，愿率将士北首死敌。上喜，遂定亲征之义（略）。"（《要录》卷一九三）

作战的王权患了臆风病，拉走了队伍，因此没有成功。但这一战成为著名的采石矶大捷的前哨战。同年同月丙辰，侍卫步军司左（右）军统制邵宏渊率领左右二军到达真州，揭开了著名的真州（江苏仪征）战役的序幕。到后的第三天，邵宏渊便和金军的萧琦作战①。然而若引用赵甡之的《遗史》，此次战役中，邵宏渊因醉酒未醒，没有加入战阵。自己在胥浦桥东，指挥将十，仅派遣三将在桥上，占桥迎战。及其退军，民众皆高呼："邵太尉在西府桥拦住了蕃人。"扬州的百姓也说："若非邵太尉在真州力战蕃人，则扬州之民皆避之不及也。"以至于更有人说邵宏渊驰马入阵，鏖战，出入数回，血污满体。邵宏渊"奋战敌寇的壮举"，在民众中树立了很高的信誉。其后，好事者，竟不究其实，就请求在二州（真州、扬州）建立了邵宏渊的祠堂。可以说，这是他所没想到的名誉。以上是以《会编》的记事来补正略记了的《要录》的记载。可是当时的邵宏渊只是侍卫步军司左（右）军统制，离作为武阶官最高

①"（同年同日戊午）侍卫步军司左军都统制宏渊及金国统军萧琦，战于真州胥浦桥西，琦自濮州引兵至瓦梁（桥），扼滁河，不得渡，执乡民（土居百姓）欧大者问之（曰，以何法可渡），（欧）大因记，绍兴十一年，韩世忠以数百骑往定远县，虚惊而回，至瓦梁，尽毁民居，以为浮桥。（至是）恐金人效之，乃答（之亦）以有路自竹镇冈可经至六合县，（免滁河两渡，）（萧）琦从之，俾为乡导（令欧大引路至六合而放回）。遂迂路半日，故六合居人皆得逃去。（邵）宏渊在真州，方饮酒（方醉酒），有报金人且至者（闻报大惊），函率众，相遇于胥浦桥（相拒于西府桥），（邵）宏渊命将官三人拒于桥上，金人弓矢如雨，王师多死。城中老弱皆窜避，惟守家家强壮。犹登城，以观（者），正争桥间，敌实（金人载）草（掘土填河）以渡河。三将（官）皆死。（宏渊顾金人填河得渡）宏渊率亲随军入城，掩关（阖）以拒。故军民（人）皆奔于江上，得舟渡江以免。宏渊毁闸板，退屯子扬子桥。真州遂陷，敌得入城不入（不入城），经自山路犯扬州。"（赵甡之《遗史》云："是役也，宏渊酒醉未醒，实不入阵中，身在桥之东，以鏖将上，遣三将在桥上，占桥迎战，及其退军也。百姓阗然，为之语曰，邵太尉在西府桥当住番人矣。扬州百姓曰：若非邵太尉在真州力战番人，则扬州百姓，皆避之不及，至言宏渊驰马入阵，鏖战，出入数四（数回），血污满体者，其力战迎敌之誉，兵（起）于百姓。后好事者，不究其实，为请立祠堂于二州，可谓不察之誉矣。甡之所谓西府桥即胥浦桥，今并附此，更须参考。"）（《要录》卷一九三，括弧内是根据《会编》补订）

官位的太尉还很远。但可靠的是，真州的战斗被收进了在孝宗乾道二年
（1166年）八月甲午确定的"中兴以来十三处战功格目"中。在《杂
记》甲集卷一九的战功格目第十一号款里，邵宏渊的真州胥浦桥大捷和
刘锜的皂角林、李宝在密州唐岛的战捷一起被列出来了。然而《宋史》
卷三二上却是一种完全相反的记载，其云："步军司统制邵宏渊在胥浦
桥逆战，战斗失败了。"陈振孙的《直斋书录解题》问世以来，被指责
为讹误太多的南宋孝宗朝熊克的《中兴小纪》和《要录》注记中都没有
涉及到多次被提出的有关真州之役问题。从《永乐大典》上摘取的"中
兴十三处战功录"中也列出了刘锜、李宝的胜仗，可并未有涉及到有关
邵宏渊的事。总之，《会编》姑不论，《要录》的注释中，引自赵甡之
的《遗史》上所说的："甡之所称西府桥者，即胥浦桥也。今并记于
此。更须参考。"这因为尽管与事实有关，但还是有可疑之处的。其中
邵宏渊落职，或许就与此事有关。在《会编》三十一年十月十七日丙辰
的条文里记载说："邵宏渊在六合报捷。"而《宋史》中的记述却让人
知道了全体宋军大败的情况。

　　邵宏渊被称为太尉，大概就是这前后的事情。当然，关于《宝鉴》
中所说的太尉邵宏渊，能有两种解释，其一是作为最终官至太尉的邵宏
渊，其二是已经成为太尉的邵宏渊。

　　中兴以来，武官晋升得快是很显著的事情。看一看《要录》卷
一八三，绍兴二十九年六月丁未的纪事①，就很清楚了。而且，洪迈在
《容斋三笔》卷五中，也指摘了武官官品过称问题。并主张太尉提任节
度使，仍要被委任的旧制，还指摘当时没有这种旧的除授制度（《要

_____

　　①"（绍兴二十有九年六月）丁未，自今武臣，不得以纲赏迁正使，中书舍人门下兼
权枢密都承旨洪遵言：祖宗以来，武臣转至诸司使者甚少，举审官之籍，不满数百人，得
之既艰，人以为重。自兵兴以来，用武力赏官者众。今自武翼大夫以上，至不可胜纪，既
无员阙处之，至欲附就指使押队之属而不可得。朝廷虽知其然，未有以澄汰之（略）。"
（《要录》卷一八二）

录》绍兴三十二年十二月庚辰①《臣僚言云云》）。中兴以后，被授予太尉职衔的，按顺序是：韦谦、杨政、刘锜、田师中、刑孝扬、钱价、刘光世、张复、韩世忠、成闵、郭仲荀、郑藻、李显忠等等，都是由节度使加封为检校官的太尉。

但是如前所述那样，南渡以来，武官的叙迁也的确太乱了。真所谓："由事用人，非常典也。"（《杂记》）可是尽管如此，却始终未见到授予邵宏渊的"太尉"之职的记载。而过称太尉的例子亦只仅知此一例，即绍兴三年冬十月己巳，被擒住的邵青面对浙西安抚大使统制官王德，呼其为"太尉"。邵宏渊自绍兴三十一年十一月在符离（安徽宿县北）大败后，就销声匿迹了。不过，当时他的官职乃是检校少保、宁远军节度使、招讨副使（下边黑点为笔者所加），或者被加官为太尉了，也未可知。此后，邵宏渊的名字不过作为蠲放（被免去官职）和黜降（降职）的记事出现在《会要》《宋史》等书中。和平一至，恢复了小康状态，对那些立了战功的武臣，便以种种理由降职或罢官。邵宏渊还是在孝宗隆兴二年五月辛丑时，就由"江西总管，被贬授为靖州团练副使，并被安置在南安军。其理由是："盗用库钱"（《宋史》《本纪》卷三三）。战时，在军中经常发生这种事，可并不认为是犯罪。而到了和平年代，就被看作是问题了。而且最后出现在史书里的是在乾道四年（1168年）正月四日的诏书中所说的："因贬为靖州团练副使并被安置在南安军（江西、大庾）的邵宏渊太放纵了。"但也还说了："邵宏渊是老将，即使违反了符离的军律，可在真州还是有功的。"

以上追述了邵宏渊的行踪，虽然稍显长了些，但从中可以看出并没有出现他是太尉的证据。那么为什么在真州打仗时，民众把官居部队之

_____

① "（绍兴三十有二年十二月）庚辰，臣僚言：国朝检校官一十九员，上者曰太师、太尉、太傅、太保、司徒、司空，而除授则自司徒迁太保。各以序进，陛下方讲修圣政，宜下有司讨论，立为定式，（略）给事中黄祖舜等言，（略）其一曰，六等检校官，旧制也，今则皆无有，而自节度经除太尉（略）。"（《要录》卷二〇〇）

长那样的侍卫军司统制的邵宏渊，叫作"邵太尉"呢？正如在《要录》一八三，绍兴二十九年丁未的纪事（见前注）里所介绍的那样，由于中兴以来，叙迁的定式崩溃了，因而被过称为"太尉"，其事亦未可知。我认为至少可以说《宝鉴》中所谓的"太尉邵宏渊"之说，在《要录》《会编》等，以及至今已佚失了的赵甡之《（中兴）遗史》的纪事中是有的。

假若李唐是由邵宏渊推荐进入画院的话，那么时间的推定，最早要从绍兴二十六年（1156年）前后起，最晚是在孝宗的隆兴元年（1163年）。根据有关其他画院画家的纪事和金主亮（海陵王）开始南征之后这样一种政治状况中，画院的画家被录用是不可能的话，那么李唐被荐入画院的下限也必须是在绍兴三十一年（1161年）。但是这一推测也必须以《宝鉴》记事中的内容多少具有一些真实性为前提。

结论：假如李唐是在绍兴二十六年进入画院的话（秦桧失势之后，和平状况还在持续），当时是八十岁。《松风图》的制作就是在五十岁以前的事。那么，《松风图》、"高桐院山水图"、《采薇图卷》《晋文公复国图卷》等等画风的不同，也自然容易理解了。

以下，还想谈一谈有关李唐诸作的风格问题。

第十章 试论李唐的南渡、复院及其风格变迁（下）①

（日）铃木敬原著　陈传席译

第五节　前稿（上）记述的若干补订

在拙稿（上）部分中，叙述了自金军占领开封以后，古画几乎都被押送北方的史实。然而在《要录》卷一二九（《续通鉴》一二三）中，又能看到如下的记事："绍兴九年（1139年）六月己酉朔，签出枢密院事楼炤和东京留守王伦（元丰七年至绍兴十四年，1808～1144年）一同检视了修内司。趋入大庆殿，穿过齐明殿，转而东，进入左银台门，在这里屏去从者，入内东门，过会通门，由垂拱殿后稍南至玉虚殿，乃徽宗奉老子之所。殿后有景命殿，复出至福宁殿，即至尊寝所，简质不华，上有白华石，广一席地，祖宗时，每旦北面拜殿下（拜太子），遇雨则南面拜石上。稍北，至坤宁殿，屏画墨竹芦雁之属，然无全本矣（破损甚厉害）。他殿画皆类此。自福宁至钦先、孝思二殿，钦先奉诸

---

①原文载日文版杂志《国华》一〇五三号（一九八二年四月）。

帝，孝思奉诸后，帐座供具犹在（略），入睿思殿门，登殿（略），由台过玉华殿。（略）登瑶津亭。亭在水间，四面楼阁相对。"①（黑点是笔者所加）

楼炤、王伦，是以什么理由进入开封府的，还不太清楚。然而如参照《宋史》中王伦和炤传略，以及楼钥拟写的"王伦之《神道碑》"等，可以大约知道王、楼二人是去到金军营会及金的右副元帅兀术（宗弼），签署确定国境线的协议，因而得以进入开封城的。后来，王伦又被兀术擒住，最后被缢杀了。

绍兴九年六月一日《要录》中的记述很生动，尤其是"趋入大殿云云"的一文中，生动如实地表达了隔绝很久不能进入故都开封城的北宋旧臣的怀旧之情。这其中记有"至坤宁殿，屏画墨竹芦雁之属，然无全本矣，他殿皆类此"。文中，笔者在旁边打上黑点的殿舍中，《半林石屏》（玉华殿）、《四面屏风，松石平远》《一大图》（瑶津亭）等（以上参见《郭熙的（林泉高致集·画记）——美术史》一〇九册拙

① （绍兴九年）六月己酉朔，签书枢密院事楼炤与东京留守王伦同检视修内司，趋入大庆殿，过齐明殿，转而东。入左银台门，屏去从者，入内东门，过会通门，由垂拱殿后稍南至玉虚殿，乃徽宗奉老子之所。殿后有景命殿，复出至福宁殿，即至尊寝宫，简质不华，上有白华石，广一席地，祖宗时，每旦北面拜殿下，遇雨则南面拜石上。稍北，至坤宁殿，屏画墨竹芦雁之属，然无全本矣，他殿画皆类此。自福宁至钦先、孝思二殿，钦先奉诸帝，孝思奉诸后，帐座供具犹在。出肃雍门至玉春堂，规模宏壮，非他位比，刘豫尝封伪臣于此。左竹径之上，有迎曦轩，对轩有月屏，始至修内司，谓原是宝箓堂，复由延春阁下稍东，即今太母之旧阁，遇小门曰锦庄，无文饰。入睿思殿门，登殿，左曰玉銮，右曰清微，后曰宣和，殿庭下皆修竹，自此列石为山，分左右斜廊，为复道平台。颓上过玉华殿，殿后有轩曰稽古，西芜下曰尚书内省，西出台苑，至太消楼下，壁间有御书千文。登瑶津亭，亭在水间，四面楼阁相对，遂趋出拱辰门，时京城外不复有民舍。自保康门至太学道，才数家、太学廊庑皆败，屋中惟敦化堂榜尚在，军人杂处其上，而牧彘于堂下。惟国子监以养士，略如学舍，都亭驿栋牌，犹是伪齐年号。琼林苑，敌尝以为营，至今作小城围之，金明池，断栋清壁，望之萧然也。"《建炎以来系年要录》卷一二九，以《国学基本丛书》）为底本，并据《四库珍本》校订。

南宋时代，保留了进入旧都门的、这样的详细记录，除此之外，其他尚不可见。本文的描写也是具体的。

稿），郭熙制作的大壁画自然也应该存在那里，但是《要录》却没涉及到此事。在"他殿的画"中，是否也包含着郭熙的这些壁屏画，或者还是被金人剥下来北送了呢？现在亦不得而知。如从金代的李、郭派山水画的盛行这一史实来推测的话，大概金人（仕于金而有教养的汉人）是将这些画剥下北送了的。或者也许如邓椿在《画继》卷一〇《论近》中所说的那样，所有郭熙的绢画都被人从殿阁上剥下来，收入了内藏库的退材所中去了①。

可是无论怎么样，遗存在开封城的壁画、屏风画受到的摧残太厉害了，并且街区也荒废不堪，对于南宋画家来说成了他们所熟知的苦难场所。因此，对于南宋画家来说，即使是北宋大面积的绘画被保留下来了，也等于无。因为它已不可能成为"传模移写"的范本了②，这是很明白的。

---

① "先大夫在枢府日，有旨赐第于龙津桥侧，先君侍郎作提举官，仍遣中使监修，比背画壁，皆院人所作翎毛花竹及家庆图之类，一日先君就视之，见背工以旧绢山水揩拭几案，取观，乃郭熙笔也。问其所自，则云不知，又问中使，乃云："此出内藏库退材所也。昔神宗好熙笔，一殿专背熙作，上即位后，易以古图，退入库中者不止此耳。'先君云：'幸奏知，若只得此退画足矣。'明日，有旨尽赐。且命举至第中，故第中屋壁，无非郭画，诚千载之会也。"（《画继》卷十《学津讨原》所收）又：若依"政和丁酉（七年），思提举成都秦凤兰廊等路、榷茶盐事，奏准到阙，于三月二日，垂拱殿登对，思立榻前，立未正，圣上顾而问曰：'熙之子？'臣思即对："先臣熙遭遇神宗近二十年。'语未毕，上又曰：'神宗极喜卿父。'臣思再对："二十年遭遇神宗，具被眷顾，恩赐宠赉，在流辈无与比者。'上又曰：'是是，神考极喜之，至今禁中殿阁尽是卿父画，画得全是李成。'臣思再对："先臣熙感圣语及此，没有馀荣止是，自陛下临御以来，四方万里尽望陛下天才圣学，无所不能，无所不精，举家团坐，未尝叹恨先臣早世，不得今日更遭遇陛下。'（略）政和七年四月二十一日，中大夫翰学士兼修国史赐金鱼袋河南许光凝书。"（国立故宫博物院院刊《郭熙早春图》所附《四库全书》本《林泉高致》的记事，并依其他资料补订）

政和七年，许光凝所作《林泉高致集》的后序中，据徽宗所说的"禁中殿阁画，皆郭思之父郭熙的画"来看，被收纳到退材所的，乃是宣和以后的事了。

② 在徽宗的画院，关于画家优遇措置，有引用《画继》卷十的拙稿《以画学为中心的徽宗画院的改革和院体山水画样式的成立》（《东大东洋文化研究所纪要》第三十八册所收，1965年）和蔡秋来博士的《两宋画院之研究》（1978年），还有岛田英诚君的《关于徽宗朝的画学》（《纪念论集》1981年）等等。

第六节 郭熙古典风格的解体和《松风图》

李唐壮年活跃时期是徽宗朝，徽宗对郭熙所持有的完全不同的态度，从史书上是可以见到的。其中之一就是在拙稿《郭熙》论文中曾介绍了的郭思和徽宗的对话（《林泉高致集·画记》的末尾，即被认为是郭思的后序部分）的情况。然而，在这一条中徽宗所强调的是其父神宗对郭熙的爱顾，并没有谈到他自己的任何见解。假如非找出徽宗个人意见不可的话，那大概就是"郭熙之画完全是来自李成"的这句话吧。这也许就可以认为是：正如第五章中所说的那样，在徽宗朝时期，为什么将郭熙的许多画从殿阁的壁面上和屏风上剥下来的原因所在吧。

在徽宗朝一直形成这样一种气氛，即宫廷画坛不能受容郭熙的画。这正如岛田英诚君的大作《关于徽宗朝的画学》（《中国绘画史论集——铃木敬先生还历纪念》，1981年12月吉川弘文馆，以下略称《纪念论集》）中所论述的那样，徽宗为了培养士人清流的画家而设置的画学，于治政初年（即大观四年，亦即1110年）被废止，而且也没有像算、医二学那样，以后又被重新复置。培养宫廷画工之事被委托给翰林图画局。而允许身着绯紫服，并允许佩鱼，这是在政和、宣和年间给与画工的特殊的权益。因而也可认为被视为是杂著、杂史之类的试题简拔法，主要是在画院中实行的。众所周知的试题，例如宋初诗人寇准的"野水无人渡，孤舟尽日横"（《画继》卷一"徽宗条"，这五言诗中的二句也有人认为是从韦应物的《滁州西涧》上摘录下来的。寇准的《忠愍公诗集》四部丛刊，并没有收入这首诗，然而无论是根据宋吴子良的《吴氏诗话》卷下，[①]或文莹的《湘山野录》卷上[②]等记载，都很明

---

① "莱公诗'野水无人渡，孤舟尽日横'，人谓：其有宰相器，然韦应物亦有'野渡无人舟自横'之句，岂亦便可拟其为宰相耶。"（南宋吴子良撰《吴氏诗话》，《学海灯编》所收）

② "寇（冠）叶公诗，野（若）水无人渡，孤舟尽日横之句，深入唐人风格。"（南宋文莹撰《湘山野录》，《学津讨原》所收）

确地知道这是脍炙人口的名句），或者用"乱山藏古寺"这样诗的一句（《画继》卷一"徽宗条"），以及用"竹锁桥边卖酒家""踏花归去马蹄香"（宋俞成的《萤雪丛说》）、"嫩绿枝头红一点，动人春色不须多"（宋陈善的《扪虱新话》卷九）等唐诗中的一二句为题目，这是大家都知道的。

因此说徽宗朝的绘画制作是把诗画一致作为最理想的这样一个结论，我看是过于短接的思考。汉诗中像绝句那样不极度凝练、压缩其情景和抒情，就不能成立的韵文学，取其短诗形中的一节作为画题，并不一定有多大的意义。例如，对于"乱山藏古寺"这样的诗题，得了第一名的人，他画的是满满一画面的荒山，并在画幅上方画出一个露出的幡杆，以此来表现"藏"的诗意。《画继》中，没有记述是怎样的画荒山的，然而仅仅画了满画面的荒山和一支幡杆的作品，结果却能作为符合诗意的山水画被确立，实在是荒唐之极。对于"踏花归去马蹄香"，画了只蝴蝶追逐在马蹄之后，这样的画简直是在判物，是在猜谜。

毫无疑问，中唐的泼墨画产生以来，中国山水画的很大理念之一就是丰富了想象力（小川裕充《在唐宋山水画史中的想象力——从泼墨到〈早春图〉〈潇湘卧游图卷〉》——《国华》一〇三四至一〇三六号，1980年6月）。而此时的想象力还在于作为制作者的画家，而不应该是作为观赏者追求幻想的东西。把墨的污点作为联想的起点而构成了颇为壮观的山水画。可对于观赏者来说，当然不能要求他反过来再由已经因联想而画出来的颇具气势的山水画再想到墨的污点。于是乎，在徽宗朝，山水画的基本命题就完全逆转过来了。对于观赏者来说则在于要求强烈的想象力或联想。

上面所说的，提出一句诗来作为试题让作者去作画，之所以在徽宗朝被实行，可能有两点意义：其一，提示诗的一二句，考考你是否记得住诗的全部，并可以说这种做法正符合于徽宗将画家分成士流和杂流来教的指导方针之延长线上。其二，这自然要放弃从北宋初兴起直到由郭熙完成的完善的古典风格的画。当然这里使用的"古典风格"这个词和西洋美术史的用例未必相同义，在这一点上也许中国的"古典风格"的叫法好一些。将严密、明快的空间构成，正确的远近法，精致的表现出来的部分以及全体的协调等作为特色，在许多方面也和西欧的艺术具有共同点。将郭熙的山水画风格抽象化地展现开的话，就可以得出像以上那样的要点吧。

然而，达到如此完善、没有缺落的山水画，虽然确实能使观赏者惊倒，但也屡屡威压观赏者，并驱使人进行难以忍耐的想象①。绘画的完全性也就否定了抒情性，这个在对于人的关系上则是完全相同的。徽宗将已形成的古典风格的郭熙绢画从殿阁之壁或屏面上剥下的原因，就是这种感情在起作用，这也是当然的事。同时对于郭熙在绘画上所取得的成就，他也是充分认识到的。

结果，导致了郭熙风格的解体，解体的结果，引起了所谓的"回归本家"，从单纯的图式来看的话，就回归到形成郭熙风格的二大根源——李成、范宽的风格上去了。一句话，他完全将绘画发展的历史、绘画自律的发展扭转到了相反的方向上去了。把一两句诗作为试题来作画，其意义就成了追求造型的不完整性，并将观赏者引到作者的旁边。使其追求体验制作者的感动，还给与观赏者想象的契机，这应该是可以使画面再构成更加完善的东西。试题只不过是一种象征性的体现罢了，并且可以说，据此扩大了抒情性，但抒情性的副产物也产生了。我不能赞同那种将徽宗画院的绘画制作理念看成是由试题简拔而形成的诗画一致，并且对作为文学和造型完全不同性质的文化形态的调和的这种想法。使绘画成立的要素和使作为文学的诗的成立的要素巧妙地合致起来，这本来就是不可能有的，具有完全不同性质的表现手段和方法的二者之合致，容易强调为中国画的特色。但如果这样强调中国画的特色，

---

①此语指画面的繁复或交代过清（如可观、可望、可居、可游），使读者观和想皆费力。南宋的山水画则画其一角，使人一目了然，又容易引起无限的自由想象。——译者注。

同样的，这就隐秘了像拒绝把中国画作为中国人以外的人们都能够理解的那样，陷入地方艺术的可能性。

国立故宫博物院所藏的《万壑松风图》立轴，有徽宗治政后半期的宣和六年的款记。若从时代而言，正是《画继》卷十中提到的对画院画家给予特殊恩宠的时期。这不能不看作是由于徽宗的画院指导增加了积极性的时代。并且这一作品（且不管它是真作还是摹写品）说明了徽宗的画院指导的理念并没有具体地采取"回归本家"的方向。

尽管有的论者要在这幅作品中找到郭熙的《山水训》的影子，然而在其形上，无论是作为"主山堂堂"还是"长松亭亭"都没有多少意义。假如拿最有代表性的郭熙的《早春图》和本图相比较来看，如果说其块量感没有充分表现出来的话，也可以看出主山的大小即"大山堂堂"并未有体现出来，至于"长松亭亭"，《松风图》前景松树丛的描写也是很平板的。看上去像是刻入主山的岩石之中。

徽宗给予画院画家怎么样的指导呢？突出地表现在北宋期李唐的山水画中的强烈的复古倾向。假若《图绘宝鉴》的记事可信的话，如宋高宗所说的"李唐可比唐李思训"，大概是作为与被认为是青绿山水形的开创者——李思训相匹敌的画家而提出同姓的李唐吧。李唐所采纳的画法就是具体的青绿山水形式，这也是不足为怪的，《松风图》的现状是浓彩的青绿山水就证明了这一点。

长期以来，有着这样一个疑问，即放在某一个距离上看这幅作品时，或是由原色版复制而感觉到的是：整个画面包括画幅下方的树丛，并不是很浓的青绿山水。1982年2月，访问了国立故宫博物院，看到了涉及十三枚大版的彩色复制品，并看了其被扩大了的部分图样，证实了我很久以来所怀有的想象是正确的。用放大镜可发现在前景松树树丛中怎么也辨认不清的青绿或是石绿的描线。这个前景松树树丛位于这幅《松风图》的中心点，是左下方（本文中所说的左、右，都是站在观赏者的方面而划分的，即表示对面的左右）的水流方向和从右下方开始的山径方向的交点。从右上的白云到瀑布的下深处，同样地从左上下降到方解石风岩的棱角的构图线，是极巧妙的集中之处。并且这个松树丛，正如现在所见到的那样，只是黑黑的一片，很平板。好像是陷入主山的状态中，效果很不好。在这个限度内，可以说李唐是朝着与徽宗画院的指导方针不同的另一个方向迈进了的作家。所谓另一个方向，就是接受北宋末、南宋初的古代复兴之风气，并使其发展的方向。

这种北宋末、南宋初的古代复兴之风气体现在当时画家的名字中叫"古"的文字特别多。亚历山大·索帕教授就找出很多。（《中国早期的绘画》，作者Alexander C. Soper，摘自杂志《美术家与传统》1970. Princeton大学出版）于是乎，不管《图绘宝鉴》文献的可信性如何，字曰"睎（希）古"（希求，景仰"古"）的李唐，肯定希求要超过郭熙更古时的画风，因而诸书所传的徽宗的指导画院的理念完全没被具体落实。《松风图》或许在某一点上是偶尔的、无意中连北宋风格都画进去了的作品，并且是顽固地否决简略化和省略化的山水画。因此说并非像郭熙的《早春图》那样用严密的远近法支配着画面，也不是根据三阶段（前、中、后景）远近法来表现明快的空间。作为主景的大岩山，占据了正面的大部分，而远处山的表现，只有那几个像山蔓似的远峰。结果成了在北宋山水画中显著缺少平衡的作品。假如这幅作品现在能看到著彩的话，那么可知就连作为青绿山水所具有的空气远近法的表现效果都舍弃了。当然，也许最初的形式并非如此。构成最前景的土坡以及松的露根旁青绿和代赭色也都很浓（作为青绿山水赋色原则，在补色关系上要调和相近的色彩，松树的树叶用石绿赋彩，这和在背后的茶褐色岩石构成了显著的对比。其结果，毫无疑问的是绿色的松树丛突现在前面。中景的树丛是将其背后处理成余白）。这一手法，早在传为李成所作的《晴峦萧寺图》轴和《早春图》中就已少量使用了。并且在米友仁诸作中就使用了与《松风图》同样的云雾形（表现了前后关系的明晰性）。

看到这一作品后，感到困惑的要算是对面右下方的代表的皴法吧。即使将其考虑为"唐人之细皴"来理解，也只能算是笔法的乱用。然而，正如李霖灿教授所指摘的那样，在这幅画中，几乎没有点苔（李霖灿著《山水画皴法・苔点之研究》，1976年，国立故宫博物院《故宫丛刊》甲种之二），可以说是基本遵守了北宋自然主义的描写吧。而所谓多皴，大概除认为"下边"的描线（皴）和被施与赋彩上的皴，彩色剥落后，其中还残存并相互混合着外，再也没有别的解释了。本与中景涂得深黑的山芋形的山峰的表现手法大致相同。

在这幅画中，郭熙的风格分解了，并可看出有要返回到成为其源流之一的范宽山水画风格的倾向，更显示了进一步接近南宋的特色。虽然山的量块感被表现出来了，但却缺落了范宽山水画本来所具有的那种巨大空间的表现。无论怎么说，《松风图》风格的年代，的确是间于郭熙和马远、夏珪之间。这究竟和徽宗画院的绘画理念有何关系，还不清楚。并且，尽管这幅作品主山堂堂而立，但我还可以出乎大家意料之外地说，这幅作品强烈地倾向于南宋山水画。它没有遵守严密的三阶段（前、中、后）远近法，以及缺乏向"远"的表现意志这一点，仅在前景和中景中表现空间这一点，作为郭熙古典风格的解体而"回归本家"这方面，可以看到接近范宽风格这一方面等等，从这些方面正可看出实际相反的作为美术风格自律的发展结果：更强烈地倾向于南宋。使用没骨法在细部打上石绿点和石绿颜料来描写草等等，接近于分藏在久远寺、金地院的《夏》《秋》《冬》山水图的描法。它们的主题比如露根呀、水流呀等等，还有主山斧劈系的皴法等等，与北宋绘画的特色相比，也更显示出近于南宋。站在这样的观点上来看的话，无论哪位观赏者，从这幅作品上都不会不感到作为主山的块量感，总体上还是以南宋所谓的"院体"画呈现在你的眼前的。

郭熙的《早春图》制作（1072年）之后，仅半个世纪，北宋的山水画，完整而又不自然的构图和空间表现形式上就实现了改观。如前所述，它是根据四根构图线决定构图的，这一构图形式是几何学的，因此蕴藏了容易变移到南宋院体山水画对角线构图法上去的可能性。《早春图》将全画面分成大小的几块，与更进一步细分（用自然主义的手法分为明暗的手法）根本不同。前者画家的几何形构图法形成了一个出发点。而后者的构图法遵循的却是：根据作者的联想去剪裁，然后再构成自然的原则。

第七节　从《万壑松风图轴》到《江山小景图卷》和《奇峰万木图》册页

　　《江山小景图卷》比起《松风图》更能显示出接近于南宋画风。之所以这么说，是由于它离北宋山水画卷的画风太远了。和《松风图》相比，这幅画卷的保存还是良好的。尽管如此，可在近景部分的树丛里也有看不清楚的地方。然而，若将其描写不明确的地方和树木重叠不分明等处都复原到原初色彩的话，也许会意外地形成明确的远近表现。这是因为此卷本来和《松风图》同样都是由浓彩的青绿山水形式构成的作品。这幅画卷包括岩石在内的著彩，同是用鲜明的青绿、石绿、群青、代赭等颜料涂写。如果将此幅画当作李唐的作品（由于缺少李唐的落款和印章，故不能确认），也不能不把它看作是李唐复古嗜好的一个表象吧。现在，从现存画卷的中程，透过密密可见的树林，可以断续见到隐蔽地、缓缓地蛇行向左上方的小径，这就是此画构图的基本线。这对画卷的动线设定起了很大作用。以这一细细的山径作为基轴构成了画卷的全体。并且，其中小的墨点，不仅作为点描，也作为点苔打在各处。正如李霖灿教授早就指出的那样，墨点上面更加描金泥。下面再看一看少量细部的描写。

　　近景阔叶树的树叶用墨线勾勒，在其形中，整齐地填上石绿和绿青之色。这和《松风图》中的树的画法是将墨线和石绿线平行使用（作为松针叶的表现，除此之外，也许没有别的表现方法）完全不同。在《芥子园画谱》第二册《树谱》中，可见到的夹叶法，采取了介字点或个字点（同上）那样的形式，并用极其慎重的勾勒线和填彩来造型。而且，对照这一树的画法，考察被认为是南渡后李唐所作的《伯夷·叔齐图卷》的画法，可以说是极其重要的。岩山上针叶树的描法基本上接近于

《松风图》的描法，再考虑到上下幅度很狭窄这样的小画面的话，大体上可以说是出于同一人之手吧。另外，在接近卷末主山的暗部、明部的交替逐次显现出的部分，用较厚颜料涂色的可能性也是很小的。而以广阔的江水作为背景，在暗部的周围打的苔点，以及留在明部内侧和暗部中的金泥点苔的打法等，不仅仅单调，甚至可以说是拙笨的。总之，尽管这幅画卷的点苔数量少，但点苔本来应具有的表现上的效果也在减少。这幅画卷上缘部分全部画的是水。毫无疑问，此处波纹的表现和运笔的自由是极美的。即使不将此作品当作李唐的作品，也表明了这必定是在马远《十二水图》之前的作品。

这幅画卷最初是不是这个长度，尚不能确定。但可以看出有近似于著名的《溪山清远图卷》的构成之处，并可以想见原卷没有经过太大的修整。于是乎可以知道作者从卷初直到卷末几乎都保持着近于俯瞰的视点来配置景观。中国山水画多用散点透视法，往往在一幅画中视点上下移动，而这一幅画却是没有上下移动视点的一幅稀罕之作。如果将此幅与显示了北宋风格的传为燕文贵所作的《溪山楼观图卷》（参看图版，此画藏于大阪市立美术馆）与传为许道宁所作的《秋江鱼艇图卷》相比，后者那样巨大的空间表现则不得见，动视点的移动亦无。画家的主要关心所在是将蛇行的、隐隐显露的持续不断的小径作为画卷景观连续性契机的近、中景表出，并在卷初上方勉强地配置远景部分。而在左方置被处理的空白来表示水。这幅画卷无论在远近法方面也好，还是构图方面也好，或者在空间表现上也好，全都是南宋的。包括金泥点苔的使用，塔形山的构成——就像可见到的萧照的《山腰楼观图》（有萧照的落款）那样——阔叶树上叶的被定形化的个字点、夹叶法等，都可得出同样的结论。

被凯·比尔教授当作李唐所作的而一般传为燕文贵画的《奇峰万木图》（《中国绘画》，J. C. 1960著）是《松风图》《江山小景图卷》的形体和描写形式并存的小册页。三次元的空间表现中，尤其是意图把空间扩向里面去的这一点上，可以说比前二者更显示了北宋表现形式的作品吧。正如凯·比尔教授所说的那样，传为出自燕文贵之笔，这毫无疑问是错误的。

第八节　《晋文公复国图卷》和《采薇图卷》

南宋王朝，尤其是对于高宗来说，被金人占领的北支那的收复问题乃是最大的课题，这也是"雪耻"问题。本来，恢复大计几乎没有实现的可能性，要怎么样地努力，还是个疑问。此事由此后发生的韩侂胄（原作误为韩嶰忠，今改——译者）对金战争也就明确了。也许可以说就是以此为前提而引起的"庆元伪学之禁"，其影响甚大，乃是南宋时代的一个重大事件。但在高宗朝，臣僚等也一再上奏北支那的恢复案。徽、钦二帝被带至北方，就一直囚在那儿。如不上奏这种恢复案的话，南宋政权的维持就会更脆弱了。

《会编》卷九五是从靖康二年四月廿一日到同月廿八日所记的部分，也就是康王还没有即位成为高宗的时期，同时也是张邦昌坐在金之傀儡的伪楚国帝位上的时候，康王一边注视着张邦昌的行动，一边往返于山东、河南之间。毫无疑问，当时迁向江左的决心已基本上定了下来。廿一日，作为大元帅府参议东南道总督赵子崧所下的谕旨中，有如下一文，摘要如下：

"都城的官吏、军民、僧道、耆老等都是受过大宋世世大恩的，皆各怀忠义，不忘赵氏（宋室），仍要安居，不须生疑。"

另外，同卷九九，（日期不太清楚，然而因为是在滑川——河南滑县——的时候，所以大概是同年四月二十日前后吧）渊圣皇帝（钦宗）在衣襟上的血诏有云：

"宋德不兴，祸生难测，朕继帝位以来，寒暑寝食皆所不知，唯保汝等赤子，卫我社稷，共享太平。然不幸所用非人，因之兵尚未及抵京，谋已先溃矣。我连及道君（徽宗）、全族皆为俘虏。未曾涉想京师之民舍命且出持金帛宝玉以为代价，欲赎我身。故此，我深恨自己，不能与斯民同生同死。而后社稷恐非汉人矣，每想至此，涕泪如涌。卫士悄然回归也。故啮指血记于此襟，敷告中外宗族、忠臣、义士，望奋起一心，为我雪北顾之耻，千万勿忘，千万勿忘。"当然，钦宗，尤其是高宗，要"雪耻"的话，并不仅仅是这一些。

在《伯夷·叔齐采薇图卷》《晋文公复国图卷》制作的背景中，可认为就有这种宋室的动荡因素。在《史记》卷六一《伯夷列传》中可以看到的伯、叔事迹，自清人梁玉绳《史记志疑》（卷二八）以来，对这个事实投以怀疑者也不是没有。可是纵然可以说是传说中的人物，在兄弟之间互让家嗣，并极力劝谏武王不要讨伐暴君纣王，劝谏不成，二人都以接受周的奉禄为耻，隐居于首阳山采薇而食，直至饿死，保全了对殷朝的忠节，长期以来成为脍炙人口的故事。另外，还有晋文公重耳的故事，也是以《左传》所记为始，及《史记》卷三十九《晋世家第九》以来，一直是很有名的故事。由于内乱，晋文公巡游了狄、卫、齐、曹、宋、郑、楚、秦等诸国，十九年后归晋即王位，朝拜周室，最终成为春秋五霸之一。因而《采薇图卷》对被金人占领下的北支那汉民族的人民起着鼓舞其忠诚心的作用。后者，可认为寓意了转移到江南的宋室收复北支那的意志。这幅图卷制作期也是金占领北支那之后。当然都是宋室南渡之后的事了。

现存的四幅《采薇图卷》，无论哪一幅都可能是后来临摹的。然而，通过后摹的本子去推定原本，也很不似于《松风图》，前者是"故事山水画"，后者是典型的山水画作品；前者的自然描写不能认为是大约出自接受了宋代自然主义洗礼的画家之手那样简略化、而又单纯化地进行了的。可是在《小景图卷》中，可以看到个字点形式的夹叶法，用更拙的描法被表现出来，并在接近卷末的水流口也可看到宋代山水画的余辉。表现岩石的皴法，也显示了大斧劈皴的作风，《采薇图卷》中树木的形状，与《松风图》《小景图卷》相比，显得异样的曲折，显示了南宋院体山水画中的形体主义的倾向。另外，松叶也并不是所谓的"车轮叶"，而是长大的针叶。

《复国图卷》上相当正确地抄写了《左传》文章中的有关文词，在每段里都可见到。并且画也远远地胜过《采薇图卷》，然而却怎么也不能认为是李唐的真笔。《复国图卷》的自然表现，仅完成了分开各段的任务。李唐是被看作在白描人物画性格很强的李公麟的影响下成长起来的，即使如此，与他的人物表现相比，自然描写也是稚拙的。但是，岩、土坡的描写法以及树法都和《松风图》《小景图卷》有共通的东西。并且在形的弯曲化这一点上和《采薇图卷》的形体主义也有着共通的东西。尤其是符合于《左传》"僖公二十三年"的条文，即"及楚，楚子飨之曰"等等一段（以前画绢被分开着）的岩山背后所描画的涌云，如米友仁山水图诸作中所能看到的白云，可以说是以不同形式极度进行着的花纹化。

这样看来，李唐的山水画表现，《松风图》之后，《奇峰万木图》《小景图卷》《复国图卷》《采薇图卷》可以说是比以前大大地进步了。并且，《小景图卷》和《复国图》以及《采薇图》两卷的自然表现的不同，大体上可以使我们从中看出一些问题：即从宣和六年（1124年）至仅经过不到十年的建炎初年已八十岁的李唐，能否实现这么大的变化，我想这是值得我们认真思考的。

第九节 关于"高桐院山水图"双幅

这双幅正如贝哈特教授所认为的那样，是离合山水图。其原初的形状，大体上是确实的。当然，硬要拿出这幅图是离合山水图的确凿证据还没有。如果认为每绢幅是四十三厘米的话，从中国用船舶载到日本时的样子，就是横幅大约达到一百厘米的大幅。由于不适合于挂字画的地方，所以，日本人使用了最拿手的剪裁手段，原画被分成了两半。此后，也有可能又进行了几次改装，四周一点点被割裁，就成了现在的样子，这种可能性是有的。假使当时船载运时是很宽的大幅，那么作者将左右完全不同的季节作为主题的意图就不明确了。然而作为构图，以在

宋 李唐 山水图（一、二） 日本高桐院藏
此图起初被传为吴道子所画，后来在图中发现了"李唐画"的落款，画法和李唐画无异。

左中央接近主山的地方把束这一点上，可以说和《松风图》的处理手法并没有什么变化。在这一挂幅上，明部和暗部的对比强烈，尤其是右幅用的刷毛描，就像是一笔刷上去的墨面。这与左幅主山正面的暗部构成显著的对称。而这种明暗的配置，在《小景图卷》中也已看到过。对于右幅的树木，可以见到犹如在浙派山水画中所见到的那样曲折得很厉害的树形。而这种曲折的树木形状，在被称为马麟所作的《静听松风图》（本图藏国立故宫博物院）上可以看到被采取了更极端的形状。同样的，至《芳春雨霁图册页》（同上）上被歪形化了的树木更加复杂地相互纠缠在一起。可以说"高桐院"右幅的树木，无论是在树叶形质的把握这一点上，还是在露根的描写这一方面都接近于《松风图》和《小景图卷》。被组合的针叶树和阔叶树，再加上右幅的枯木，并且由于在其背景上放置了打上润墨的树林，这一部分的树丛，无论怎么说在形式上都胜过了《小景图卷》，并且看上去，不逊于自然之景。右幅水流的描写可以说是未必适当。而左幅上落到暗的岩间的悬瀑可以感觉到和《松风图》中靠近左侧的小瀑布的形体非常近似。大凡在这种添景形和曲线等方面，作者使用习惯了的手法和形体，乃是很通常的。让一个作者使用不同的曲线，这是相当困难的，并可以说是极少见的。

另外，右幅近景山岩上的幅度很宽的斧劈皴，直角交叉而构成之。当然，笔数的多少，和表现力并没有直接的联系，也不能作为画家拙劣的技法而受到非难。在介于横跨这两幅的主山之右上方，重叠了两座远山，在远山的表现和描写法上，看得出和刘松年所作山水图（ブソンストン大学美术馆）有共通之处，这也不单单是仅我一个人看出来的。然而后者的空间表现更广大、更北宋化。并且在用墨上，对纤细的"神经"都描写得很周密。而高桐院本的用墨法和构成法也绝不能说是枯燥无趣的。从左边倾斜的直线下降到山腰和隔着水流的那个小的山腰间而形成的倒三角形中，置配远山，这就表示着此幅画中还保留着一点北宋的倾向。更需注意的是：北宋一部分画家认为要在两峰之间的山坳部放置远山的远表现法，在这里并没有被使用。

画中人物和景观相比是微小的，然而观赏者却由画中人物所引导而产生联想，由此看出了徽宗画院完成山水画的指导方针。假如要给与诗题的话，可以把右幅叫作"卢仝煮茶图"，那真是名副其实。那个头发蓬松、手执大瓢的人物，却蕴藏着驱使观赏者随其动作去追逐、体验作者意图的主要契机——此乃徽宗画院的基本指导方针。至于左右（"左右"恐为"左幅"之误——译者）两个身穿长袍的人物，作为浅学的我，觉得并不是题诗或故事所能表达得了的。

左幅从黄而飘零的树叶来看，大概是秋景或是冬景，而右幅大概就是秋景。像这样季节感在表达其本身的添景中也并不缺少。既然看出了和《复国图卷》《采薇图卷》有共通的皴法（虽然充分考虑到这二幅都是后摹本），难道还不能相信这幅图也属"李唐画"类的吗？当然，《松风图》的款记，对于曾学习过石鼓文的李唐的书体来说，也并不是十全十美的，被删去的高桐院的款署书体也不像是积有书法修炼之人的署款。

而且，我想提出这样一个试案，即：最好将"高桐院山水图"双幅作为实质性复活了的南宋（绍兴二十年代）画院时期的作品。岩板状的岩石及其形状、阔叶树林的表现、粗的墨点消融在一起，假设认为《溪山清远图卷》是夏珪所作，那么落叶凋零的树木难道不能说是极其接近夏珪的山水画吗？并且，用近景和中景占了画面大部分的构成手法也好、点描也好、不用点法也好，都比《松风图》更接近于夏珪。这也可以说是夏珪毫无更改地采取了李唐的画法，从中可以看出李唐给予夏珪的影响。

是将这幅作品视为杰作，还是看作凡手之作呢？这毫无疑问的是和鉴赏者观画的资质有关。

现在不像十几年前那样，作品处于难见的状态了。可以在《松风图》前一坐几个小时努力地进行寻思"对话"，认真地研究，对"高桐院山水图"也无疑应该如此。从而产生了依靠由瞬时的观照可以得到的东西和由长时间的在作品前对决、"对话"而亲自得到的不同的观照结果。而此两者，对于美术史家来说，都是极其重要的，可以说是做学问的最基本功夫。

对于此画，还有一种看法是：画面给人的感觉是杂乱无章的（这是观者瞬间所感到的印象），从而推测为"浙派"画家的作品，这仅是愚蠢的观照体验，并可以说这表明了其对"浙派"认识的浅薄性。"浙派"的绘画究极之处仅是视觉印象的组合。这是由于"浙派"的画家缺乏在视觉印象背后观察自然的眼光。同时也是由于"浙派"缺落了使中国山水画成立的自然观照和其有机的视觉印象的戏剧般组合的大原则之一。而"高桐院山水图"二幅，无论你搜索到哪里，都没有这种缺落部分。

第十节　结语

以上堆积了那么多的论述，有些过于冗长了。作为结论：假如把《松风图》当作李唐五十岁或者在这之前的复古作品之范例的话，那么其他之作，如《奇峰万木图》《江山小景图卷》《晋文公复国图卷》以及《采薇图卷》的原本等创作时间就正好纳入到创作《松风图》和"高桐院山水图"之间。为什么在三十年不到的时间里画家个人的画风会发生如此巨大的变化呢？当然必须追求其原因了，而其中主要原因就是在北宋末年发起的"复古运动"，结果导致了青绿山水形式的盛行。同时，又引起了在宋室贵族中受欢迎的小景画的流行。与其说青绿山水形式也具有接近于空气远近法的所谓远近表现法的性格，莫如说是不倾向于"远"表现法的画风，而具有必须重视画面平面处理和所画对象的正面观等。我们自然对北宋末、南宋初青绿山水画的遗品知道得不多，但在元初再次出现的复古运动，作为其成果的青绿山水画的范例是决不缺乏的。由此归纳出的结论，与北宋末、南宋初的那些青绿山水画范例并没有多大的差别。使用鲜艳得接近于原色的色彩而创作出的山水画，尽管画面鲜亮，但亦产生出与郭熙的把自然主义的表现作为第一义的山水画不同性质的东西。自徽宗朝将郭熙画从殿阁上剥下，就可看出那个时代画坛的趋势。而且，在用接近于原色进行充填的青绿山水画转换成水墨画的时候，从用原色构成，到在补色关系上混合使用邻近的色彩的青绿山水画，再转化成了仅仅是墨的对比很强的水墨画，作为中间色的墨的使用逐渐被废除了。"高桐院山水图"上所能见到的浓墨和淡墨，或作为余白的白地所形成的极强烈的对比，也应该这样去理解。

小景画的意义还不十分清楚。然而，即使见了被称作赵令穰所作的作品，其中近、中、远景也并不是以巧妙地采取均衡的形式来完成自然表现的。从而，在青绿山水画中，又加上了小景画，二者结合起来成立的山水画，这种山水画究竟会发生什么样的质变，这是可以相当清楚地预测到的。而且，那个时候，如果说究竟是什么时候的事情的话，那应该是南宋初，而若从画院绘画来苦心考虑的话，是绍兴年间时候。其质变的先导者就是李唐，这大概不会有误的。即使是从对后世影响比较大这一点来看，也应是李唐。

从将郭熙画在殿阁上被撤去这样一个事实来看（参照此书本章第五节注），徽宗画院指导方针大的转换点是在宣和中，这大约不会错的。正如岛田君所说的那样，从那样的画学中心成为画院中心的徽宗改变主意是在政和、宣和年间。然而，在政和年间，形成古典风格的郭熙的壁画，几乎都存在着。徽宗的心情是怎样变化的，这比起现实作品的一方，应该是会给予作家更强的影响的。

然而，宣和年间，为了将徽宗自己的绘画理念具体化，把郭熙的绢画从殿阁上剥下，徽宗只经过了很短时间的犹豫。宣和年号历七年而终，在其末年时，辽、金、宋之间的血腥战争已经开始了。所以，认为徽宗自己的绘画理念在治政时期没有能够充分实现的推理，是当然的，在画院中要使其具体化，尚且需要二十至三十年的时间，而这一具体化又一定要由从徽宗画院到高宗画院恢复的画院画家们来实现，这是无疑的。因而不得不认为其有力的推动者是李唐。所以，李唐和刘松年、马远、夏珪一起被列为南宋"四大家"。而李唐也一直被视为是给予马远、夏珪最大影响的画家。假设南宋画院是在绍兴二十年代的什么时候开始的话，李唐个人风格的变迁（可以说是从《松风图》到"高桐院山水图"）也应该是起于那个时候。

当然，以上叙述了"高桐院山水图"的全部后得出两个要因，还是不能够完全理解的。例如：左幅右下方枯枝的描写速度很快，如果不是想象到来自开始于北宋末的墨戏的影响的话，就不会出现的。如果要举例的话，那就是苏东坡的《枯木图》的影响。

可以说从《松风图》到"高桐院山水图"画风，正是李唐五十岁前后的画风到八十岁左右的画风的变移。这个时期内，在所有范围内的价值观——包括绘画观的变化——都发生了很大的变化，同时这也是在临摹作品中有了质变的时代。乍一看《松风图》和"高桐院山水图"，这两幅作品之间，应该见到很大的风格、描法上的差异。如果却被意外地认为其差异很小的话，那大概是：同一画家，在对应时间的推移变化中，能够充分地收纳原来的画法，这种可能性是很大的。

附录：关于李唐研究的古代文献资料辑录

《广川画跋》／宋·董逌

毕文简公得唐本邢和璞房琯前世事，和璞神凝示悟，琯沉思如真有想者，久之，则亦有悟也。璞悟以怡，琯悟以叹，此其异也。乃掊地得永师还师德书以信其说，此画深观其隐而能得其趣，决非常工所能知也。崇宁二年，其孙完官于潞，子莆田方宙召画人李唐摹为别本以藏。属予书其后，曰："惟公深达佛慧，得死生说，求人无倪则变灭起伏，不足论也。观师德为唐臣，深功隐德及物多矣。智如梁公犹不能知其善藏深矣。世岂得而窥耶？其再出而为房琯，以名德显世，任宰柄，此何怪哉？若为正因者不遇正果则非理之常也。永禅师入总持三昧，能为一切无碍，与世吻合不离圆融，而后其道，为和璞知，道之所假，果无有二也。世人信羊叔子探环，而未信永禅师事，岂以非出于史官而便为稗说，遽有分邪？此又不求于理者之论也。昔昙彦与元度同造二塔于会稽，元度亡后，彦若有待者，异世为萧詧王，荆之岳阳，实三十年，来领越，彦曰：许元度来也。遂握手命入室，席地以三昧力加被。王忽悟造塔事，殆如今日事，此岂可诬哉？昔人记崔彦武圆泽再生事，皆谓不忘愿力，故以愿求者，可坐而待之。诚得此说者，可以知念力坚固，如精金之不可改，虽百炼而性存者也。"

——《书邢和璞悟房次律图》

（按：此文中最早提到李唐，此时李唐尚健在）

《画继》／宋·邓椿

李唐，河阳人，乱离后至临安，年已八十，光尧极喜其山水。

——卷六

《画继补遗》／元·庄肃

李唐，字晞古，河南人，宋徽宗朝曾补入画院。高宗时在康邸唐尝获趋事。建炎南渡，中原扰攘，唐遂渡江如杭，夤缘得幸高宗，仍入画院。善作山水人物，最工画牛。予家旧有唐画《胡笳十八拍》，高宗亲书刘商辞，每拍留空绢，俾唐图画。亦尝见高宗称题唐画《晋文公复国图》横卷，有以见高宗雅爱唐画也。

——卷下

《云烟过眼录》／宋末元初·周密

李唐《长夏江寺》《晚霞横日》《清晓卷舒》《烟林春牧》《江堤呼渡》《江天暮云》《列子乘风》《采薇图》《贺监游湖》《雪溪停棹》《卢仝煎茶》。

李唐画《晋文公复国图》，缺下卷，其上有思陵御题，并三御玺。所作人物树石，绝类伯时。寻常以李唐为院画，史忽之，乃知名下无虚士如此。元皆王子庆，今属乔仲山。

《图绘宝鉴》／元·夏文彦

李唐，字晞古，河阳三城人。徽宗朝曾补入画院。建炎间，太尉邵渊荐之，奉旨授成忠郎、画院待诏，赐玉带。时年近八十。善画山水、人物，笔意不凡，尤工画牛，高宗雅爱之，尝题《长夏江寺卷》上云："李唐可比唐李思训。"

——卷四

《画鉴》／元·汤垕

宋南渡士人有善画者，如朱敦儒希真、毕良史少董、江参贯道，皆画山水窠石。若画院诸人得名者，若李唐、周曾、马贲，下至马远、夏珪、李迪、李安忠、楼观、梁楷之徒。仆于李唐，差加赏阅，其余亦不能尽别也。

李唐《伯夷叔齐采薇图》跋／元·宋杞
（选自《中国历代名画》所载《采薇图》卷后影印的宋杞题跋）

宋高宗南渡，创御前甲院，萃天下精艺良工，画师者亦预焉，院画之名盖始诸此。自时厥后，凡应奉待诏所作总目为院画，而李唐其首选也。唐，河阳人，在宣、靖间已著名，入院后，遂乃尽变前人之学而学焉。世谓东都以上作者为高，良有以夫。余总角时，见乡里七八十老人犹能道古语，谓：唐初至杭，无所知者，货楮画以自给，日甚困，有中使识其笔，曰："待诏作也。"唐因投谒，中使奏闻，而唐之画杭人即贵之。唐尝有诗曰："雪里烟村雨里滩，看之如易作之难。早知不入时人眼，多买胭脂画牡丹。"可概见矣。至正壬寅，余获此于沈恒氏，爱其虽变于古而不远乎古，似去古详而不弱于繁。且意在箴规，表夷、齐不臣于周者，为南渡降臣发也。呜呼深哉，昔米南宫嗜画，病世无真李成，乃拟无李论，以祛其惑。余他日见唐画亦多，率皆抱南宫之憾，而此画者，所谓吾无间然也。因书颠末于左，且以告夫来者云。是岁九月既望，乡贡进士钱塘宋杞授之记。

《图画精意识》／张庚

李唐《伯夷叔齐采薇图》

李唐《夷齐采薇图卷》，卷本高尺许，长三尺余，淡设色。二子席地对坐相话，言其殷殷凄凄之状，若有声出绢素，衣褶瘦劲软秀，奕奕欲动，树石皆湿笔，甚简，松身之鳞，略圈数笔，即以墨水晕染浅深，上缠古藤，其条下垂，用笔极细，若断若续，双钩藤叶，疏疏落落，妙在用笔极粗而与细条自和，后幅枯枝下拂沙水，纵横相间而不相犯，气味清古，景象萧瑟，宋授之云：我于此画无间然，良有以也。唐为宋高宗画院待诏，愤南渡降臣写此以示箴规意深哉。

《汪氏珊瑚网·名画题跋》／汪砢玉
《李唐虎溪三笑图》

（一）

余尝游匡山，至虎溪，未入东林寺，首见一亭，扁曰："三笑"。因问其故，谓："晋远师以陶渊明、陆修静，且语且别，握手相忘，遂犯送客不过虎溪之戒。乃相顾各掀髯而去。"而观李唐此图，千载遗风具存，人生不与路为仇，二三子何哂之有。

绍兴□午季春　陈寿题

（二）

偶然行过溪桥，正自不直一笑。三人必有我师，不笑不足为道。人生一笑良难，莫问是同是别。青山相对无言，溪声出广长舌。

山村老拙仇远敬书时年七十一

（三）

元亮缵孔业，修静研聃玄。远公学瞿昙，高居著幽禅。人异道岂殊，万散一固全。目击辄有得，参会各辗然。胡为老缁褐，蹈舞喜欲颠。漫道遗其身，襟袖犹蹁跹。彼酣适酒趣，尚不醒者传。族史浪自苦，窥管持知天。

永康胡长孺奉题

高宗题李唐画，赐王都提举，并赐长寿酒

恩露长寿酒，归遗同心人。满酌共君醉，一杯千万春。

李唐《秋江图》，高宗御题

秋江吞天云拍水，涛借西风扶不起。断云分雨入江村，回首龙沙几千里。澹庵老笔摇江声，仿佛阿唐惨澹情。千秋万古青山恨，不见归舟一叶横。

《汪氏珊瑚网·画据》／汪砢玉

李唐《问礼图》《放牧图》《雪坞幽居》《击桐图》。

李唐《高逸图》《采薇图》《晋文春秋图》《三笑图》《香山九老图》《长江雪霁图》《济河图》《溪山深秀图》《独钓归庄图》《古木寒鸦图》。

——严氏画品手卷目

《六如论画山水》／明·唐寅

李晞古虽南宋院画中人，体格不甚高雅，而邱壑布置最佳。

——《古缘萃编》

《漫堂书画跋》／宋荦

南宋李晞古《长夏江寺》，余见凡三卷，其一为迁安刘总宪鲁一所藏，余曩曾购得，笔墨浑厚，神采奕奕。上有高宗题云：李唐可比唐李思训。乃从来烜赫名迹也。旋为有力者负之而趋，迄今怅惘其一无高宗题，残缺已甚，余见于梁园相国棠村先生座上，所谓素丝断续不忍看，已作蝴蝶飞联翩，殊无可忆。此卷雄峭幽邃写出江山之胜，以泥金点苔，尤为奇创，流传有绪。详董文敏跋中，品在刘氏卷下、梁氏卷上，亦希世之珍也。康熙甲申正月，余从岭南得之足以豪矣。装池竟漫为跋尾。

《画笺》／屠隆著

宋画

评者谓之院画不以为重，以巧太过而神不足也，不知宋人之画亦非后人可造堂室，如李唐、刘松年、马远、夏珪，此南渡以后四大家也。画家虽以残山剩水目之，然可谓精工之极。

《钤山堂书画记》／文嘉

李唐《长江雪霁图》《独钓归庄图》一、《虎溪三笑图》一、《香山九老图》一、《高逸图》一。

《南宋院画录》／厉鹗　辑

赵千里兄弟以右丞之精神，布二李之慧智芳姿劲骨，不啻兼长，至于刘、李、马、夏并属精能，此南宋之再盛。

——张泰阶《宝绘录》

南宋画师无甚表表者，刘、李、马、夏俱负重名，而李、马为最。但较之北宋门庭自别其风气使然欤。

——同上

南宋刘松年为冠，李唐、马远、夏珪次之。

——《清河书画舫》

近世画手绝无，南渡初尚有赵千里、萧照、李唐、李迪、李安忠、粟起、吴泽数手。今名画工绝惟写形象，惜无精神。

——都穆《铁网珊瑚》

北方盘车骡网必用李晞古、郭河阳、朱锐。

——董其昌《画禅室随笔

山水大、小李一变也，荆、关、董、巨又一变也；李成、范宽一变也，刘、李、马、夏又一变也。

————《艺苑卮言》

大斧劈皴李唐、马远、夏珪，小斧劈皴刘松年，泥里拔钉皴夏珪师李唐。

————汪砢玉《珊瑚网》

山水画自唐始变古法，盖有两宗，李思训、王维是也。李之传为宋赵伯驹、伯骕以及于李唐、郭熙、马远、夏珪，皆李派。王之传为荆浩、关仝、董源、李成、范宽以及于大小米、元四大家，皆王派。李派粗硬无士人气，王派虚和萧瑟，此又慧能之禅，非神秀所及也。至郭忠恕、马和之，又如方外不食烟火，另具一骨相者。

————《偃暴谈余》

政和中，徽宗立画院，召诸名工，必摘唐人诗句试之。尝以"竹锁桥边卖酒家"为题，众皆向酒家上著工夫，惟李唐，但于桥头竹外挂一酒帘。上喜其得"锁"字意。

————明 唐志契《绘事微言》

李唐山水大斧劈皴带披麻头，水笔作人物，屋宇描画整齐。画水尤得势，与众不同，南渡以来，推为独步，自成家数。

————元 饶自然《山水家法》

李唐山水，初法李思训，其后变化多喜作长图大障，其名大劈斧，水不用鱼鳞纹，有盘涡动荡之势。观者神惊目眩，此其妙也。

————《格古要论》

李晞古树石，李龙眠人物，画史中俱列妙品。

——《珊瑚网》

李唐尤工画牛，得戴嵩遗法。

——《清河书画舫》

乔达之篑成号中山，所藏李唐《晋文公复国图》一卷，又一卷高宗题并三御玺，人物树石绝类伯时。寻常以李唐为院画忽之，乃知名下无虚士也。

——《云烟过眼录》

王子庆尝得李唐所画《晋文公复国图》一卷，本有下卷，今止有上卷，乃思陵御题，上有乾卦印，下有希世藏小印。其所作人物树木之类，绝似李伯时，所作自成一家，信知名下无虚士，而予则未见也。

——《志雅堂杂钞》

乔仲山家《晋文公复国图》笔意奇古，虽近代人，实有古人之风，行书亦佳。

——鲜于枢《困学斋杂录》

李唐《晋文公复国图》上卷，一名《晋公子奔狄图》，赵松雪有诗附录于此：阢隉居浦日，艰难奔狄时。天方与霸者，数子实从之。岁久丹青暗，人贤简册悲。至今绵上路，尤忆介之推。

——《清河书画舫》

张丑铭心籍诗：晞古丹青得正传，晋文归国写前贤；院人雅有昂霄意，何事声名次大年。

——《真迹日录》

郡城杨氏藏李唐《春江不老图》小幅，上有双龙瓢印。

——都穆《铁网珊瑚》

李唐《春江不老图》，古松据大石欲攫峡口崩滩，汇为怒涛凌岸直
上百步未已，于诸画中最为狮子吼。

——《弇州山人续稿》

吴惟远有李唐《风雨归牛图》，大幅《桃源图》。

——《暖姝由笔》

李晞古《陈思王南皮谦集图》

——画题

吴新宇藏李唐《七贤过关图卷》。绢本浅绛色，有楼钥黄溍跋尾，
收藏得地精彩焕然，亦南渡奇迹。

——《真迹日录》

盱眙陈明之藏李唐《桃源图》。

——同上

韩君启藏李唐《风雨归舟图》，绢本浅色烘染极佳，人物差大，后
有吕志学、黄钺二跋，太史存良公之故物也。

——同上

李唐《袁安卧雪图》，宋高宗跋。

——《南阳名画表》

尊生斋收《桃林纵牧图》，李晞古笔，不知者谓为戴嵩，殊可笑也。

——《清河书画舫》

李唐《南亩馌耕图》一，《长夏江村图》一。

——《绘事备考》

李唐《问礼图》《放牧图》《雪坞幽居图》《击桐图》、四景人物山水，共十一轴。

李唐《高逸图》《采薇图》《晋文公春秋图》《三笑图》《香山九老图》《长江雪霁图》《济可图》《溪山深秀图》《独钓图》《归庄图》《古木寒鸦图》，皆手卷。

——同上

李唐《长夏江寺图卷》，今在吴郡朱氏，前有高宗御题，后有开封赵与懃印，真笔妙品上上。

——《清河书画舫》

李唐《晋文公复国图卷》在严氏即文休承所谓《晋文公春秋》者也。按《云烟过眼录》云云，公谨叙次如此，休承岂亦未见前书也。

——同上

李唐《三生图》作牛背牧童李源欠身揖之，又一卷作船子相对孕妇锦裆器汲与前合。

——王世懋《澹圃画品》

李唐《三生后生图》，元虞伯生等跋。

——《南阳名画表》

李唐《长夏江寺图》《晚霞横月图》《清晓卷舒图》《烟林春牧图》《江堤呼吸图》《江天暮雪图》《列子乘风图》《采薇图》《贺监游湖图》《雪溪停棹图》《卢全烹茶图》，宋宗室兰坡赵都承与勘家藏。

——《书画汇考》

李唐《八仙庆寿图》，春、夏、秋、冬四景山水图，毛良舜臣书画楼所藏。

——《无声诗史》

松郡顾光禄家藏李唐画《月团初碾瀹花甆》对幅。

——《妮古录》

唏古画，高宗题（系秦观诗）：月团初碾瀹花甆，啜罢呼儿课楚词。风定小轩无落叶，青虫相对吐秋丝。

——《书画汇考》

李唐《雪山楼阁图》《沧浪濯足图》，文征仲曾仿之。

——同上

李唐《山阴图》，宋高宗跋。《王子猷雪夜访戴图》《寒江渔舫图》，宋高宗跋。《江山胜景图》，前元人跋。《雪坞幽居图》，宋高宗题。

——《南阳名画表》

李唐《春牧图》，牛欲前行，童子力挽之势甚奇，内写二大树苍然。

——《东图玄览》

李唐《梅竹幽禽图》小绢画一幅，甚剥落，精彩尚在。戊寅春正月二十五日，汪尔张出示予。

　　　　　　　　　　　　　　　　　　　——吴其贞《书画记》

李唐《海岸图》绢画一卷，古雅效李思训。《草桥图》绢画一卷，画法逼似夏珪。

　　　　　　　　　　　　　　　　　　　　　　　——同上

李唐《秋江潮汐图》绢画，图之右角画松风楼阁观潮之意，左边皆烟水潮浪如山奔，舟楫浮沉出没，使观者神情震骇。

　　　　　　　　　　　　　　　　　　　　　　　——同上

李唐《高士鼓琴图》绢画一幅，一人坐古木下对泉鼓琴，觉泉音琴声在耳，神品也。上有项墨林赏鉴图书观于嘉兴守李公署中，甲午三月九日。

　　　　　　　　　　　　　　　　　　　　　　　——同上

李唐《枯木寒鸦图》绢画一卷，画法苍秀，草中尚有剩雪，盖得景趣真意，为妙品。卷后沈麟题，又附宋昌裔《秋风诗》一首，在杭州六月望观于绍兴吕锦城手。

　　　　　　　　　　　　　　　　　　　　　　　——同上

李唐《风雨归牛图》绢画一幅，一株点叶树，为风雨将吹倒于地，有一牛乘风而奔，气韵如真，为神品。惜上面残破，此图得之敬枢兄，时己卯正月二十一日。

　　　　　　　　　　　　　　　　　　　　　　　——同上

李唐《夜游图》大绢画一卷，画法高简，树木特胜，墨色淋漓，气运浑厚，神品也。观于扬州王晋公寓舍。

——同上

李唐《牧牛图》绢画一幅，树下有水牛欲右行，而牧童欲牵左转，两下努力相持，使观者亦自费力，得于绍兴李氏。

——同上

李唐《万松宫阙图》绢画一大幅，画群松于壑内，两边斗立方块峻峰，左低而右高，左有水流下松壑而出，右有水流下宫阙而出，下段石坡皆为斧劈皴，下段峰顶盖用侧笔直皴，画法清润，结构高妙，为李之神品。在杭城，得于绍兴王氏家人手，己酉十二月三日。

——同上

李唐《雪溪捕鱼图》绢画一幅，运笔苍健，气韵生动，为宋代神品。观于绍兴朱九老家，辛亥五月之望。

——同上

李唐《雪天运粮图》一小幅，画法纵横，草草而成，多得天趣，识三字曰：李唐画。

——同上

戊子嘉平月，王仲和宪副出观李晞古《万松金阙图》。

——《韵石斋笔谈》

《明皇击梧图》一卷，今在歙吴司成远处，长几一丈，前四五寸绢损甚，无款，后有虞伯生跋。为李唐，然简古劲峻似马远。

——《东图玄览》

戊戌十二月三十日，郁金堂始挂画，取李唐雪景。

——《快雪堂集》

己亥十二月二十八日项五官邀叙，阅李唐《江南小景》，又《夷齐采薇图》所未见者。

——同上

李唐《风帆图》团扇，绢本淡色。江山松石，三舟挂帆，中流乘风，潮平两岸阔，风正一帆悬。宋孝宗对题，描金云龙圆笺，朱文，御书之宝、竹居侠、如士介三印。

——《珊瑚网》

李晞古《秋山策蹇图》团扇，绢本，遥山远水耶，吾望其色浮浮然。玉水题。

——同上

李唐《青林盘礴图》团扇，绢本。

——同上

李河阳《携琴访友图》团扇，绢本，传称李老不凡，年近八十犹待诏画院，是烟云供养，亦可作地行仙也。乐卿识于药房。

——同上

李唐《山斋幽话图》团扇，绢本，竹扉临石涧，红树隔虚亭，危岫如云压，离骚对坐听。

——同上

李唐《深山避暑图》。

——张泰阶《宝绘录》

李唐《付岩图》。

——同上

任士林李唐《春牧图》诗：春气薰人未耕作，江草青青牛齿白。牛饥草细随意嚼，老翁曲膝睡亦著。蓬头不记笠抛却，午树当风梦摇落。梦里牛绳犹在握，昨夜囤头牛食薄。

——《松卿集》

表㭪李唐牛诗：糯秜原空蟋蟀吟，秋来乞得自由身。平芜又见麟麟绿，复与田翁共苦辛。

——《清容居士集》

张昱题李唐《香山九老图》（有宋高宗御题二律诗）：两疏谁是见机还，终始君臣似此难。宸翰昭回云汉上，衣冠仿佛画图间。当时诸老琴尊会，尽是同朝鸳鹭班。风采拜辞云陛下，白云千载在香山。

——《张光弼诗集》

虞集李唐山水跋：后来画者略无用笔，故不足观。此画乃直如书字，正得古象形之意。甚为可嘉。

——元文类

李唐《长江雨霁图》跋：李唐山水落笔老苍，所恨乏古意耳，然自南渡以来未有能及者，为可宝也。子昂。

——《铁网珊瑚》

李唐《长江雨霁图》诗：烟雨楼台掩映间，画图浑是浙江山。中原板荡谁回首，只有春随雁北还。至正癸亥八月三日题于破楚门之宴馆席帽山人王逢。

幽人避俗老江湖，谁写高标入画图。安得与君同海上，钓竿和露拂珊瑚。江边渔者李应庚。

日暮空林新雨过，茅堂咫尺寄岩阿。携琴若到王门去，输与寒江一钓蓑。张雨。

雨过江村云尚湿，翠微深处客方归。白鸥飞尽渔歌起，小艇溟濛带落晖。于庭。

江雨晚初霁，楚天清景秋。林深木叶暗，山远烟光浮。欹斜露草阁，隐约认渔舟。抚卷北平下，令人思远游。顾安

金银楼阁拥林花，无数云山带晚霞。钟鼓不闻人境寂，风光都属钓鱼家。永嘉祖平。

风雨横江白日昏，寒林飞叶近前村。马行天际人惊堕，龙起空中艇欲胜。虚阁不妨间自倚，牵萝常在待谁扪。旧游梦断今看尽，思得新诗写石根。吴郡顾敬。

故国江山入暮秋，烟波留得后人愁。古今不预兴亡事，只有沧浪独钓舟。吴僧妙声。

断崖杂树绿参差，水面轩窗近夕晖。挟策为谁能远望，不知秋露湿人衣。蒋堂。

草草衣冠已渡南，李生飞墨泼烟岚。晚云欲雨江天黑，应有蛟龙起碧潭。遂昌山樵。

一天风雨暗江南，道上行人冒翠岚。何似沧浪老渔父，萧萧蓑笠钓寒潭。孟枏埂。

石径崎岖客路难，乱山空翠袭衣寒。争如渔父秋江上，万顷烟波一钓竿。雪滩王朝臣。

岩阿雨过绿生烟，江阔云低不夜天。崖石漫镌元祐字，画图犹记绍兴年。朱德润。

湿云著树易为雨，古槲欹涧不知秋。南山真意无人领，大海吞天浮钓舟。铁笛。

长江雨霁见前山，老树如云苍莽间。景物壮年曾历过，白头奔走未知还。黄潜。

李唐《虎溪三笑图》跋：

余尝游匡山至虎溪，未入东林寺，首见一亭，扁曰：三笑。因问其故，谓晋远师以陶渊明、陆修静，且语且行，握手相忘，遂犯送客不过虎溪之戒。乃相顾各掀髯而去。观李唐此图，千载遗风具存，人生不与路为仇，二三子何哂之有。

绍兴庚午季春十一日陈寿题。

——《续书画题跋记》

仇远题李待诏《虎溪三笑图》诗：

偶然行过溪桥，正自不值一笑。三人必有我师，不笑不足为道。

人生一笑良难，莫问是同是别。青山相对无言，溪声出广长舌。

——《山村遗稿》

胡长孺题李待诏《虎溪三笑图》诗：

元亮缵孔业，修静研耽玄。远公学瞿昙，高居著幽禅。人异道岂殊，万散一固全。目击辄有得，参差各辗然。胡为老缁褐，笑语喜欲颠。漫道遗其身，襟袖犹蹁跹。彼酣适酒趣，尚不醒者传。俗吏浪自苦，窥管持知天。

——《石塘集》

李晞古《关山行旅图》：

《剑阁赋》：

咸阳之南直望五千里，见云峰之崔嵬。前有剑阁横断，倚青天而中开，则松风萧飒瑟飔，有巴猿兮相哀，旁则飞湍走壑，洒石濆谷，汹涌而惊雷，送佳人兮此去，复何时以归来，望夫君以安极，我沉吟兮太息，视沧溟之东注，悲白日之西匿。鸿别燕兮秋声，云愁秦而暝色，若明月出于剑阁兮，与君两相对酒日相忆。丹邱柯九思书。

右李唐所画《关山行旅图》，树石苍劲，全用焦墨而布置深远，人物生动，盖法洪谷子笔也。唐为绍兴间画院待诏，高宗雅爱之，尝题其画卷云：李唐可比唐李思训。今于姚子章处得见此图，益信其不谬也。至正甲申四月朔日紫芒山人俞和书。

——《宝绘录》

余早岁即寄兴绘事，吾友唐子畏同志互相推让商榷，谓李晞古为南宋画院之冠，其邱壑布置，虽唐人亦未有过之者，若余辈初学，不可不专力于斯，何也？盖布置为画体之大规矩，苟无布置，何以成章，而益知晞古为后进之准。惜子畏已矣，无从商榷。吾友某君持示此卷，不胜叹赏，奚啻饥渴之于饮食？欣然援笔漫书其后。嘉靖癸巳二月五日文征明识于晤言室。

——《宝绘录》

南渡画院中人固多，而惟李晞古为最。体格具备古人，若取法荆、关，盖可见矣。近来士人有院画之议，岂足谓深知晞古者哉。一日，子章持示，漫书数语于左，为晞古壮气。至正元年初冬梅道人吴镇识跋。

郑东题李唐《秋山图》诗：

万壑霜飞木叶丹，石桥流水暮生寒。却疑二月天台里，一路桃花送马鞍。

——《郑氏联璧集》

前人题李唐《牧牛图》诗：

羡杀田翁不出村，群牛坡上散如云。买牛何日同渠牧，短笛时吹向树根。

——同上

刘嶷题李唐《牧牛图》诗：

天寒放牛迟，野旷风猎猎。独来长林下，吹火烧山药。

山气日夕昏，独归愁路远。犹恋草青青，迟回下长坂。

——《槎翁集》

于立题李唐《牧牛图》诗：

雨足秧田放牧时，溪南溪北草离离。长歌叩角无人听，闲卧斜阳把
笛吹。

——《玉山草堂雅集》

刘因题"宋高宗题李唐《秋江图》"诗：

秋江吞天云拍水，涛借西风扶不起。断云分雨入江村，回首龙沙几
千里。澹庵老笔摇江声，仿佛阿唐惨淡情。千秋万古青山恨，不见归舟
一叶横。

——《静修集》

李晞古《村庄图》：

春江溶漾柳丝长，修竹桃花处士庄。征舰何来集成市，驰驱尘土为
谁忙。

晞古丹青独擅长，个中全胜辋川庄。焚香静坐山窗下，忘却长安市
里忙。

李唐为南宋画院待诏，冠绝一时，高宗深爱重之，尝见其画卷，题
云：李唐可比唐李思训。在当时已自贵重，况今日乎。至正乙巳八月晦
日从德辅先生斋头得见此图，漫题若此，俞和识。

——《宝绘录》

徐一夔题李唐《扁鹊授方图》跋：

此图相传为李唐规模扁鹊与长桑君授方大意。一人在古树间，南向坐，有授受状，似是长桑君。一人坐于树旁回视坐树间者，颇恭，似是扁鹊。旁有水波沄沄，即所谓上池水也。太史公纪长桑君授禁方于扁鹊，其事甚秘，世莫得而知，不知唐生千载之下，乃能得其仿佛如此。海昌郭子振氏得此图甚加秘重，请余识之。

——《始丰类稿》

李唐画宋高宗题：

恩露长寿酒，归遗同心人。满酌共君醉，一杯千万春。王提举并赐长寿酒。

——《珊瑚网》

朱德润题李唐《村社醉归图》诗：

村南村北赛田祖，夹岸绿杨闻社鼓。醉翁晚跨牸牛归，老妇倚门儿引路。信知击壤自尧民，季世袭黄不如古。披图昨日过水南，县吏科徭日傍午。

——《存复斋集》

熊明遇题李唐《敬亭山图》诗：

太白风流采石寒，宣州犹剩敬亭看。楼台几换新官主，野圃时供过客欢。古木依依迷岸草，长桥沥沥泻鸣湍。李唐图在鲛绡上，万古谁歌蜀道难。

——《绿雪楼集》

张羽题李唐画《袁安卧雪图》诗：

袁生抱高节，处顺以安时。杜门不出仕，自与尘世辞。岁暮多严风，积雪盈路歧。拥炉独高卧，中心还自怡。县令何所问，下车叩茅茨。问君胡不出，答云恒苦饥。慎守固穷志，相干岂其宜。此事复已久，缅焉独驰思。披图三叹息，高风如在兹。嗟彼后之人，汲汲循其私。

——《静居集》

莫廷韩跋李唐《关山雪霁图》：

李唐《关山雪霁图》一卷，人物树石笔势苍古，冲寒涉险之态，曲尽其妙，非后人所能仿佛也。题款著枯干中，甚奇，精密几不能辨。此卷不经好事赏鉴犹然泥沙，令入薛米诸人手，必倾囊见珍矣。予尝见临本一于都下贵戚家，装潢绝富，金玉璀璨，意极宝惜，顾非真迹，使叶公信好龙恐此卷终当化去。

——《莫廷韩集》

郭础跋李唐画：

李唐画法古厚中自有生气欲动，不必专以界画为工，后人则步步邯郸，虽以江南第一风流才子为之，尤有遗恨，况其下焉者乎？吾每欲为古人解嘲。

——《画法年纪》

张宁跋李唐画卷：

嘉兴通判易公所藏李唐画卷，山水疏廓，树石淹烂，峰峦径路，林桥野屋，蓊郁苍茫，得沿洄起伏近远之势，其间人物境界景色耕樵渔叟凫鹭汀沙上下相映。展玩间，欲使人忘其为画。但笔意甚远，而楮墨不周，恐有断裂不完，非全稿也。余尝见唐画浅色山水，皴法有抹断而无皴纹，用笔甚老简，人物却甚精到，面欲语。高宗尝称其可比李思训。此则化小斧劈皴，泉木皆相等，惟水洑侧笔如飞白状，殊不倖也。岂自古名家固多变笔而不变法耶。珍重珍重。

——《方洲集》

谢常桂轩诗集题李唐雪景：

阴飚万壑声吼虎，崖溜悬冰云拥坞。千株老树独槎牙，积雪不消从太古。巢倾冻鹄楼难定，枝湿清猿啼更苦。蟠根瘦干铁石坚，岂比群材畏斤斧。天寒旷野行人绝，尚有嫩残能步武。楼阁缥缈玉芙蓉，梨花散作天花舞。携琴邀我赋新诗，陡觉清寒生肺腑。篝灯展玩吸梅香，窗月微明轮半吐。

宋荦跋李晞古《长夏江寺》卷：

南宋李晞古《长夏江寺》，余见凡三卷，其一为迁安刘总宪鲁所藏，余曩曾购得，笔浑厚神采奕奕，上有高宗题云：李唐可比唐李思训。乃从来烜赫有名迹也。旋为有力者负之而趋，迄今怅惘，其一无高宗题，残缺已甚。余见于梁相国棠村先生座上，所谓素丝断续不忍看，已作蝴蝶飞联翩，殊无可忆。此卷雄峭幽邃，写出江山之胜，以泥金点苔，尤为奇创，流传有绪，详董文敏跋中，品在刘氏卷下、梁氏卷上，亦希世之珍也。康熙甲申正月余从岭南得之足以豪矣，装池竟，漫为跋尾。

——《西陂类稿》

朱彝尊跋李唐《长夏江寺图》：

康熙乙丑二月，纳兰侍卫容若购得李唐著色山水卷，邀余题签。唐字晞古，河阳人，宣和中曾直画院，南渡后入临安，年已八十，授待诏。观其画法，古雅深厚，宜为思陵所赏，卷首题曰：李唐可比李思训。按宋人著色山水多以思训为宗，盖春山薄而秋山疏，惟夏山利用丹墨，比之思训，可谓知言也已。

——《曝书亭集》

陈廷敬：李唐《长夏江寺图》，于大内见之，宋高宗题云：李唐可比唐李思训。花石纲残艮岳空，湖光金粉画难工。哪知零落风烟外，隙闭金函玉牍中。

——《午亭文编》

高士奇观李唐《长夏江寺图》卷诗：

山下深红千顷碧，山腰松栝势百尺。古寺楼台杳霭间，浓阴覆地书掩关。远岸蒲帆疾如马，何不此地销长夏。李唐清兴殊激昂，山盘水阔开洪荒。炎风扑面气蒸郁，展卷飒飒生微凉。

——《苑西集》

张英题李唐《长夏江寺图》诗：

一幅鹅溪绢色陈，祗今书画两精神。墨光透纸金痕字，笔陈横秋斧劈皴。

翠华消息断河汾，遥望苍梧隔暮云。画谱宣和才误却，何堪重话李将军。

——《存诚堂集》

邹迪光题李晞古《夷齐采薇图》：二人对话，酷有生态，一树离奇偃蹇，一树叶欲脱不脱，信腕挥运自生妙理，真大匠手也。当时之评固无虚语。

——《石语斋集》

倪瓒跋夏珪《千岩竞秀图》：

夏珪所作《千岩竞秀图》岩岫萦回，层见叠出，林林楼观，深邃清远，亦非庸工俗吏所能造也。盖李唐者，其源亦出于范、荆之间，夏珪、马远辈又法李唐。故其形模若此。便如马和之人物犬马，未尝不祖吴生而师龙眠耳……倪瓒记。

——《清閟阁集》

陈衍跋阎次平《风林放牧图》：

宋时朱羲、祁序与李唐皆工画牛，得荒间野趣，右树木笔墨绝似李，而坡石皴法又不类，传云：次平学李唐而工画牛，得无是耶？凡鸟兽皆迎风立，画上树叶离披，老牧掩面支策，牛独举首掀鼻当风，其神情融景会趣，盖善得物情非徒粉绘也。

——《大江草堂集》

夏珪师李唐、米元晖拖泥带水皴，先以水笔皴后，却用墨笔。

——《妮古录》

夏珪师李唐更加简率，如塑工所谓减塑，其意欲尽去模拟蹊径，而若灭若没，寓二米墨戏于笔端，他人破觚为圆，此则琢圆为觚耳。天启丁卯六月董其昌题。

——《江村销夏录》

马远号钦山，其先河中人，世以画名，后居钱塘，光宁朝待诏，画师李唐，工山水、人物、花鸟，独步画院。

——《画史会要》

马远师李唐，下笔严整，用焦墨，作树石枝叶夹笔，石皆方硬，以大斧劈带水墨皴，甚古，全境不多，其小幅或峭峰直上而不见其顶，或绝壁直下而不见其脚，或近山参天而远山则低，或孤舟泛月而一人独坐，此边角之景也。

——《格古要论》

马远画师李唐，笔数整齐……

——《山水家法》

唐山凤跋马远山水图:

自史皇作画创制之法,下逮秦汉间,混朴未散古质尚存,唐以下则人文日滋,新巧杂出,所谓上古之画,迹简而意淡,中古之画,细密而精微也。至唐王泼墨辈略去笔墨畦疃,乃发新意,随赋形迹,略加点染,不待经营而神会天然,自成一家矣。宋李唐得其不传之妙,为马远父子师,及远又出新意,极淡之趣,号马半边。今此幅得李唐法,世人以肉眼观之,无足取也。若以道眼观之,则形不足而意有余矣。

——《西湖志余》

陈衍跋马河中《梨花图》:

光宁朝李唐、刘松年、马远、夏珪为四大家。如宋初之李、范、董、郭。远尤有家学。于山水、花卉、翎毛、人物,皆变化古迹自成一家,至今五百年尚私淑之不替焉。右梨花一枝,宛然日午,令人有丽阳春暮之思。

——《大江草堂集》

南宋院画录补遗／厉鹗辑

……李唐以下如《晋文公复国图》《观潮图》之类,托意规讽,不一而足……

厉鹗自序

李唐

余早岁即寄兴绘事,自蓟门归尤为究心,而素所向往取法者,唯李晞古一人。晞古为南宋画院中名人,至晚年笔力益壮,布置更佳,虽松年、马远、夏珪称为齐名而亦少逊者。顷从济之先生斋头获观此卷,笔法高古景物幽间,正其晚年用意之作,持归临摹浃旬,然终不能得其神似,益信古人之未易模仿也,此不惟赏玩名物而先生之起发嘉惠领受良非浅勘,并书于后而复之。时正德己巳冬十月望后一日。苏台唐寅识。

——《宝绘录》

李晞古《长江雨霁图》诗：

风雨昨夜作，乾坤终日昏。出山云似墨，绮第阁为门。颠才千章乱，惊波万丈深。扁舟何壮矣，浪吐复还吞。张逊。

——《铁网珊瑚》

邹迪光跋李晞古《夷齐采薇图》：

评绘事者谓宋之晞古似唐之思训，而人物兼擅，画牛更精。此卷《夷齐采薇图》，二人对语，酷有生态，一树离奇偃蹇，一树叶欲脱不脱。信腕挥运，自生妙理，真大匠手也。当时之评，固无虚语。

——《石语斋集》